国家骨干院校重点建设专业校企合作教材

Qiaohan Shigong Jishu
桥涵施工技术

李海岩 主　编
陈　丽　王占银 主　审

人民交通出版社

内 容 提 要

本书为国家骨干院校重点建设专业校企合作教材。全书共分为十个情境,包括桥涵施工准备和桥位施工测量、桥梁墩台和锥坡施工、钢筋混凝土桥施工构成要件、预应力混凝土简支梁桥施工、预应力混凝土连续梁桥施工、悬臂施工法、圬工和钢筋混凝土拱桥施工、涵洞施工技术、桥梁基础施工、桥面系及附属工程施工。本书系统地阐述了各种体系桥梁上、下部结构的施工架设方法和涵洞施工技术,并介绍了桥涵施工常用的配套机具和其他主要桥型施工技术。

本书可作为高职道路桥梁工程技术专业、工程造价专业及工程监理专业教材,亦可作为中职路桥专业教材,可供从事桥梁施工、工程监理工作的工程技术人员参考。

图书在版编目(CIP)数据

桥涵施工技术 / 李海岩主编. —北京:人民交通出版社,2014.5
国家骨干院校重点建设专业校企合作教材
ISBN 978-7-114-11316-1

Ⅰ. ①桥… Ⅱ. ①李… Ⅲ. ①桥涵工程—高等职业教育—教材 Ⅳ. ①U44

中国版本图书馆 CIP 数据核字(2014)第 057177 号

国家骨干院校重点建设专业校企合作教材

书　　名:	桥涵施工技术
著 作 者:	李海岩
责任编辑:	刘顺华
出版发行:	人民交通出版社股份有限公司
地　　址:	(100011)北京市朝阳区安定门外外馆斜街 3 号
网　　址:	http://www.ccpress.com.cn
销售电话:	(010) 59757973
总 经 销:	人民交通出版社股份有限公司发行部
经　　销:	各地新华书店
印　　刷:	北京市密东印刷有限公司
开　　本:	787×1092　1/16
印　　张:	15.25
字　　数:	371 千
版　　次:	2014 年 5 月　第 1 版
印　　次:	2018 年 1 月　第 3 次印刷
书　　号:	ISBN 978-7-114-11316-1
定　　价:	46.00 元

(有印刷、装订质量问题的图书由本社负责调换)

青海交通职业技术学院

国家骨干高职院校重点建设专业校企合作教材编审委员会
道路桥梁工程技术专业建设委员会

主 任 委 员 李文时

副主任委员 刘建明　王海春　李元庆　张建明
　　　　　　　陈湘青　许　云

委　　　员 段国胜　严莉华　商　可　李海岩
　　　　　　　莫延英　李令喜　尹　萍　姚青梅

企 业 委 员 史国良　王文祖　王　毅　夏长青
　　　　　　　刘　宁　杨洪福　徐昌辉　吴海涛
　　　　　　　王伦兵　张发军

序

  2010 年青海交通职业技术学院跻身于全国百所骨干高职院校行列，成为青藏高原和西北地区唯一一所交通运输类国家骨干高职院校，道路桥梁工程技术专业及专业群是中央财政重点支持建设的项目之一。

  道路桥梁工程技术专业是青海省唯一培养公路桥梁大、中专学历层次的专业。经过了 35 年的发展，形成了高原特色鲜明的专业底蕴。近年来在"以就业为导向，以服务为宗旨，走产学研结合的发展道路"的办学方针指导下，结合行业和区域需求，突出职业教育的特点，积极探索校企合作培养模式，深化"校企合作、工学结合"的人才培养模式，形成符合"自然条件恶劣、地理条件复杂、工程建设艰难"特点的"知行合一、项目贯通、三合三段"的工学结合人才培养模式。

  本套教材基于道路桥梁工程技术专业"知行合一、项目贯通、三合三段"的工学结合人才培养模式，在企业调研的基础上，吸收高职高专专业建设与课程体系开发的先进理念，结合现代教育技术，以"勘察设计、招标与投标、材料试验与应用、施工与组织、验收与评定"5 个专业核心能力为目标，按照"专业与产业和职业岗位对接、专业课程内容与职业标准对接、教学过程与生产过程对接、学历证书与职业资格证书对接、职业教育与终身学习对接"的五对接原则，组织企业技术人员和学院教师共同编写，体现了学校教学和企业实践的有机统一，并严格贯彻最新的技术标准和行业规范，突出高原特色。编写过程中注重教学对象的认识能力和认知规律，采用图文结合的形式，力求直观明了，提高学生职业素养和职业能力，做到理论够用、重在实践。

  本教材的主要特点如下：

1. 从企业需求出发，重塑教学目标

  本教材是从企业的需要及学生职业发展出发，让学生通过对专业的学习，能够切实找到自己的职业发展方向或能更好地适应未来企业的用人需要。

2. 从人才培养的目标出发，重整教学内容

  根据道路桥梁工程技术专业人才培养目标，与企业合作进行职业岗位分析，确定道路桥梁工程技术专业岗位和岗位群，根据行动体系重新构建学习领域，以工作过程为导向培养学生的知识和能力。

  本教材在编写过程中参考了近 5 年来不同版本的相关教材和规范规程，在此谨向各位参考文献编写的专家致以诚挚的谢意！

青海交通职业技术学院
国家骨干院校重点建设专业校企合作教材编审委员会
道路桥梁工程技术专业建设委员会
2012 年 12 月

前　言

　　为了突出职业教育的特点,该教材编写以青海交通教育集团为平台,以道路桥梁工程技术专业委员会为纽带,依托行业办学优势,发挥自身特色,形成"产、校、企"三方联动的工学结合平台,促进工学结合人才培养模式的有效实施。瞄准专业定位,以五个核心能力为培养目标,全面落实"德育渗透、项目贯通、三合三段"的工学结合人才培养模式,提高人才培养质量,与企业合作,按"基于施工过程的系统化设计"的原则,进行以施工项目为导向、以施工任务为驱动的课程系统化设计。通过市场调研、企业参与、专业建设指导委员会论证,围绕公路工程的项目,深入企业现场,企业与学院共同参与制订课程内容,设计教学情境,确定具有鲜明应用性和实践性的教学内容。建立教学内容动态性修订机制,使学生获得的知识、技能,真正满足职业岗位的要求。

　　全书共分为十个情境,包括桥涵施工准备和桥位施工测量、桥梁墩台和锥坡施工、钢筋混凝土桥施工构成要件、预应力混凝土简支梁桥施工、预应力混凝土连续梁桥施工、悬臂施工法、圬工和钢筋混凝土拱桥施工、涵洞施工技术、桥梁基础施工、桥面系及附属工程施工。

　　本书主要供高等职业教育道路桥梁工程技术专业教学使用,也可作为路桥类工程技术人员及公路监理人员的培训教材或自学用书。

　　由于编者水平有限,书中疏漏之处在所难免,敬请读者批评指正,以便修改提高。

编　者

2012 年 12 月

目 录

情境 1　桥涵施工准备和桥位施工测量 … 1
　任务　施工准备工作及施工测量 … 1
情境 2　桥梁墩台和锥坡施工 … 6
　任务 1　石砌墩台施工 … 6
　任务 2　锥坡施工 … 9
情境 3　钢筋混凝土桥施工构成要件 … 12
　任务 1　模板构造与使用 … 12
　任务 2　钢筋加工方法 … 18
　任务 3　混凝土的组成 … 22
情境 4　预应力混凝土简支梁桥施工 … 34
　任务 1　预应力混凝土结构材料 … 34
　任务 2　预加应力的方法及基本工艺流程 … 37
情境 5　预应力混凝土连续梁桥施工 … 52
　任务 1　施工综述及有支架的就地浇筑施工 … 52
　任务 2　逐孔架设法 … 57
　任务 3　移动模架法 … 61
　任务 4　顶推法 … 66
情境 6　悬臂施工法 … 76
　任务 1　悬臂浇筑法施工 … 76
　任务 2　悬臂拼装法施工 … 97
情境 7　圬工和钢筋混凝土拱桥施工 … 115
　任务 1　石拱桥的施工材料 … 115
　任务 2　拱圈的砌筑方法和工艺 … 117
　任务 3　拱桥的悬臂浇筑施工 … 126
　任务 4　拱桥的装配式施工 … 128
　任务 5　钢管混凝土拱桥施工 … 147
情境 8　涵洞施工技术 … 168
　任务 1　各类型涵洞施工方法 … 168
　任务 2　涵洞附属工程施工 … 181
情境 9　桥梁基础施工 … 185
　任务 1　桥梁基础施工综述 … 185
　任务 2　明挖扩大基础施工 … 186
　任务 3　桩基础施工 … 195

任务4　组合式基础施工简介 ·· 207
情境10　桥面系及附属工程施工 ·· 213
　　任务1　伸缩缝装置及其安装 ·· 213
　　任务2　梁间铰接缝施工 ·· 223
　　任务3　桥面铺装层施工及其他附属工程施工 ···································· 228
参考文献 ·· 232

情境1 桥涵施工准备和桥位施工测量

任务 施工准备工作及施工测量

学习目标

1. 施工准备工作的基本要求;
2. 施工测量的方法;
3. 中小桥涵施工组织设计的编写;
4. 施工准备阶段测量工作的内容及要求。

任务描述

桥涵施工中,施工前的各项准备工作是保证正确施工的基本前提,主要应做好技术准备、施工现场准备、施工组织设计等工作。

学习引导

本任务按以下进程学习:

准备工作 → 实施性中小桥涵施工组织设计 → 桥涵施工准备阶段的测量内容及要求

→ 桥涵施工过程中的测量和竣工测量 → 平面、水准控制测量及质量要求

1 准备工作的内容

1.1 技术准备

(1)熟悉研究、核对设计文件、图纸及有关资料。施工人员要明确设计者的设计意图,熟悉施工图的内容和结构物的细部构造,对设计文件和图纸必须在现场进行下列内容的核对:

①计划安排、设计图纸和资料是否符合国家的相关政策和规定,图纸是否齐全正确;

②弄清工程规模、结构特点和形式;

③设计文件所依据的水文、地质、气象、岩土等资料是否准确、可靠、齐全;

④核对路线中线、主要控制点、转角点、三角点、基线等是否准确无误;重要构造物的位置、尺寸大小、孔径等是否恰当,能否采用先进的技术或使用新型材料;

⑤路线或构造物与农田、水利、铁路、电讯、管道、公路、航道及其他建筑物的互相干扰情况和解决办法是否恰当,干扰可否避免;

⑥对地质不良地段采取的处理措施,对水土流失、环境影响的处理措施;
⑦施工方法、料场分布、运输方式、道路条件等是否符合实际情况;
⑧临时房屋、便道、便桥、电力电讯设备、临时供水、供电等场地布置是否恰当;
⑨各项协议书等文件是否完善、齐备;
⑩明确建设期限,包括分期、分批工程期限的要求。

现场核对发现设计不合理或错误之处,应提出修改意见报上级部门审批,然后根据批复的修改设计意见进行施工测量、补充图纸等工作。

(2)补充调查材料。
(3)编制实施性施工组织设计。
(4)组织先遣人员进场,做好后勤准备工作。

1.2 施工现场准备

依据设计文件及已编制的实施性施工组织设计做好现场准备工作:
(1)测出占地和征用土地范围,拆迁房屋、电讯设备等各种障碍物;
(2)平整场地、做好施工放样;
(3)修建便桥、便道,搭建生活用房和大型临时设施(预制场、混凝土搅拌站、沥青加工场)的修建;
(4)安装供水、供电设备等;
(5)各种施工物资资源的调查与准备,包括建筑材料、构件、施工机械及机具设备、工具的货源安排,进场的堆放、入库、保管及安全工作;
(6)建立工地实验室,进行各种建筑材料和土质的试验,为施工提供可靠依据;
(7)机构设置、施工队伍集结、进场及开工上岗前的思想工作及安全技术教育。

2 实施性中、小桥涵施工组织设计

施工组织设计按所起的作用不同分为两大类:一类是属于设计文件的组成部分如:一阶段设计或二阶段设计中初步设计阶段的"施工方案"、二阶段设计中的施工图阶段的"施工组织设计";另一类是属于指导施工的技术经济文件,即"实施性施工组织设计",其中又可分为"施工组织总设计"和"分部分项工程施工组织设计"。

3 桥涵施工准备阶段的测量内容及要求

3.1 测量内容

(1)对设计单位所交付的有关桥涵的中线桩、三角网基点桩、水准基点桩等及其测量资料进行检查、核对,若发现桩志不足、不稳妥、被移动过或测量精度不符合要求时,应按《公路桥涵施工技术规范》(JTG/T F50—2011)规定,补测加固、移设或重新测校,并通知设计单位;
(2)施工需要的桥涵中线桩;
(3)补充施工需要的水准点;
(4)测定墩、台纵向和横向及基础桩的位置,并与施工设计图比较,判断位置是否准确,如与图纸有出入,应与设计部门联系予以更正;
(5)锥坡、翼墙的位置,并与施工设计图比较,判断位置是否准确,如与图纸有出入,应与设计部门联系予以更正。

3.2 测量要求

(1)当有良好的丈量条件时,采用直接丈量法进行墩台施工定位。直接丈量应对尺长、温度、拉力、垂度和倾斜度进行改正计算。

(2)大中桥的水中墩台和基础的位置,宜用校验过的电磁波测距仪测量。

(3)曲线上的桥梁施工测量,应按照设计文件参照公路曲线测定方法处理。

(4)涵洞测量放样时,应注意核对涵洞纵横轴线的地形剖面图是否与设计图相符,应注意涵洞长度、涵底高程的正确性。对斜交涵洞、曲线上和陡坡上的涵洞,应考虑交角、加宽、超高。

4 桥涵施工过程中的测量和竣工测量

4.1 施工过程中的测量

施工过程中,应测定并经常检查桥涵结构浇砌和安装部分的位置和高程,并作出测量记录和结论,如超过允许偏差时,应分析原因,并予以补救和改正。

特大桥梁和结构复杂的桥梁施工过程,应进行主要墩、台(或塔、锚)的沉降变形监测,桥梁控制网应每年复测一次,以确保施工安全。

桥梁墩台位置的测定一般采用以下方法:

4.1.1 直接丈量法

当河流无水、浅水或河岸与河底高差较小时,可采用直接丈量法测定桥轴线长度。图1-1-1中,A、B 为桥梁中线之定位桩。精确地测定 AB 长度后,即可分别由 A 点和 B 点标出桥台和桥墩的位置。

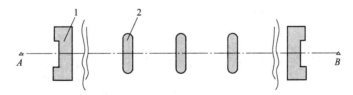

图 1-1-1 中线桩平面布置图
1-桥台;2-桥墩

桥轴线丈量的精度要求应不低于规范规定值。

4.1.2 间接丈量法

当河道宽阔、水深流急,桥位桩之间的距离不能用钢尺直接丈量时,可采用小三角形网间接丈量出桥轴线长度,而水中桥墩位置用交会法测定。

(1)小三角网测量

图1-1-2中,AB 是桥位中心线,为了丈量 A、B 间距离并测出墩台位置,可布设三角形 ABC 和 ABD 组成的三角网。

用钢尺精确丈量基线 AC 和 AD 的长度,并用经纬仪精确测出两三角形的内角,算出 AB 间的距离。

三角网测量的精度要求,应符合《公路桥涵施工技术规范》(JTG/T F50—2011)的规定。

(2)方向交会法测定桥墩台位置

桥位控制桩 AB 间距离算出后,分别自 A、B 点量出桥台中心至 A、B 桩的距离,即可定出桥台①和④的位置,如图 1-1-3 所示。

4.2 桥梁水准测量

大、中桥施工时,需在两岸设临时水准点,高程从设计单位测定的水准点引出,其容许误差不得超过规范规定值。

作为高程控制的水准基点,桥长在200m以上时,每岸至少设两个;桥长在200m以下时,每岸至少设一个;小桥可只设一个。

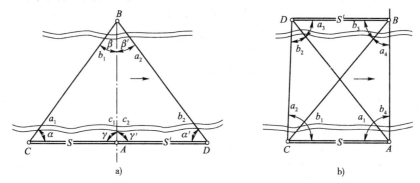

图 1-1-2 桥位小三角网布置图

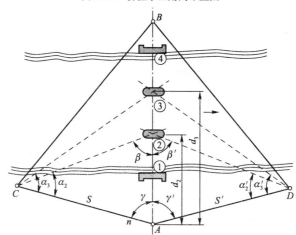

图 1-1-3 方向交会法测定桥墩位置

4.3 桥梁施工竣工测量

(1) 测定桥梁中线,丈量跨径;
(2) 丈量墩、台(或塔、锚)各部分尺寸;
(3) 检查桥面高程。

5 平面、水准控制测量及质量要求

5.1 平面控制测量

(1) 三角点与基线的布置

设置构成三角网的各三角点,应便于采用前方交会法进行墩台放样,并使各点间互相通视。

桥位中线作为三角网之一边。两岸中线上应各设一个三角点,使其与桥台相距不远,利于墩台放样。

三角点不可设在:能被水淹没处,存储材料区,地下水位升降易使三角点位移处,车辆来往频繁易使三角点位移处,及地势过低须建高架方能通视处。

(2)三角测量的质量要求

三角测量等级的确定、三角测量的技术要求、三角网平差计算及桥位测量的精度,均应符合《公路桥涵施工技术规范》(JTG/T F50—2011)的相关规定。

5.2 平面GPS测量控制网

GPS测量控制网的设置精度和作业方法,应符合《全球定位系统(GPS)测量规范》(GB/T 18314—2009)。

5.3 高程控制测量

5.3.1 水准点的布设原则和方法

1)布设原则

(1)大桥、特大桥施工水准点测设精度,应不低于四等水准测量要求,桥头两岸应设置不少于2个水准点,每岸至少设1个稳固基准点;

(2)中、小桥和涵洞水准测量按五等水准要求设置水准点;

(3)根据施工需要以及地质不良或易受破坏的地段,应适当增设辅助水准点,其精度应符合五等水准要求,辅助水准点应符合以下要求:转镜不超过2次,高差不超过2m和不在同一岩石或结构物基础上。

2)布设方法

(1)水准点应设在桥址附近安全稳固处,并便于施工观测;

(2)基准点可埋设混凝土标石、钢管标石、岩标石、管桩标石、钻孔桩标石或基岩标石制成;

(3)中、小桥及涵洞和工期短、桥式简单、精度要求较低的大桥,可在建筑物设立标点,或埋设大木桩设立铁钉标志,作为施工辅助水准点,但须加强复核;

(4)小桥涵洞也可利用路线测量的水准点。

5.3.2 水准测量的质量要求

(1)2 000m以上的特大桥一般为三等,1 000~2 000m的特大桥为四等,1 000m以下的桥梁为五等。

(2)水准测量的等级划分及主要技术要求,应符合《公路桥涵施工技术规范》(JTG/T F50—2011)的规定。

(3)水准测量精度应按《公路桥涵施工技术规范》(JTG/T F50—2011)中计算,计算结果应符合《公路桥涵施工技术规范》(JTG/T F50—2011)的规定。

(4)当水准路线跨越江河(或湖塘、宽沟、洼地、山谷等)时,应采用跨河水准测量方法校测。跨河水准测量方法可按照《公路勘测规范》(JTG C10—2007)执行。

情境 2　桥梁墩台和锥坡施工

任务 1　石砌墩台施工

学习目标

1. 墩台砌筑定位放样的方法；
2. 墩台砌筑方法。

任务描述

墩台砌筑定位放样是保证墩台使用品质的前提，在学习中要认真掌握垂线法、瞄准法等放样的基本方法，保证砌筑的准确性。

学习引导

本任务按以下进程学习：

墩台砌筑定位放样的方法 → 墩台砌筑方法

1　墩台砌筑的定位放样

1.1　垂线法

当墩台身和基础较低时，可按平面轮廓线砌筑圬工。

对于直坡墩台可用吊垂球的方法来控制定位石的位置，如图 2-1-1a)所示。对于斜坡墩台可用规板控制定位石的位置，如图 2-1-1b)所示。

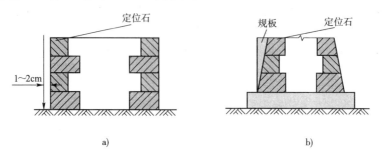

图 2-1-1　垂线定位法

规板构造见图 2-1-2，使用时以斜边靠近墩台面，悬垂线若与所画墨线重合，则表示所砌墩台斜度符合要求。

1.2 瞄准法

当墩台身较高时,可采用瞄准法控制定位石的位置,如图 2-1-3 所示。砌筑时,拉直铅丝,使其与下段铅丝瞄成一直线,即可依此安砌定位石于正确位置。

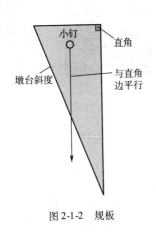

图 2-1-2 规板

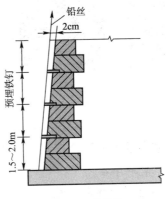

图 2-1-3 瞄准法

2 墩台砌筑

2.1 相关规范要求

(1)砌块在使用前必须浇水湿润,表面如有泥土、水锈,应清洗干净。

(2)砌筑基础的第一层砌块时,如基底为岩层或混凝土基础,应先将基底表面清洗、湿润,再坐浆砌筑;如基底为土质,可直接砌筑。

(3)砌体应分层砌筑,两相邻工作段砌筑差一般不宜超过 1.2m;分段位置宜尽量设在沉降缝或伸缩缝处,各段水平砌缝应一致。

(4)各砌层应先砌外圈定位行列,然后砌筑里层,外圈砌块应与里层砌块交错连成一体。砌体外露面镶面种类应符合设计规定,砌体外露面应进行勾缝,砌体隐蔽面砌缝可随砌随刮平,不另勾缝。

(5)各砌层的砌块应安放稳固,砌块间应砂浆饱满,黏结牢固,不得直接贴靠或脱空。

(6)砌筑上层块时,应避免振动下层块。砌筑工作中断后恢复砌筑时,已砌筑的砌层表面应加以清扫和湿润。

2.2 墩台砌筑程序和方法

2.2.1 基础砌筑

当基础开挖完毕并处理后,即可砌筑基础。砌筑时,应自最外边缘开始(定位行列),砌好外圈后填砌腹部,如图 2-1-4 所示。

基础一般采用片石砌筑。当基底为土质时,基础底层石块直接干铺于基土上;当基底为岩石时,则应铺坐浆再砌石块。

2.2.2 墩台身砌筑

当基础砌筑完毕,并检查平面位置和高程均符合设计要求后,将基础顶面洗刷干净,开始砌筑墩台身。桥墩先砌上下游圆头石或分水尖;桥台先砌四角转角石,然后在已砌石料上

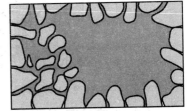

图 2-1-4 片石砌体定位行列和填腹

挂线,砌筑边部外露部分,最后填砌腹部。

勾缝的形式一般采用凸缝或平缝,浆砌规则块材也可采用凹缝,如图 2-1-5 所示。勾缝最好在整个墩台砌筑后,自上而下进行,以保证勾缝整齐干净。

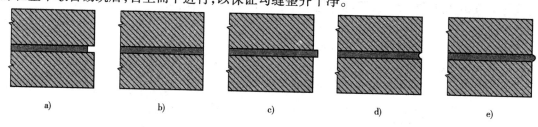

图 2-1-5 勾缝的形式
a)方形凹缝;b)方形平缝;c)方形凸缝;d)圆形凹缝;e)圆形凸缝

2.3 墩台砌筑工艺

2.3.1 浆砌片石

一般采用铺浆和灌浆相结合的方法。砌筑时先铺一层砂浆,把片石铺上,每层高度不超过 40cm,空隙处先灌满较稠的砂浆,再用合适的小石块卡紧填实。然后再铺上砂浆,以同样方法继续砌筑上层石块。

2.3.2 浆砌块石

一般采用铺浆和挤浆相结合的方法。砌筑时先铺一层砂浆,再把块石铺上,经左右轻轻揉动几下,再用手锤轻击石块,将灰缝砂浆挤压密实。在已砌好的石块侧面继续安砌时,应在相邻侧面先抹砂浆,再砌块石,并向下面和抹浆的侧面用手压,用锤轻击,使下面和侧面砂浆密实。砌体应分层平砌,石块丁顺相间,分层厚度一般不小于 20cm。

对于厚大砌体,如不易按石料厚度砌成水平层时,可设法搭配,使每隔 70～120cm 能够砌成一个比较平整的水平层,如图 2-1-6 所示。

2.3.3 浆砌粗料石

一般采用铺浆和挤浆相结合的方法。砌筑前应按石料尺寸和灰缝厚度,预先计算层数,使其符合砌体竖向尺寸。

砌筑时,宜先用已修凿的石块试摆,力求水平缝一样。可先将料石干放于木条或铁棍上,然后将石块沿边棱(A-A)翻开如图 2-1-7 所示,在石块砌筑地点的砌石上及侧缝处铺抹砂浆一层并将其摊平,再将石块翻回原位,以木槌轻击,使石块结合紧密。垂直缝中砂浆若有不满,应补填捣至溢出为止。石块下垫放的木条或铁棍,在砂浆捣实后即行取出,空隙处再以砂浆填补压实。

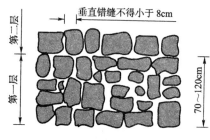

图 2-1-6 厚大块石砌体

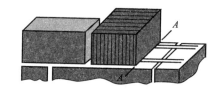

图 2-1-7 粗料石砌筑

2.4 砌筑注意事项

为了使各个石块结合而成的砌体紧密,能够抵抗作用在其上的外力,砌筑时必须做到下列几点：

(1) 料石在砌筑前应清除污泥和其他杂质，以免妨碍石块与砂浆的结合；并将石块充分润湿，以免石块吸收砂浆中的水分。

(2) 浆砌片石的砌缝宽度不得大于4cm；浆砌块石不得大于3cm；浆砌料石不得大于2cm。上下层砌石应相互压叠，竖缝应尽量错开。浆砌粗料石时，竖缝错开距离不得小于10cm；浆砌块石时，竖缝错开距离不得小于8cm，这样集中力能分布到砌体整体上。

(3) 应将石块大面向下，使其能有稳定的位置，不得在石块下面用高于砂浆层厚度的石块支垫。

(4) 浆砌砌体中石块都应以砂浆隔开，砌体中的空隙应用石块和砂浆填满。

(5) 在砂浆尚未凝固的砌层上，应避免受外力碰撞。砌筑中断时，应洒水润湿进行养护。重新开始砌筑时，应将原砌筑表面清扫干净，洒水润湿后再铺浆砌筑。

任务 2　锥 坡 施 工

1. 锥坡施工放样方法；
2. 锥坡填土和坡面砌筑。

锥坡是桥涵工程中不可缺少的附属工程，是保证桥涵台基础不受河流冲刷的基本前提，因此，必须掌握锥坡放样的基本方法和砌筑方法。

学习引导

本任务按以下进程学习：

　　锥坡施工放样方法　→　锥坡填土和坡面砌筑

1　锥坡施工放样

1.1　图解法（双圆垂直投影）

先根据锥体的高度 H 以及坡率 m 和 n，计算出锥坡底面椭圆的长轴 A 和短轴 B，用 A 和 B 作半径，画出 1/4 同心圆。将圆分成若干等分，由等分点 1、2、3、4 等分别和圆心相连，得到若干条径向直线。从各条径向线与两个圆周的交点互作垂线交于 Ⅰ、Ⅱ、Ⅲ 等点，连接这些点成椭圆曲线。如图 2-2-1 所示。

1.2　直角坐标法

设 P 点的坐标为 (x, y)，长半轴为 A，短半轴为 B，根据图 2-2-2 所示的几何条件可得

$$SQ = \sqrt{(OS)^2 - (OQ)^2} = \sqrt{(A)^2 - (nA)^2} = A\sqrt{1 - n^2} \qquad (2\text{-}2\text{-}1)$$

因

$$\triangle OSQ \backsim \triangle ORT$$

9

则

$$\frac{SQ}{A} = \frac{y}{B}$$

$$y = \frac{B}{A}SQ = B\sqrt{1-n^2} \tag{2-2-2}$$

式中：$n = x/A$，其值在 $0 \sim 1$ 之间。

令 $n = 0、1、0、2 \cdots 0.9、1.0$；

将 n 值分别代入式(2-2-2)，可得到纵坐标 $y_1、y_2 \cdots$；即得到 $P_1、P_2 \cdots$；连接 $P_1、P_2 \cdots$ 即得所求曲线。

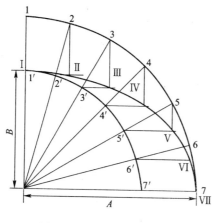

图 2-2-1　双圆垂直投影图解法

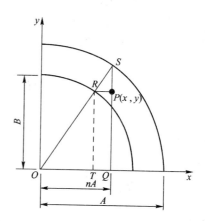

图 2-2-2　直角坐标法

1.3　极坐标法

采用极坐标法，点的坐标为角度和相应的放射线长度，如图 2-2-3 所示。P_1 点的坐标为 $(\theta_1、P_1)$，P_2 点的坐标为 $(\theta_2、P_2)$，依此类推。θ 和 ρ 值可根据直角坐标值，用正切定理和余弦定理求得。

$$\tan\theta = \frac{y}{x} \tag{2-2-3}$$

$$\rho = \frac{x}{\cos\omega\theta} \tag{2-2-4}$$

1.4　斜桥锥坡放样

斜桥锥坡放样仍可采用直角坐标法，但需根据桥梁与河道的交角 α 大小予以修正，修正后的长半轴长 $OF = A\sec\alpha$，所以横坐标值 x 也应乘以 $\sec\alpha$。见图 2-2-4。

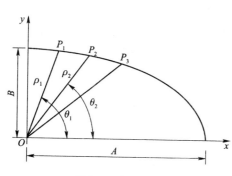

图 2-2-3　极坐标法

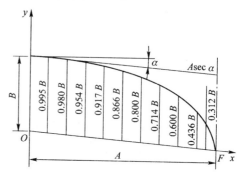

图 2-2-4　斜桥锥坡放样

2 锥坡填土和坡面砌筑

2.1 锥坡填土

锥坡填土必须分层夯实,达到最佳密度的90%以上。砌砾石土类,可以洒水夯填。采用不易风化的块石填料,应注意层次均匀,铺填密实,不可自由堆砌。有坡面防护的锥坡,在锥坡填土时,应留出坡面防护的砌筑位置。

2.2 坡面砌筑

一般采用干砌或浆砌片石,并以碎石或砂作垫层,随砌随垫,保证垫层厚度。砌筑时应注意石料轴线必须垂直于坡面,砌筑的石块应相互咬接,其空隙以小片石楔紧塞实。

情境3 钢筋混凝土桥施工构成要件

任务1 模板构造与使用

学习目标

1. 模板的类型及要求；
2. 常用模板的构造；
3. 模板制作及安装要求。

任务描述

在桥梁施工中,模板是必不可少的施工构件,是保证构件尺寸准确无误的基本条件。因此,在学习中必须掌握模板的类型及要求,常用模板的构造及安装要求,保证结构的质量。

学习引导

本任务按以下进程学习：

1 模板的类型及一般要求

1.1 模板的类型

1.1.1 木模

在桥梁建筑中最常用的模板是木模,它由模板、肋木、立柱组成或由模板、直枋、横枋组成。如图3-1-1所示。木模的优点是制作容易。

1.1.2 钢模

钢模是用钢板代替木模板,用角钢代替肋木和立柱。钢模的优点是耐用,可周转次数多,浇筑的构件表面光滑。

1.1.3 钢木结合模

用角钢作支架,木模板用平头开槽螺钉连接于角钢上,表面敷以薄钢板。

1.1.4 土模

土模按其位置高低可分为地下式、半地下式和地上式三种。土模的优点是节约材料。

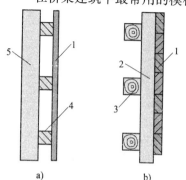

图3-1-1 木模构造
1-模板；2-直枋；3-横枋；4-肋木；5-立柱

1.2 一般要求

(1) 模板宜优先使用胶合板和钢模板;
(2) 在计算荷载作用下,对模板结构应按受力程序分别验算其强度、刚度及稳定性;
(3) 模板板面之间应平整,接缝严密,不漏浆,保证结构物外露面美观,线条流畅,可设倒角;
(4) 模板结构应简单,制作、装拆方便;
(5) 在浇筑混凝土之前,模板应涂刷脱模剂,外露面混凝土模板的脱模剂应采用同一品种,不得使用废机油等油料,且不得污染钢筋及混凝土的施工缝处;
(6) 重复使用的模板应经常检查、维修。

2 常用模板的构造

2.1 上部构造模板

2.1.1 实心板模板

图 3-1-2 所示为装配式钢筋混凝土实心板的模板构造。设置模板的地基应夯实整平,在地基较软的情况下应采用小木桩基础。

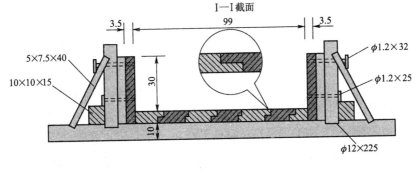

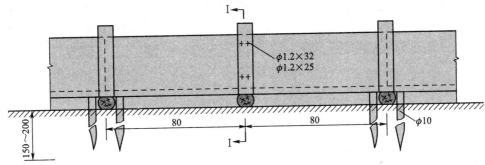

图 3-1-2 实心板模板构造(横截面)(尺寸单位:cm)

2.1.2 空心板模板

图 3-1-3 所示为装配式钢筋混凝土空心板的模板构造。

2.1.3 T形梁模板

图 3-1-4 所示为装配式钢筋混凝土T形梁的模板构造。

图 3-1-5 所示为装配式钢筋混凝土T形梁模板组合构件示意图。

施工时先将组合构件拼装成箱框,然后再接装成整片T形梁模板,拆模时只要将每个箱框下落外移即可。枕木下的地基必须夯实整平,必要时可打小木桩。

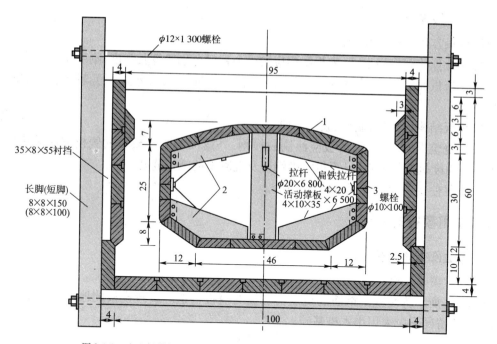

图 3-1-3 空心板模板构造(横截面)(尺寸单位:金属件为 mm;其他为 cm)
1-心模板;2-骨架;3-铰链

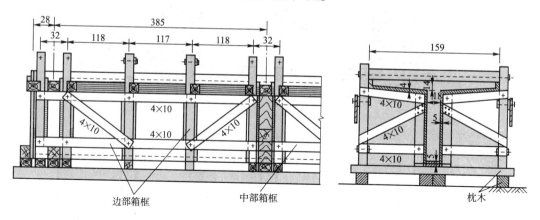

图 3-1-4 装配式钢筋混凝土 T 形梁模板构造(尺寸单位:cm)

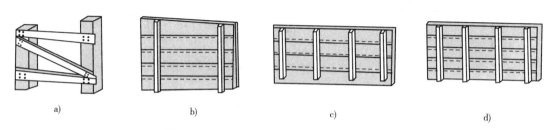

图 3-1-5 装配式钢筋混凝土 T 形梁模板组合构件
a)框架;b)横隔梁侧板;c)翼板;d)主梁侧板

2.1.4 翻转模板

固定支架钢管翻转模板构造如图 3-1-6 所示。浇筑混凝土构件后,抽去固定支架上的活动钢管,模板随时可在支架上翻转,原地垂直跌落,然后抬起模板即可。

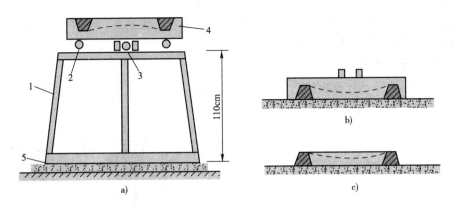

图 3-1-6 固定支架翻转模板构造
1-角钢支架;2-活动钢管;3-翻转轴钢管;4-翻转模板;5-砂垫层

2.2 下部构造模板

2.2.1 固定式桥墩模板

圆端形桥墩模板构造如图 3-1-7 所示。

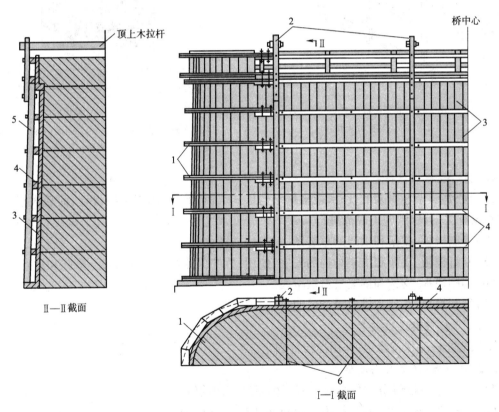

图 3-1-7 圆端形桥墩模板
1-拱肋木;2-安装柱;3-壳板;4-水平肋木;5-立柱;6-拉杆

图 3-1-8 所示为桥墩模板骨架。这种模板的位置是固定的,整个桥墩模板由壳板、肋木、立柱、撑木、拉条、枕梁和铁件组成。立柱与底框可采用圆木,肋木一般采用方木。圆形部分的拱肋木,里面做成与墩面相配合的曲线形状。

2.2.2 镶板式模板

镶板式模板就是装配式模板,是把桥墩模板划分为若干块制造,划分时力求减少规格,而且尽量用同一类型,以便运输和安装。

2.2.3 滑动式模板

图3-1-9所示为滑动式模板构造,它由顶架、模板、围圈、千斤顶、工作平台等部分组成。

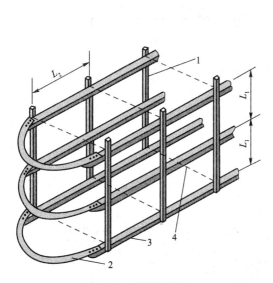

图3-1-8 桥墩模板骨架
1-立柱;2-拱肋木;3-肋木;4-拉杆

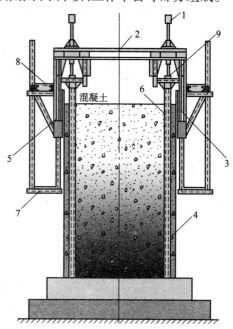

图3-1-9 滑动式模板构造
1-人工螺杆千斤顶;2-顶架;3-围圈;4-套筒;5-模板;6-顶杆;7-外下吊架;8-脚手架;9-支承座

2.2.4 模板设计要求

(1)模板、支架和拱架的设计,应根据结构形式、设计跨径、施工组织设计、荷载大小、地基土类别及有关的设计、施工规范进行。

(2)绘制模板、支架和拱架的总装图、细部构造图。

(3)制订模板、支架和拱架结构的安装、使用、拆卸保养等有关技术安全措施和注意事项。

(4)编制模板、支架和拱架材料数量表。

(5)编制模板、支架和拱架设计说明书。

2.2.5 模板稳定性要求

支架的立柱应保持稳定,并用撑拉杆固定。

2.2.6 模板强度及刚度要求

验算模板、支架的刚度时,其变形值不得超过下列数值:

(1)结构表面外露的模板,挠度为模板构件跨度的1/400;

(2)结构表面隐蔽的模板,挠度为模板构件跨度的1/250;

(3)支架、拱架受载后挠曲的杆件(盖梁、纵梁),其弹性挠度为相应结构跨度的1/400;

(4)钢模板的面板变形为1.5mm;

(5)钢模板的钢棱和柱箍变形为$L/500$和$B/500$(其中L为计算跨径,B为柱宽)。

3 模板制作及安装要求

3.1 钢模板制作

(1) 钢模板宜采用标准化的组合模板。组合钢模板的拼装应符合《组合钢模板技术规范》(GB 50214—2001)。各种螺栓连接件应符合国家现行有关标准的规定。

(2) 钢模板及其配件应按设计图纸加工,成品经检验合格后方可使用。

3.2 木模板制作

(1) 木模板可在工厂或施工现场制作,木模与混凝土接触的表面应平整、光滑,多次重复使用的木模应在内侧敷设薄钢板。常用的接缝形式有平缝、搭接缝和企口缝等见图3-1-10。

(2) 重复使用的模板应始终保持其表面平整,形状准确,不漏浆,有足够的强度和刚度。

3.3 其他材料模板制作

(1) 钢框覆面胶合板模板的板面组装宜采用错缝布置,支撑系统的强度和刚度应满足要求。

(2) 高分子合成材料面板、硬塑料或玻璃钢模板,制作接缝必须严密,边肋及加强肋安装牢固,与模板成一整体。

(3) 圬工外模。土胎模制作的场地必须坚实、平整,底模必须拍实找平,土胎表面应光滑,尺寸准确,表面应涂隔离剂。

(4) 土牛拱胎。在条件适宜处,可使用土牛拱胎。

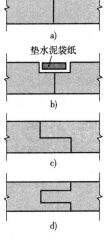

图 3-1-10 木模板接缝
a)平缝;b)平缝;c)搭接缝;d)企口缝

3.4 模板安装的技术要求

(1) 模板与钢筋安装工作应配合进行,妨碍绑扎钢筋的模板应待钢筋安装完毕后安设。

(2) 安装侧模时,应防止模板移位和凸出。

(3) 模板安装完毕后,应对其平面位置、顶部高程、节点联系及纵横向稳定性进行检查,确认后方可浇筑混凝土。

(4) 模板在安装过程中必须设置防倾覆设施。

(5) 纵向预拱度可做成抛物线或圆曲线。

3.5 使用芯模注意事项

(1) 充气胶囊在使用前应经过检查,不得漏气,安装时应有专人检查钢丝头,钢丝头应弯向内侧,胶囊要涂刷隔离剂。

(2) 从开始浇筑混凝土到胶囊放气为止,其充气压力应保持稳定。

(3) 浇筑混凝土时,为防止胶囊上浮和偏位,应采取有效措施加以固定,并应对称平衡地进行浇筑。

(4) 胶囊的放气时间应经试验确定,以混凝土强度达到能保持构件不变形为宜。

(5) 木芯模使用时应防止漏浆和采取措施便于脱模。应根据施工条件,通过试验确定拆除芯模时间。

(6) 钢管芯模应由匀直表面、光滑的无缝钢管制作,混凝土终凝后,即可将芯模轻轻转动,然后边转边拔出。

3.6 滑升、提升、爬升及翻转模板的技术要求

(1)滑升模板适用于较高的墩台和吊桥、斜拉桥的索塔施工。

(2)提升模板。提升模架的结构应满足使用要求。大块模板应用整体钢模板,加劲肋在满足刚度需要的基础上应进行加强,以满足使用要求。

(3)爬升及翻转模板。模板、模架爬升或翻转时结构的混凝土强度必须满足拆模时的强度要求。

3.7 模板、支架的拆除

3.7.1 拆除期限的原则规定

模板、支架的拆除期限应根据结构物特点、模板部位和混凝土所达到的强度来决定。

3.7.2 拆除时的技术要求

(1)模板拆除,应按设计的顺序进行,设计无规定时,应遵循先支后拆,后支先拆的顺序。拆时严禁抛扔。

(2)卸落支架,应按拟定的卸落程序进行,分几个循环卸完,卸落量开始宜小,以后逐渐增大。在纵向应对称均衡卸落,在横向应同时一起卸落。

(3)墩、台模板宜在其上部结构施工前拆除。拆除模板、卸落支架和拱架时,不允许猛烈敲打和强扭。

(4)模板、支架拆除后,应维修整理、分类妥善存放。

3.8 模板、支架制作及安装质量标准

(1)模板、支架制作应根据设计要求确定模板的形式及精度要求。

(2)模板、支架安装的允许偏差,应符合规范的规定。

任务2　钢筋加工方法

学习目标

1. 钢筋加工前的准备工作;
2. 钢筋加工。

任务描述

钢筋是桥涵施工中必不可少的建筑材料,在学习中,要重点掌握钢筋使用前的检查、钢筋的调制、钢筋的除锈去污及钢筋的配料;当施工图中采用的钢筋品种或规格与库存材料不一致时,如何进行替换以及钢筋的加工方法。

学习引导

本任务按以下进程学习:

1 钢筋加工前的准备工作

1.1 钢筋的检查

钢筋进场后,应检查出厂质量证明书,并且按类型和批次进行抽检。

1.2 钢筋的调直

直径 10mm 以下的钢筋多卷成盘形,粗钢筋常弯成"发卡"形,以便运输和储存,因此,运到工地的钢筋,应先调直。

盘圆钢筋应先放开,把它截成 30~40m 的长度,然后用人力或电动绞车拉直。图 3-2-1 所示为人工绞磨调直钢筋。也可用钢筋调直机调直。

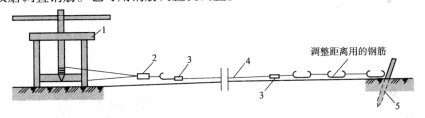

图 3-2-1 人工绞磨调直钢筋
1-绞架;2-滑轮;3-夹具;4-钢筋;5-固定桩

1.3 钢筋的除锈去污

钢筋应有洁净的表面,使钢筋与混凝土间有可靠的黏结力。钢筋上油渍、漆皮、鳞锈均应在使用前清除干净。

1.4 钢筋的画线配料

配料工作应以施工图纸中每一根钢筋的下料长度和库存材料规格为依据,将不同直径和不同长度的各号钢筋顺序填写配料单,按各种长度及数量进行配料。

1.4.1 钢筋下料长度计算

1.4.1.1 弯曲伸长计算

一般可按下列数字估算伸长量:弯 45°时伸长 $0.5d$;弯 90°时伸长 d;弯 180°时伸长 $1.5d$。d 为钢筋直径。

1.4.1.2 下料长度计算

$$下料长度 = 钢筋设计长度 + 接头长度 - 弯曲伸长量$$

1.4.2 配料注意事项

(1)对于焊接接头,受拉钢筋接头的截面积在同一截面(钢筋长度方向 $35d$ 并 $\geq 50cm$)内不得超过钢筋总面积的 50%。

(2)对于绑扎搭接接头,其截面积在同一截面内(钢筋搭接长度范围内)受拉区不能超过钢筋总面积的 25%;受压区不能超过钢筋总面积的 50%。

1.5 钢筋替换

当施工图中采用的钢筋品种或规格与库存材料不一致时,可参考下列原则替换:

(1)等强度替换。结构构件系强度控制,钢筋按强度相等原则替换。

(2)等面积替换。结构构件系最小配筋率控制,钢筋按面积相等原则替换。

(3)替换后的构件,如果不进行裂缝验算,替换钢筋的直径不宜大于原设计钢筋直径,钢筋强度不宜大于原设计钢筋强度。

1.6 钢筋切断

钢筋切断可按其直径的大小,用人工或机械方法进行。人工截切直径 10~22mm 的钢筋,可用上下搭口及铁锤割断,见图3-2-2a);10mm以下的钢筋可用剪刀剪断,见图3-2-2b)。

2 钢筋加工

2.1 钢筋接长

钢筋接长的方式有闪光接触对焊、电弧焊和绑扎搭接三种。闪光接触对焊接长钢筋,一般电焊均以采用闪光焊为宜。绑扎接头的质量差,费钢料,只有在没有焊接条件的情况下才可采用。

2.1.1 闪光接触对焊

图3-2-3所示为接触对焊系统示意图,图3-2-4所示为接触对焊的接头形式。

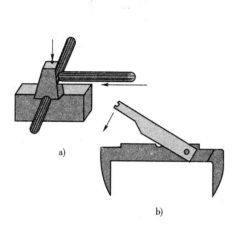
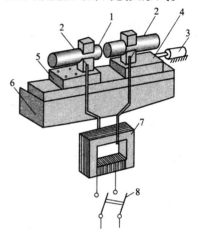

图3-2-2 用人工法切断钢筋
a)以上下搭口切断钢筋;b)用剪刀剪钢筋

图3-2-3 接触对焊系统示意图
1-钢筋;2-电极;3-压力构件;4-活动平板;5-固定平板;6-机身;7-变压器;8-闸刀

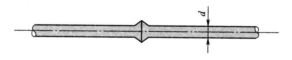

图3-2-4 接触对焊接头

2.1.2 电弧焊

电弧焊系将一根导线接在被焊钢筋上,另一根导线接在夹有焊条的焊钳上,将接触焊件接通电流,并立即将焊条提起2~3mm,产生电弧(温度高达4 000℃),将焊条和钢筋熔化并汇合成一条焊缝,至此焊接过程结束。图3-2-5所示为电弧焊的接头形式。

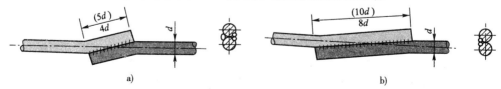

图3-2-5 电弧焊接头(不带括号的适用于Ⅰ级钢筋,带括号的适用于Ⅱ、Ⅲ钢筋)
a)双面焊缝;b)单面焊缝

钢筋焊接完毕,同样应对接头进行外观检查,并进行力学性能试验。外观检查应满足下列要求：

(1) 焊缝应没有缺口、裂缝和较大的金属焊瘤;
(2) 接头处钢筋轴线的曲折,其角度不得大于4°;
(3) 接头处钢筋轴线的偏移不得大于钢筋直径的0.1倍,亦不得大于3mm;
(4) 焊缝宽度和高度应按图3-2-6所示的尺寸进行测量。

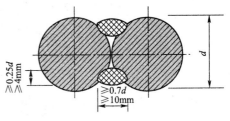

图3-2-6 焊缝宽度

力学性能试验,其抗拉极限强度不能小于该种钢筋的抗拉极限强度。

钢筋电弧焊所采用的焊条,其性能应符合低碳钢和低合金电焊条标准的有关规定,其牌号应符合设计要求。

2.1.3 绑扎搭接

当没有条件采用焊接时,接头可用铁丝绑扎搭接,但钢筋直径不应超过25mm。其搭接长度按规范要求执行。

2.2 钢筋的弯制成型

钢筋应按设计尺寸和形状用冷弯方法弯制成型。当弯制钢筋的工作量不大时,可用人工弯筋器在工作台上弯制。人工弯筋器由扳子和底盘组成,如图3-2-7a)、b)所示。

当弯制大量钢筋时,宜采用电动弯曲机,能弯制 $\phi6 \sim \phi40$mm 的钢筋。

2.3 钢筋骨架焊接

钢筋骨架的焊接应采用电弧焊,先焊成单片平面骨架,然后再将平面骨架焊成立体骨架,使骨架具有足够的刚性且不易变形,以便吊运。

工作台[见图3-2-7c)]的形式很多,台高一般为30~40cm,钢筋按照骨架的尺寸用角钢固定在台面上,每根斜筋的两侧也用木条固定。

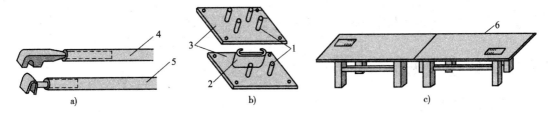

图3-2-7 人工弯筋设备及成型台
1-扳柱;2-钢套;3-底盘;4-横口扳子;5-深口横口扳;6-工作台

无论是点焊或满焊,骨架相邻部位的钢筋都不能连续进行焊接,而应该错开焊接(即跳焊),图3-2-8所示为钢筋骨架焊接顺序。同一部位有多层钢筋时,各条焊缝也不能一次焊好,而要错开施焊。

2.4 钢筋的安装

安装钢筋之前,应详细检查模板各部分尺寸、裂缝和变形。安装钢筋时,应使其位置准确。为了保证底模板与钢筋间具有一定厚度的保护层,可在钢筋下面垫以预制好的砂浆垫块,并用预埋在垫块中的铁丝绑扎在钢筋上,以免浇筑混凝土时发生移动。

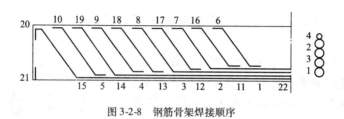

图 3-2-8　钢筋骨架焊接顺序

任务 3　混凝土的组成

学习目标

1. 混凝土材料的要求；
2. 混凝土中外加剂的选用；
3. 混凝土的配合比设计；
4. 混凝土的拌和、运输及浇筑；
5. 混凝土的质量控制。

任务描述

在桥涵施工之前，首先对组成混凝土材料的各项指标进行试验，在满足规范要求的前提下，进行混凝土的配合比设计、拌和运输浇筑及养生，使其满足使用要求。

学习引导

本任务按以下进程学习：

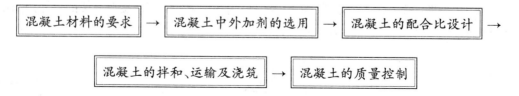

1　混凝土材料及外掺剂

1.1　混凝土材料

1.1.1　水泥

（1）选用水泥时，应注意其特性对混凝土结构强度、耐久性和使用条件是否有不利影响。

（2）选用水泥时，应以能使所配制的混凝土强度达到要求、收缩小、和易性好和节约水泥为原则。

（3）水泥应符合现行国家标准的规定，并附有制造厂的水泥品质试验报告等合格证明文件。水泥进场后，应按其品种、强度等级、证明文件以及出厂时间等情况分批进行检查验收。

（4）袋装水泥在运输和储存时应防止受潮，堆垛高度不宜超过 10 袋。不同强度等级、品种和出厂日期的水泥应分别堆放。

（5）散装水泥的储存，应尽可能采用水泥罐或散装水泥仓库。

(6)水泥如受潮或存放时间超过3个月,应重新取样检验,并按其复验结果使用。

1.1.2 细集料

(1)桥涵混凝土的细集料,应采用级配良好、质地坚硬、颗粒洁净、粒径小于5mm的河砂,河砂不易得到时,也可用山砂或用硬质岩石加工的机制砂。细集料的试验可按现行《公路工程集料试验规程》(JTG E42—2005)执行。

(2)砂的筛分应符合下列规定:

①砂的分类见《公路工程集料试验规程》(JTG E42—2005)。

②砂的级配应符合规范规定中任何一个级配区所规定的级配范围。

③当对河砂、海砂或机制砂的坚固性有怀疑时,应用硫酸钠进行坚固性试验,试验时循环5次,砂的总质量损失应符合规范的规定。

1.1.3 粗集料

(1)桥涵混凝土的粗集料应采用坚硬的卵石或碎石,按产地、类别、加工方法和规格等不同情况,分批进行检验。机械集中生产时,每批不宜超过400m³;人工分散生产时,每批不宜超过200m³。粗集料的试验可按现行《公路工程集料试验规程》(JTG E42—2005)执行。

(2)粗集料的颗粒级配,可采用连续级配或连续级配与单粒级配配合使用。在特殊情况下,通过试验证明混凝土无离析现象时,也可采用单粒级配。粗集料的级配范围应符合规范要求。

(3)粗集料最大粒径应按混凝土结构情况及施工方法选取。

(4)粗集料的技术要求及有害物质含量的规定应符合规范要求。

(5)施工前应对所用的碎石或卵石进行碱活性检验,在条件许可时尽量避免采用有碱活性反应的集料,或采取必要的措施。具体试验方法可参照现行《公路工程集料试验规程》(JTG E42—2005)执行。

(6)集料在生产、采集、运输与储存过程中,严禁混入影响混凝土性能的有害物质。

1.1.4 拌和用水

拌制混凝土用的水应符合下列要求:

(1)水中不应含有影响水泥正常凝结与硬化的有害杂质或油脂、糖类及游离酸类等。

(2)污水、pH值小于5的酸性水及含硫酸盐量按SO_4^{2-}计超过水的质量0.27mg/cm³的水不得使用。

(3)不得用海水拌制混凝土。

(4)饮用水一般能满足上述条件,使用时可不经检验。

1.2 混凝土中的外加剂

1.2.1 外加剂的种类

(1)普通减水剂。以木质磺酸盐或腐殖酸盐等为主要成分,可改善混凝土的和易性,节约水泥,适用于普通混凝土、大流动性混凝土、泵送混凝土和防水混凝土。

(2)高效减水剂。以萘磺酸甲醛缩合物、β-萘磺酸盐或芳香族树脂等为主要成分,可显著改善混凝土的和易性,节约水泥,适用于高强度混凝土、大流动性混凝土、泵送混凝土和预应力混凝土。

(3)早强减水剂。以木钙和硫酸钠、萘磺酸盐和硫酸钠等为主要成分,适用于有减水和早强要求的混凝土。

(4)缓凝减水剂。以糖蜜、蔗糖化钙或木钙衍生物为主要成分,适用于大体积混凝土、水下混凝土和泵送混凝土。

(5)引气减水剂。以松香热聚物、松脂皂等为主要成分,适用于有防冻、抗渗要求的混凝土。

(6)抗冻剂。以明矾石、石膏等为主要成分,适用于有抗冻要求的混凝土。

(7)膨胀剂。以明矾石、石膏等为主要成分,适用于地下防水混凝土、混凝土构件接头。

(8)早强剂。适用于有早强要求的混凝土。可采用氯化钙(适用于无筋混凝土)、三乙醇胺等早强剂。

(9)阻锈剂。适用于有阻锈要求的钢筋混凝土。可采用亚硝酸钠等阻锈剂。

(10)防水剂。氯化铁、硅酸钠、引气剂、三乙醇胺等外加剂。可用于有防水、抗冻要求的混凝土。

1.2.2 使用外加剂的要求

(1)应根据外加剂的特点,结合使用的目的,通过技术、经济比较来确定外加剂的使用品种。如果使用一种以上的外加剂,必须经过配合比设计,并按要求加入到混凝土拌和物中。

(2)所采用的外加剂必须是经过有关部门检验并附有检验合格证明的产品,其质量应符合现行《混凝土外加剂》(GB 8076—2008)的规定,使用前应复验其效果,使用时应符合产品说明书及规范中,关于混凝土配合比、拌制、浇筑等各项规定以及外加剂标准中的有关规定。

1.3 混合材料

(1)混合材料包括粉煤灰、火山灰质材料、粒化高炉矿渣等,应由生产单位专门加工,进行产品检验并出具产品合格证书,其技术条件应分别符合《用于水泥和混凝土中的粉煤灰》(GB/T 1596—2005)、《用于水泥中的火山灰质混合材料》(GB/T 2847—2005)、《用于水泥中的粒化高炉矿渣》(GB/T 203—2008)等标准的规定。使用单位对产品质量有怀疑时,应对其质量进行复查。

(2)混合材料在运输与储存中应有明显的标志,严禁与水泥等其他粉状材料混淆。

2 混凝土的配合比

(1)混凝土的配合比应以质量比计,并应通过设计和试配选定。试配时应使用施工实际采用的材料。

(2)普通混凝土的配合比可参照现行《普通混凝土配合比设计规程》(JGJ 55—2011)通过试配确定。混凝土的试配强度应根据设计强度等级,考虑施工条件的差异和变化以及材料质量可能的波动,计算确定。

(3)配制混凝土时,应根据结构情况和施工条件确定混凝土拌和物的坍落度。

(4)混凝土的最大水灰比和最小水泥用量应符合规范的规定。

(5)混凝土的最大水泥用量(包括代替部分水泥的混合材料)不宜超过 $500kg/m^3$,大体积混凝土不宜超过 $350kg/m^3$。

(6)在混凝土中掺入外加剂时还应符合下列规定:

①在钢筋混凝土中不得掺用氯化钙、氯化钠等氯盐。

②位于温暖或严寒地区,无侵蚀性物质影响及与土直接接触的钢筋混凝土构件,或位于严寒和海水区域、受侵蚀环境和使用除冰盐的桥涵,均应严格控制混凝土中氯离子的含量。

当采用洁净水和无氯集料时,氯离子含量可主要以外加剂或混合材料的氯离子含量控制。

③无筋混凝土的氯化钙或氯化钠掺量,以干质量计,不得超过水泥用量的3%。

④掺入加气剂的混凝土含气量为3.5%~5.5%。

⑤对由外加剂带入混凝土的碱含量应进行控制。每立方米混凝土的总含碱量,对一般桥涵不大于$3.0kg/m^3$,对特殊大桥、大桥和重要桥梁不大于$1.8kg/m^3$;当处于受严重侵蚀的环境下,不得使用有碱活性反应的集料。

(7)粉煤灰、火山灰及粒化高炉矿渣等混合材料作为水泥代替材料或混凝土拌和物的填充材料掺入硅酸盐水泥、普通水泥或其他水泥配制的混凝土拌和物中时,其掺量应通过试验确定,用于代替部分水泥时的掺量不应大于《通用硅酸盐水泥》(GB 175—2007)的规定。

(8)泵送混凝土的配合比宜符合下列规定:

①集料最大粒径与输送管内径之比应符合粗集料的规定。

②最小水泥用量280~300kg/m^3(输送管径100~150mm)。

③混凝土拌和物的坍落度宜为80~180mm。

④宜掺用适量的外加剂或混合材料。

(9)通过设计和试配确定配合比后,应填写试配报告单,提交施工监理或有关方面批准。混凝土配合比使用过程中,应根据混凝土质量的动态信息及时进行调整、报批。

3 混凝土的拌制、运输及浇筑

3.1 混凝土的拌制

(1)拌制混凝土配料时,各种衡器应保持准确。配料数量的允许偏差(以质量计)符合现行规范要求。

(2)混凝土应使用机械搅拌,零星工程的塑性混凝土也可用人工拌和。用机械搅拌时,自全部材料装入搅拌筒至开始出料的最短搅拌时间应按设备出厂说明书的规定并经试验确定。

(3)对于在施工现场集中搅拌的混凝土,应检查混凝土拌和物的均匀性。

①混凝土拌和物应拌和均匀,颜色一致,不得有离析和泌水现象。

②混凝土拌和物均匀性的检测方法应按《混凝土搅拌机》(GB/T 9142—2000)的规定进行。

③检查混凝土拌和物均匀性时,应在搅拌机卸料过程中,从卸料流的1/4~3/4之间部位采取试样进行试验,其检测结果应符合下列规定:

a.混凝土中砂浆密度两次测值的相对误差不应大于0.8%;

b.单位体积混凝土中粗集料含量两次测值的相对误差不应大于5%。

(4)混凝土搅拌完毕,应按下列要求检测混凝土拌和物的各项性能:

①混凝土拌和物的坍落度,应在搅拌地点和浇筑地点分别取样检测,每一工作班或每一单元结构物不应少于两次,检测坍落度时,还应观察混凝土拌和物的黏聚性和保水性。

②根据需要还应检测混凝土拌和物的其他质量指标。

(5)掺用高效减水剂或速凝剂且混凝土运距较远时,可运至浇筑地点再掺入重拌。

3.2 混凝土的运输

(1)混凝土的运输能力应适应混凝土凝结速度和浇筑速度的需要,使浇筑工作不间断并使混凝土运到浇筑地点时仍保持均匀性和规定的坍落度。当混凝土拌和物运距较近时,可采用无搅拌器的运输工具运输;当运距较远时,宜采用搅拌运输车运输。运输时间不宜超过表3-3-1的规定。

混凝土运输允许延续时间　　　　　　　　　　　　　　　　表 3-3-1

从搅拌机倾出时的混凝土温度(℃)	运输允许延续时间(min)
20～30	45
10～19	60
5～9	90

(2)用无搅拌运输工具运送混凝土时,应采用不漏浆、不吸水、有顶盖且能直接将混凝土倾入浇筑位置的盛器。

(3)采用泵送混凝土应符合下列规定:

①混凝土的供应必须保证输送混凝土的泵能连续工作。

②输送管线宜直,转弯宜缓,接头应严密,如管道向下倾斜,应防止混入空气,产生阻塞。

③泵送前应先用适量的、与混凝土内成分相同的水泥浆润滑输送管内壁。混凝土出现离析现象时,应立即用压力水或其他方法冲洗管内残留的混凝土,泵送间歇时间不宜超过15min。

④在泵送过程中,受料斗内应具有足够的混凝土,以防止吸入空气产生阻塞。

(4)用带式运输机送混凝土时应符合下列规定:

①传送带的倾斜度不应超过规定要求;

②混凝土卸于传送带上和由传送带卸下时,应通过漏斗等设施,保持垂直下料;

③传送带上应设置刮刀等清理设备;

④传送带运转速度不应超过1.2m/s;

⑤做配合比设计时,应考虑有2%～3%的砂浆损失。

(5)用搅拌运输车运输已拌成的混凝土时,途中应以2～4r/min的慢速进行搅动,混凝土的装载量约为搅拌筒几何容量的2/3。

(6)混凝土运至浇筑地点后发生离析、严重泌水或坍落度不符合要求时,应进行第二次搅拌。二次搅拌时不得任意加水,确有必要时,可同时加水和水泥以保持其原水灰比不变。如二次搅拌仍不符合要求,则不得使用。

3.3 混凝土的浇筑

3.3.1 一般要求

(1)浇筑混凝土前,应对支架、模板、钢筋和预埋件进行检查,并做好记录,符合设计要求后方可浇筑。模板内的杂物、积水和钢筋上的污垢应清理干净。模板如有缝隙,应填塞严密,模板内面应涂脱模剂。浇筑混凝土前,应检查混凝土的均匀性和坍落度。

(2)自高处向模板内倾卸混凝土时,要防止混凝土离析。

(3)混凝土应按一定厚度、顺序和方向分层浇筑,应在下层混凝土初凝或能重塑前浇筑完成上层混凝土。

(4)浇筑混凝土时,除少量塑性混凝土可用人工捣实外,宜采用振动器振实。用振动器振捣时,应符合下列规定:

①使用插入式振动器时,移动间距不应超过振动器作用半径的1.5倍;与侧模应保持50～100mm的距离;插入下层混凝土50～100mm;每一处振动完毕后应边振动边徐徐提出振动棒;应避免振动棒碰撞模板、钢筋及其他预埋件。

②表面振动器的移位间距,应以使振动器平板能覆盖已振实部分100mm左右为宜。

③附着式振动器布置的距离,应根据构件形状及振动器的性能等情况并通过试验确定。

④对每一振动部位必须振动到该部位混凝土密实为止。密实的标志是混凝土停止下沉,不再冒出气泡,表面呈现平坦、泛浆。

(5)混凝土的浇筑应连续进行,如因故必须间断时,其间断时间应小于前层混凝土的初凝时间或能重塑的时间。混凝土运输、浇筑及间歇的全部时间不得超过规定。当需要超过时应预留施工缝。

(6)施工缝的位置应在混凝土浇筑之前确定,宜留置在结构受剪力和弯矩较小且便于施工的部位,并应按下列要求进行处理:

①应凿除处理层混凝土表面的水泥砂浆和松弱层,但凿除时,处理层混凝土须达到下列强度:用水冲洗凿毛时,须达到 0.5MPa;用人工凿除时,须达到 2.5MPa;用风动机凿毛时,须达到 10MPa。

②经凿毛处理的混凝土面应用水冲洗干净,在浇筑次层混凝土前,对垂直施工缝宜刷一层水泥净浆,对水平缝宜铺一层厚 10~20mm 的 1:2 的水泥砂浆。

③重要部位及有防震要求的混凝土结构或钢筋稀疏的钢筋混凝土结构,应在施工缝处补插锚固钢筋或石榫;有抗渗要求的施工缝宜做成凹形、凸形或设置止水带。

④施工缝为斜面时应浇筑成或凿成台阶状。

⑤施工缝处理后,须待处理层混凝土达到一定强度后才能继续浇筑混凝土。需要达到的强度,一般最低为 1.2MPa,当结构物为钢筋混凝土时,不得低于 2.5MPa。混凝土达到上述抗压强度的时间宜通过试验确定。

⑥在浇筑过程中或浇筑完成时,如混凝土表面泌水较多,须在不扰动已浇筑混凝土的条件下,采取措施将水排除。继续浇筑混凝土时,应查明原因,采取措施,减少泌水。

⑦结构混凝土浇筑完成后,对混凝土裸露面应及时进行修整、抹平,待定浆后再抹第二遍并压光或拉毛。当裸露面面积较大或气候不良时,应加盖防护,但在开始养生前,覆盖物不得接触混凝土面。

⑧浇筑混凝土期间,应设专人检查支架、模板、钢筋和预埋件等稳固情况,当发现有松动、变形、移位时,应及时处理。

⑨浇筑混凝土时,应填写混凝土施工记录。

3.3.2 墩台混凝土的浇筑

(1)对墩台基底的处理,除应符合天然地基的有关规定外,尚应符合下列规定:

①基底为非黏性土或干土时,应将其润湿。

②基底为岩石时,应加以润湿,铺一层厚 20~30mm 的水泥砂浆,然后于水泥砂浆凝结前浇筑第一层混凝土。

③一般墩台及基础混凝土应在整个平截面范围内水平分层进行浇筑。

(2)较大体积的混凝土墩台及其基础,在混凝土中埋放石块时应符合下列规定:

①可埋放厚度不小于 150mm 的石块,埋放石块的数量不宜超过混凝土结构体积的 25%;

②应选用无裂纹、无夹层且未被烧过的、具有抗冻性能的石块;

③石块的抗压强度不应低于 30MPa 及混凝土的强度;

④石块应清洗干净,应在捣实的混凝土中埋入一半左右;

⑤石块应分布均匀,净距不小于 100mm,距结构侧面和顶面的净距不小于 150mm,石块不得接触钢筋和预埋件;

⑥受拉区混凝土或当气温低于0℃时不得埋放石块。
(3)采用滑升模板浇筑墩台混凝土时应符合下列规定：
①宜采用低流动度或半干硬性混凝土；
②浇筑应分层分段进行,各段应浇筑到距模板上口不小于10～150mm的位置为止。若为排柱式墩台,各立柱应保持进度一致；
③应采用插入式振动器振捣；
④为加速模板提升,可掺入一定数量的早强剂；
⑤在滑升中须防止千斤顶或油管接头在混凝土或钢筋处漏油；
⑥每一整体结构的浇筑应连续进行,若因故中途停工,应按施工缝处理；
⑦混凝土脱模时的强度宜为0.2～0.5MPa,脱模后如表面有缺陷时应及时予以修理。
(4)大体积墩台基础混凝土,当平台截面过大,不能在前层混凝土初凝或能重塑前浇筑完成次层混凝土时,可分块进行浇筑。分块浇筑时应符合下列规定：
①分块宜合理布置,各分块平均面积不宜小于50m²；
②每块高度不宜超过2m；
③块与块间的竖向接缝面应与基础平截面短边平行,与平截面长边垂直；
④上下邻层混凝土间的竖向接缝应错开位置做成企口,并按施工缝处理。
(5)大体积混凝土的浇筑应在一天中气温较低时进行。应参照下述方法控制混凝土的水化热温度：
①用改善集料级配、降低水灰比、掺加混合料、掺加外加剂等方法减少水泥用量；
②采用水化热低的大坝水泥、矿渣水泥、粉煤灰水泥或强度等级低的水泥；
③减小浇筑层厚度,加快混凝土散热速度；
④混凝土用料要遮盖,避免日光曝晒,并用冷却水搅拌混凝土,以降低入仓温度；
⑤在混凝土内埋设冷却管通水冷却；
⑥在遇气温骤降的天气或寒冷季节浇筑混凝土后,应注意覆盖保温,加强养生。
注：混凝土的浇筑温度系指混凝土振捣后,在混凝土50～100mm深处的温度。

3.4 混凝土的抗冻、抗渗及防腐蚀

有抗冻性、抗渗性及防止钢筋腐蚀性能要求的混凝土的施工要求如下。

3.4.1 海水环境中(包括处于有盐碱腐蚀性水的环境中)混凝土

施工应符合如下规定：
(1)海水环境混凝土在建筑物上部位的划分应符合规定。
(2)海水环境钢筋混凝土结构的施工缝不宜设在浪溅区或拉应力较大部位。
(3)按耐久性要求,海水环境混凝土水灰比最大允许值应满足规定。
(4)按耐久性要求,海水环境混凝土的最低水泥用量应满足规范要求,但不宜超过500kg/m³。
(5)海水环境钢筋混凝土结构的混凝土保护层垫块质量应符合下列规定：
①垫块的强度、密实性应高于构件本体混凝土,垫块宜用水灰比不大于0.40的砂浆或碎石混凝土制作。
②垫块厚度尺寸不允许负偏差,正偏差不得大于5mm。

3.4.2 有抗冻性要求的混凝土

施工应符合如下规定：

(1)位于水位变动区有抗冻性要求的混凝土,其抗冻等级应满足规定。
(2)有抗冻性要求的混凝土必须掺入适量引气剂,其拌和物的含气量应符合规范要求。
(3)当要求的含气量为某一定值时,其检查结果与要求值的允许偏差范围应为±1.0%。当含气量要求值为某一范围时,检测结果应满足规定范围的要求。
(4)混凝土抗冻性试验方法应符合现行《公路工程水泥及水泥混凝土试验规程》(JTG E30—2005)的规定。

3.4.3 有抗渗性要求的混凝土

施工应符合如下规定:

①有抗渗性要求的混凝土,其抗渗等级应符合设计要求。
②混凝土抗渗性试验方法应符合现行《公路工程水泥及水泥混凝土试验规程》(JTG E30—2005)的规定。

3.5 混凝土的养护及修饰

3.5.1 混凝土的养护

(1)对于在施工现场集中养护的混凝土,应根据施工对象、环境、水泥品种、外加剂以及对混凝土性能的要求,提出具体的养护方案,并应严格执行规定的养护制度。
(2)一般混凝土浇筑完成后,应在收浆后尽快予以覆盖和洒水养护。对干硬性混凝土、炎热天气浇筑的混凝土以及桥面等大面积裸露的混凝土,有条件的可在浇筑完成后立即加设棚罩,待收浆后再予以覆盖和洒水养生。
(3)当气温低于5℃时应覆盖保温,不得向混凝土面上洒水。
(4)混凝土养护用水条件与拌和用水相同。
(5)混凝土洒水养护时间一般为7d,可根据空气的湿度、温度和水泥品种及掺用的外加剂等情况酌情延长或缩短。每天洒水次数以能保持混凝土表面经常处于湿润状态为度。用加压成形、真空吸水等方法施工的混凝土,其养护时间可酌情缩短。采用塑料薄膜或喷化学浆液等养护时,可不洒水养护。
(6)当结构物混凝土与流动的地表水或地下水接触时,应采取防水措施,保证混凝土在浇筑7d以内不受水的冲刷侵袭。
(7)对大体积混凝土的养护,应根据气候条件采取控温措施,并按需要测定浇筑后混凝土的表面和内部温度,将温差控制在设计要求的范围内,当设计无要求时,温差不宜超过25℃。
(8)混凝土强度达到2.5MPa前,不得使其承受行人、运输工具、模板、支架及脚手架等荷载。

3.5.2 混凝土的修饰

(1)混凝土表面的光洁程度依不同部位而异,外露面无装饰设计时,应对浇筑时无模板的外露面进行压光或拉毛;对有模板的外露面应安装同一类别的模板和涂刷同一类别的脱模剂,模板应光洁,无变形、无漏浆。
(2)对表面有一般抹灰(水泥砂浆抹面)和装饰抹灰(水刷石、水磨石、剁斧石)等装饰设计的结构,应在浇筑混凝土时采用表面平整的模板,拆模后按设计要求的装饰类别进行装饰。

3.6 热期、雨期混凝土的施工

3.6.1 热期混凝土的施工

热期混凝土施工,应制订在高温条件下保证工程质量的技术措施并应符合如下要求:

(1)混凝土配制和搅拌。

①材料要求:拌和水使用冷却装置,对水管及水箱加遮阴和隔热设施。水泥、砂、石料应遮阴防晒,以降低集料温度,可在砂石料堆上喷水降温。

②配合比设计应考虑坍落度损失。

③可掺加减水剂以减少水泥用量和提高混凝土的早期强度。

④掺用活性材料粉煤灰取代部分水泥,减少水泥用量。

⑤拌和站料斗、储水器、皮带运输机、拌和楼都要尽可能遮阴。尽量缩短拌和时间。经常测混凝土的坍落度,以调整混凝土的配合比,满足施工所必需的坍落度。

(2)混凝土的运输及浇筑。

①运输时尽量缩短时间,宜采用混凝土运输搅拌车,运输中应慢速搅拌。

②不得在运输过程中加水搅拌。

③热期施工混凝土、钢筋混凝土、预应力混凝土应有全面的组织计划,准备工作充分,施工设备有足够的备件,保证连续进行;从拌和机到入仓的传递时间及浇筑时间要尽量缩短,并尽快开始养护。

④混凝土的浇筑温度应控制在32℃以下,宜选在一天温度较低的时间内进行。

⑤浇筑场地应遮阴,以降低模板、钢筋的温度和改善工作条件;也可在模板、钢筋和地基上喷水降温,但在浇筑时不能有附着水。

⑥应加快混凝土的修整速度,修整时可用喷雾器洒少量水,防止表面裂纹,但不准直接往混凝土表面洒水。

(3)混凝土的养护。

①不宜单独使用专用养护膜覆盖法养护高强度混凝土,除非当地无足够的清洁水用于养护混凝土。

②洒水养护宜用自动喷水系统和喷雾器,湿养护应不间断,不得形成干湿循环。

③混凝土浇筑完,表面应立即覆盖清洁的塑料膜,初凝后撤去塑料膜,用浸湿的粗麻布覆盖,经常洒水,保持潮湿状态最少7d。湿养期间应采取遮光和挡风措施,以控制温度和干热风的影响。构造物的竖直面拆模后,宜立即用湿粗麻布把构件缠起来,麻布处整个用塑料膜包紧,粗麻布应至少7d保持潮湿状态,随后可用树脂类养生化合物喷涂。

(4)热期施工应检查下列项目:

①砂、石料的含水率,每台班不少于1次。

②混凝土浇筑与养护时,环境温度每日检查4次,并做好检查记录;当温度超过热期规定的要求时,混凝土拌和时应采取有效降温、防晒措施,以保证混凝土的浇筑质量,否则应停止施工。

③混凝土热期施工,除应留标准条件下养护的试件外,还应制取相同数量的试件与结构在相同的环境条件下养护,检查28d的试件强度以指导施工。

④在混凝土浇筑前,应通过试验确定在最高气温条件下,施工时应严格控制,混凝土分层浇筑的覆盖时间,不得超过。

⑤在混凝土浇筑过程中,应严格控制缓凝剂的掺量,并检查混凝土的凝固时间,以防因缓凝剂掺量不准造成危害。

3.6.2 雨期混凝土的施工

混凝土雨期施工是指在降雨量集中季节且对混凝土的质量造成影响时进行的施工。雨期施工要按时收集天气预报资料,混凝土施工要尽可能避开大风大雨天气。雨期施工应制订防洪水、防台风措施,施工场地、生活区做好排水措施。施工材料如钢材、水泥的码放应防雨漏及潮湿。建立安全用电措施,防漏电、触电。

(1)雨期施工准备

①准备雨期施工的防洪材料、机具和必要的遮雨设施。

②工程材料特别是水泥、钢筋应防水、防潮;施工机械防洪水淹没。

(2)施工方法及技术措施

①雨期施工的工作面不宜过大,应逐段、逐片分期施工;对受洪水危害的工程应停止施工,若必须施工时,应有防洪抢险措施。

②雨期施工应加强地基不良地段沉陷的观测,基础施工应防止雨水浸泡基坑,若被浸泡,应挖除被浸泡部分,用与基础同样的材料回填。基坑要设挡水埂,防止地面水流入。

③施工前应对排水系统进行检查、疏通或加固,必要时增加排水措施。

④雨后模板及钢筋上的淤泥、杂物,在浇筑混凝土前应清除干净。

⑤雷区应设置防雷措施,高耸结构应有防雷设计。沿海地区应考虑防台风措施,露天使用的电气设备要有可靠的防漏电措施。

4 混凝土质量控制

4.1 质量控制

实施混凝土质量控制应符合下列规定:

(1)通过对原材料的质量检验与控制、混凝土配合比的确定与控制、混凝土生产和施工过程各工序的质量检验与控制,以及合格性检验控制,使混凝土的质量符合规定要求。

(2)在施工过程中应进行质量检测,应用各种质量管理图表,掌握动态信息,控制整个生产和施工期间的混凝土质量,制订保证质量的措施,完善质量控制过程。

(3)必须配备相应的技术人员和必要的检验及试验设备,建立和健全必要的技术管理与质量控制制度。

4.2 质量检验

(1)各种材料、各工程项目和各个工序,应经常进行检验,保证符合设计文件和《公路工程质量检验评定标准》(JTG F80/1—2004)的要求。检验项目和频率应符合下列规定。

①浇筑混凝土前的检验:

a.施工设备和场地;

b.混凝土组成材料及配合比(包括外加剂);

c.混凝土凝结速度等性能;

d.基础、钢筋、预埋件等隐蔽工程及支架、模板;

e.养护方法及设施,安全设施。

②拌制和浇筑混凝土时的检验:

a.混凝土组成材料的外观及配料、拌制,每一工作班至少2次,必要时随时抽样试验;

b.混凝土的和易性(坍落度等)每工作班至少2次;

c.砂石材料的含水率,每日开工前1次,气候有较大变化时随时检测,当含水率变化较大、将使配料偏差超过规定时,应及时调整;

d. 钢筋、模板、支架等的稳固性和安装位置;

e. 混凝土的运输、浇筑方法和质量;

f. 外加剂使用效果;

g. 制取混凝土试件。

③浇筑混凝土后的检验:

a. 养护情况;

b. 混凝土强度,拆模时间;

c. 混凝土外露面或装饰质量;

d. 结构外形尺寸、位置、变形和沉降。

(2)隐蔽工程检查、分部工程检查、工程变更设计、施工技术修改、施工方案变更、质量事故的发生和处理等事项,应按有关规定及时通知有关人员。

(3)对混凝土的强度,应制取试件检验其在标准养护条件下28d龄期的抗压极限强度。试件制取组数应符合相关规定。

(4)应根据施工需要,制取与结构物同条件养护的试件作为考核结构混凝土在拆模、出池、吊装、预施应力、承受荷载等阶段强度的依据。

4.3 质量标准

(1)混凝土抗压强度应以标准条件下养护28d龄期试件的抗压强度进行评定,其合格条件如下:

①应以强度等级相同、龄期相同以及生产工艺条件和配合比相同的混凝土组成同一验收批,同一验收批的混凝土强度应以同批内所有各组标准尺寸试件的强度测定值(当为非标准尺寸试件时应进行强度换算)为代表值。

②大桥等重要工程及中小桥、涵洞工程的试件大于或等于10组时,应以数理统计方法评定[参见《公路工程质量检验评定标准》(JTG F80/1—2004)]。

③中小桥及涵洞等工程,同批混凝土试件少于10组时,可用非统计方法进行评定[参见《公路工程质量检验评定标准》(JTG F80/1—2004)]。

(2)预留试块有效测试值数量不足混凝土强度评定的要求时,可采用无损检测或钻芯取样法评定。若预留试块评定不合格,应作为质量事故处理并作出结论。

(3)结构混凝土应符合下列规定:

①表面应密实、平整。

②如有蜂窝、麻面,其面积不超过结构同侧面积的0.5%。

③如有裂缝,其宽度不得大于设计规范的有关规定。

④预制桩桩顶、桩尖等重要部位无掉边或蜂窝、麻面。

⑤小型构件无翘曲现象。

⑥对蜂窝、麻面、掉角等缺陷,应凿除松弱层,用钢丝刷清理干净,用压力水冲洗、湿润,再用较高强度的水泥砂浆或混凝土填塞捣实,覆盖养护;用环氧树脂等胶凝材料修补时,应先经试验验证。

⑦如有严重缺陷,影响结构性能时,应分析情况,研究处理。

(4)混凝土和钢筋混凝土结构物的位置及外形尺寸允许偏差应符合有关规定。

(5)抹灰工程应符合下列规定:

①一般抹灰成分、颜色必须一致,黏结牢固,不得有脱层、空鼓、掉角等现象;

②水刷石必须石粒清晰、分布均匀、平整密实,不得有掉粒和接茬痕迹;
③水磨石必须表面平整、光滑,石子显露均匀,格条位置正确,不得有砂眼、磨纹和漏磨;
④剁斧石必须剁纹均匀,深浅一致,棱角完整;
⑤干黏石必须石粒分布均匀,黏结牢固,不露浆,不漏黏,阳角处不得有明显的黑边;
⑥拉毛灰必须花纹、斑点分布均匀,同一平面上不显接茬;
⑦抹灰允许偏差见现行规范要求。

情境4 预应力混凝土简支梁桥施工

任务1 预应力混凝土结构材料

学习目标

1. 混凝土材料；
2. 预应力钢筋；
3. 模板与预应力筋制作要求。

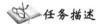任务描述

在预应力混凝土简支梁桥施工之前，首先要保证组成该桥梁的各种材料的质量。其主要掌握的内容是预应力混凝土的配料、预应力混凝土结构对预应力钢筋的要求以及模板与预应力筋制作要求。

学习引导

本任务按以下进程学习：

预应力混凝土 → 预应力钢筋 → 模板与预应力筋制作要求

1 混凝土

用于预应力结构的混凝土，必须采用强度等级高的混凝土。预应力混凝土结构的混凝土，不仅要求高强度，而且还要求快硬、早强，以便及早施加预应力，加快施工进度，提高设备的利用率及模板等的周转率。

1.1 预应力混凝土配料

预应力混凝土配料除符合普通混凝土有关规定外，尚应符合如下要求：

（1）配制高强度等级的混凝土应选择级配优良的配合比，在构件截面尺寸和配筋允许下，尽量采用大粒径集料、强度高的集料；含砂率不超过0.4；水泥用量不宜超过500kg/m³，最大不超过550kg/m³，水灰比不超过0.45；一般可采用低塑性混凝土，坍落度不大于3cm，以减少因徐变和收缩所引起的预应力损失。

（2）在拌和料中可掺入适量的减水剂（塑化剂），以达到易于浇筑、早强、节约水泥的目的，其掺入量可由试验确定，也可参考经验值。拌和料不得掺入氯化钙、氯化钠等氯盐及引气剂，亦不宜掺用引气型减水剂。从混凝土的各种组成材料引进混凝土中的氯离子总含量（折合氯

盐含量)不宜超过水泥用量的0.1%,当大于0.1%、小于0.2%时,宜采取防锈措施;对于干燥环境中的小型构件,氯离子含量可提高一倍。值得注意:由于混凝土掺加减水剂后效果显著,目前用于建造预应力混凝土桥梁的高强度混凝土几乎没有不掺加减水剂的。但对它的使用不能掉以轻心,使用不当将会严重影响混凝土的质量。

(3)水、水泥、减水剂用量应准确到±1%;集料用量准确到±2%。

(4)预应力混凝土所用的一切材料,必须全面检查,各项指标均应合格。

预应力混凝土选配材料总的发展趋势是提高强度,减轻自重,主要途径是采用多孔的轻质集料。国外用于主体承重结构的C30~C60预应力轻质混凝土的重度为16~20kN/m^3,以轻质混凝土(可较普通混凝土轻20%~30%)修桥可大大减小恒载内力,减少圬工,节省造价。

1.2 改善预应力混凝土物理力学性能的途径

改善预应力混凝土物理力学性能的另一个重要途径是发展研制改性混凝土。目前研制的主要有下列两种。

1.2.1 纤维混凝土

在混凝土中掺入钢纤维、抗碱玻璃纤维或合成纤维,可以大幅度提高混凝土的抗拉强度、断裂韧性,对混凝土的抗压强度、弹性模量的提高亦有作用。

1.2.2 聚合物混凝土

它研制的配料是有机聚合物与无机材料复合的新型材料,如浸渍混凝土,它不仅可将强度提高200%~400%,还可以增进混凝土的耐久性和耐腐蚀性。

目前在桥梁工程上也有配制试用新材料混凝土的,采用改性混凝土达到超高强度,优越性大,经济效益显著。

1.3 预应力混凝土浇筑

混凝土浇筑前除按操作规程检查外,对先张构件还应检查台座受力、夹具、预应力筋数量、位置及张拉吨位是否符合要求等。

混凝土浇筑除按正常操作规程办理外,还应注意以下事项:

(1)尽量采用侧模振捣工艺。

(2)先张构件使用振捣棒振捣时,应避免触及力筋,防止发生受振滑移和断筋伤人事故,并不得触及冲气胶管。

(3)浇筑混凝时防止冲气胶管上浮和偏位,随时检查定位箍筋和压块固定情况。

(4)先张构件用蒸汽养护,开始时恒温温度应按设计规定执行,不得任意提高,以免造成不可补救的预应力损失。待混凝土强度达到10MPa时,可适当提高温度,但不得超过60℃。

2 预应力钢筋

预应力混凝土结构对预应力钢筋的要求是:

(1)必须采用高强钢材。

(2)要有较好的塑性和良好的加工性能。

(3)具有良好的黏结性能。

(4)预应力钢筋的应力松弛损失要低,以便提高其有效预应力。

目前我国常用的预应力钢筋有以下六种。

2.1 钢丝

预应力混凝土结构所用的钢丝属高强度钢丝。它是用高碳镇静钢(含碳量为0.7%~

1.4%)轧制成盘圆,加热后,经铅浴淬火,再经酸洗冷拔而成的碳素钢丝。

我国生产的高强钢丝直径有4.0mm、5.0mm、6.0mm、7.0mm、8.0mm和9.0mm六种,强度从1 470～1 770MPa变化,分为Ⅰ级松弛(普通松弛)和Ⅱ级松弛(低松弛)两类。

根据《公路桥涵施工技术规范》(JTG/T F50—2011)预应力混凝土结构所采用的钢丝除应符合《预应力混凝土用钢丝》(GB/T 5223—2002)的要求之外,在钢丝进场时还应分批验收。

2.2 钢绞线

钢绞线分为标准型和模拔型。在绞线机上以一根直径较粗的钢丝为芯丝,并用若干根钢丝为边丝,围绕其进行螺旋绞捻而成的为标准型,在捻制成型时通过模孔拉拔而成的为模拔型。

我国生产的钢绞线结构有1×2、1×3、1×7三类,直径分10.0mm、12.0mm、10.8mm、12.9mm、9.5mm、11.1mm、12.7mm和15.2mm八种,其强度有1 720MPa、1 820MPa和1 860MPa三个级别,根据松弛性能不同分为普通(Ⅰ级松弛)钢绞线和低松弛(Ⅱ级松弛)钢绞线。

钢绞线具有截面集中,比较柔软,盘弯运输方便,与混凝土黏结性能良好等特点,可大大简化现场成束的工序,是一种理想的预应力钢筋。据不完全统计,钢绞线在预应力钢筋中的用量约占75%。目前,使用高强度低松弛的钢绞线已成为主要趋势。

预应力混凝土用钢绞线应符合《预应力混凝土用钢绞线》(GB/T 5224—2003)的要求,进场时应分批验收。验收时,不仅对其质量证明书、包装、标志和规格等进行检查,而且还必须按规定分批检验。

2.3 热处理钢筋

热处理钢筋(Ⅴ级钢筋)是由Ⅳ级钢筋经过调质热处理而成的。它具有强度(屈服强度)高和松弛较小的特点,使用热处理钢筋可以节省大量钢材。热处理钢筋直径为6～10mm,以盘圆供应,在施工中可免去冷拉工序和对头焊接等工作,以方便施工。

根据《公路桥涵施工技术规范》(JTG/T F50—2011),热处理钢筋除应符合《预应力混凝土用钢棒》(GB/T 5223.3—2005)的要求以外,在热处理钢筋进场时还应分批验收。

2.4 冷拉钢筋

冷拉钢筋是指冷拉Ⅱ、Ⅲ、Ⅳ级热轧低合金钢筋。它们在经过冷拉后,由于提高了抗拉强度,可以用于预应力混凝土结构中。

钢筋的冷拉可用卷扬机或其他张拉设备进行。钢筋进行冷拉操作时,若同时控制冷拉应力和冷拉延伸率,称为"双控";若仅单一地控制其冷拉延伸率者,则称为"单控"。"单控"操作简便;"双控"操作除需要冷拉设备外,还需要有测力设备,但"双控"对冷拉质量控制更有保证。另外需注意的是,冷拉钢筋只能提高抗拉强度,而不能提高抗压强度。

2.5 冷拔低碳钢丝

冷拔低碳钢丝是直径6～8mm的盘圆Ⅰ级钢筋经多次冷拔而成的。由于冷拔低碳钢丝直径变小为4～5mm,强度较母材(Ⅰ级钢筋)显著提高,故可节省钢材。

2.6 精轧螺纹钢筋

精轧螺纹钢筋是通过冷轧机把钢筋轧成规律变形钢筋。其直径一般为18mm、25mm、32mm和40mm,级别有JL540、JL785和JL930三种。

根据《公路桥涵施工技术规范》(JTG/T F50—2011)用于预应力混凝土结构中的高强精轧

螺纹钢筋,其力学性能和表面质量不仅要符合有关规定,而且精轧螺纹钢筋进场时应分批验收。

3 模板与预应力筋制作要求

3.1 模板制作要求

先张法预应力板梁施工,模板的制作除满足一般要求外,还有如下要求:

(1)将先张台座的混凝土底板作为预制构件的底模,要求地基不产生非均匀沉陷,底板制作必须平整光滑、排水畅通,预应力筋放松,梁体中段拱起,两端压力增大,梁位端部的底模应满足强度要求和重复使用的要求。

(2)端模预应力筋孔的位置要准确,安装后与定位板上对应的力筋孔要求均在一条中心线上。由于施工中实际上存在偏差,力筋张拉时筋位有移动,制作时端模力筋孔径可按力筋直径扩大2~4mm,力筋孔水平向还可做成椭圆形。

(3)先张法制作预应力板梁,预应力钢筋放松后板梁压缩量为0.1%左右,为保证梁体外形尺寸,侧模制作要增长0.1%。

3.2 预应力筋制作要求

(1)预应力筋下料长度按计算长度、工作长度和原材料试验数据确定,采用钢绞线和粗钢筋,在台座张拉端和锚固端尽量用拉杆和连接器代替预应力筋,减少预应力筋工作长度;长度为6m及小于6m先张构件的钢丝成组张拉时,下料长度的相对误差不得大于2mm。

(2)先张法预应力的粗钢筋,在冷拉或张拉时,通过连接器和锚具进行,可采用墩头钢筋和开孔的垫板,代替锚具或夹具,节省钢材。

(3)先张法墩头锚的钢丝墩头强度不应低于钢丝标准抗拉强度的90%。

(4)穿钢绞线。将下好料的钢绞线运到台座的一端,后张梁的钢绞线是用拉束的方法穿孔,而先张法梁钢绞线是向前推方法穿束。

钢绞线穿过端模及塑料套管后在其前端安装引导工具,以利于钢绞线沿直线前进。引导工具就是一个钢管,前头做成圆锥形状。穿束前各孔眼应统一编号,对号入座,防止穿错孔眼。

当预应力筋为粗钢筋时,则该粗钢筋可在绑钢筋架的同时放入梁体。

任务2 预加应力的方法及基本工艺流程

学习目标

1.预应力先张法的特性;
2.先张法的基本工艺流程及张拉方法;
3.预应力后张法的特性;
4.后张法的基本工艺流程及张拉方法。

任务描述

预应力混凝土梁桥具有跨径大、重量轻、承载力大等优点,在桥梁施工中得到了广泛的应用。其施加预应力的方法有先张法和后张法两种,根据桥梁跨径、施工工艺及方法的不同,在

37

桥梁施工中合理选用。

学习引导

本任务按以下进程学习：

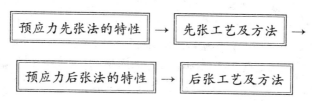

1 先张法

先张法是指先张拉钢筋,后浇筑构件混凝土的方法。即先在张拉台座上按设计规定的张拉力张拉筋束,并用锚具临时锚固,再浇筑构件混凝土,待混凝土达到要求强度(一般不低于设计强度的75%)后放张(即将临时锚固松开或将筋束剪断),通过筋束与混凝土之间的黏结作用将筋束的回缩力传递给混凝土,使混凝土获得预压应力。

先张法的优点是:施工工序简单,筋束靠黏结力自锚,不必耗费特制的锚具,而临时固定所用的锚具都可以重复使用,一般称为工具式锚具或夹具。在大批量生产时,先张法构件比较经济,质量也比较稳定。

先张法的缺点是:一般只适合生产直线配筋的中小型构件。大型构件由于需配合弯矩与剪力沿梁长度的分布而采用曲线配筋,这使得施工设备和工艺复杂化,而且需配备庞大的张拉台座,同时构件尺寸大,起重、运输也不方便。

1.1 台座

台座是先张法生产中的主要设备之一,用于承受张拉预应力钢筋的反力,要求有足够的强度、刚度和稳定性。台座按构造形式不同,可分为压柱式和墩式两类。

1.1.1 压柱式台座

压柱式台座主要由底板(台面)、支承梁(压柱)、横梁、定位钢板和固端装置几部分组成。如图4-2-1所示。

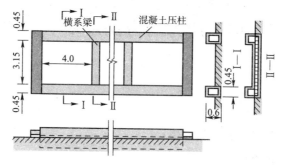

图 4-2-1 压柱式台座(尺寸单位:m)

1.1.2 墩式台座

墩式台座亦称重力式台座,如图4-2-2所示,由台面、承力架、横梁和定位钢板等组成。

承力架要承受全部张拉力,在制造时要保证承力支架变形小、经济、安全、便于操作等,其他部分与压柱式台座相同。墩式台座承力架可因地制宜采取不同的形式,如图4-2-3所示。

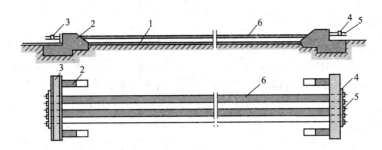

图 4-2-2 墩式台座
1-台面;2-承力架;3-横梁;4-定位钢板;5-夹具;6-预应力筋

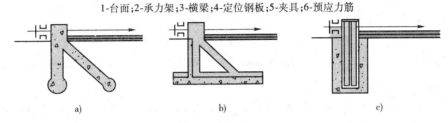

图 4-2-3 墩式台座承力架
a)爆扩桩式;b)三角架式;c)锚桩式

1.2 预应力筋的制备

1.2.1 下料

钢筋下料时,应按照钢筋的计算长度、工作长度和原材料的试验数据确定下料长度,做到合理配料,尽量减少接头数目。

钢筋的下料长度可按下式计算:

$$L = \frac{l}{1+\delta_1+\delta_2} + nb + L_0 \quad (4\text{-}2\text{-}1)$$

式中:L——下料长度;

l——计算长度;

δ_1——冷拉伸长率,一般为2%~4%;

δ_2——弹性回缩率,一般为0.45%;

n——接头数目;

b——焊接损耗预留量,每个接头的预留量与钢筋直径有关,一般为25~35mm;

L_0——工作长度,先张法梁的工作长度视台座情况确定。采用轧丝锚时取0.15m两端张拉取0.2m。

在长线台座上同时生产几片梁时,下料长度应包括梁与梁间连接器的长度。

1.2.2 对焊

由于受到冶金生产和运输上的限制,目前生产的用于冷拉钢筋的原料出厂长度最长为12m,因此,使用时常需对焊接长使用。对焊一般应在冷拉前进行,以免冷拉钢筋高温回火后失去冷拉所提高的强度。对焊质量应严格控制。

1.2.3 冷拉

为提高钢筋的强度和节约钢材,预应力钢筋在使用前一般需要进行冷拉。焊接好的钢筋冷却至常温即可进行冷拉,冷拉时最好采用"双控"(即同时控制应力和冷拉延伸率),并以应力控制为主,延伸率控制为辅。在没有测力设备的情况下,可用延伸率控制。

1.2.4 时效

钢筋经过冷拉后,不仅提高了屈服强度,而且还增加了脆性,为此钢筋冷拉后应进行时效。冷拉时效就是消除钢筋的内应力,使钢筋的屈服强度、抗拉极限强度比冷拉完成时有所提高,钢筋的弹性模量得到恢复。钢筋时效的时间与温度有关,有条件时可采用人工时效。无论采用何种方式,均应保证预应力筋的实际强度不低于设计取用的相应强度。

1.2.5 镦粗或轧丝

钢筋端的张拉和锚固,除了焊接螺丝端杆的方法外,也可采用镦头锚具或轧制螺纹锚(或称轧丝锚具),以简化锚固方法和节约优质钢材。

镦头制成后要进行外观检查,不得有烧伤、歪斜及裂缝。

采用轧制螺纹锚具时,关键在于钢筋端部的螺纹加工(简称轧丝)。通常可以利用特制的钢模通过压力机进行冷压轧丝,轧丝后钢筋的平均直径与原钢筋基本相同,并且可以提高钢筋的强度。

1.3 预应力筋的张拉

预应力筋的张拉工作,必须严格按照设计要求和张拉操作规程进行。张拉可分成单根张拉和多根整批张拉两种,主要利用各类液压拉伸机(由千斤顶、油泵、高压油管、油压表组成)进行。

1.3.1 张拉前的准备工作

张拉前,应先在横梁上安装预应力筋的定位钢板,同时检查其孔位和孔径是否符合设计要求。安装定位钢板时,要保证最外侧和最下层预应力筋的混凝土保护层尺寸。对于长线台座,预应力筋需要先用连接器临时串联,在检查钢筋数量、位置和张拉设备后,方可进行张拉。先张法的张拉设施布置如图4-2-4所示。

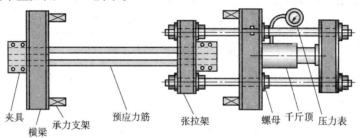

图4-2-4 先张法张拉设施布置

千斤顶的控制张拉力 N 是张拉前需确定的一个重要数据,从理论上可以将压力表读数 c 乘以活塞面积 A 得到张拉力 N,即 $N=cA$,但实际上油缸与活塞间有摩阻力存在,另外压力表本身也有示值误差。因此,在使用前就要用标准压力计(如压力环或传感器等)和标准压力表按5t(约50kN)一级来测定所用千斤顶的校正系数 k_1 和压力表的校正系数 k_2。千斤顶的实际张拉值 N' 为:

$$N' = \frac{cA}{k_1 k_2} \tag{4-2-2}$$

式中:k_1——所用千斤顶理论计算吨位与标准压力计实测吨位之比,它随压力值的不同而变化(可用压力环顶压检测),一般为1.02~1.05,如大于1.05则应检修活塞与垫圈;

k_2——所用压力表读数与标准压力表读数之比,它不应有±0.5%以上的偏差,过大时宜换新油压表。

张拉时应采用应力与伸长值双控技术,如发现伸长值异常,应停止张拉,查明原因。此外,在张拉过程中要十分重视施工安全。在张拉前要对张拉设施、锚具作认真检查;使用千斤顶时不准超载;在两端张拉千斤顶的后方不准站人或通过行人;张拉时要有统一指挥,按操作程序施工。

1.3.2 张拉工艺

先张法张拉钢筋,可以单根张拉或多根张拉。单根张拉设备比较简单,吨位要求小。但张拉速度慢,张拉的顺序应不致使台座承受过大的偏心力。多根张拉需有大吨位张拉设备,张拉速度快。

数根钢筋张拉时,必须使它们的初始长度一致,张拉后每根钢筋的应力均匀。

钢筋张拉的程序依钢筋的类型而异。先张法预应力钢筋的张拉应符合设计要求,设计无规定时,其张拉程序可按表4-2-1。

先张法预应力筋张拉程序   表4-2-1

预应力筋种类	张 拉 程 序
钢筋	$0 \to$ 初应力 $\to 1.05\sigma_{con}$(持荷2min)$\to 0.9\sigma_{con} \to \sigma_{con}$(锚固)
钢丝、钢绞线	$0 \to$ 初应力 $\to 1.05\sigma_{con}$(持荷2min)$\to 0 \to \sigma_{con}$(锚固)
	对于夹片式等具有自锚性能的锚具: 普通松弛力筋 $0 \to$ 初应力 $\to 1.03\sigma_{con}$(锚固) 低松弛力筋 $0 \to$ 初应力 $\to \sigma_{con}$(持荷2min锚固)

注:①表中 σ_{con} 为张拉时的控制应力值,包括预应力损失值。
②超张拉数值超过规范规定的最大超张拉应力限值时,应按该条规定的限制张拉应力进行张拉。
③张拉钢筋时,为保证施工安全,应在超张拉放张至 $0.9\sigma_{con}$ 时安装模板、普通钢筋及预埋件等。

张拉时预应力筋的断丝、断筋数量,不得超过表4-2-2 的规定。

先张法预应力筋断丝限制   表4-2-2

项次	类 别	检 查 项 目	控 制 数
1	钢丝、钢绞线	同一构件内断丝数不得超过钢丝总数的比例	1%
2	钢筋	断筋	不容许

为了减少预应力筋的应力松弛损失,通常采用超张拉方法。以上张拉程序中应力由 $1.05\sigma_k$ 减至 $0.9\sigma_k$,主要是为了设置预埋件、绑扎钢筋等工作安全。

1.3.3 一般操作

(1)调整预应力筋长度

采用螺丝杆锚具,拧动端头螺母,调整预应力筋长度,使每根预应力筋受力均匀。

(2)初始张拉

一般施加10%的张拉应力,将预应力筋拉直,锚固端和连接器处拉紧,在预应力筋上选定适当的位置刻画标记,作为测量延伸量的基点。

(3)正式张拉

①一端固定,一端单根张拉。张拉顺序由中间向两侧对称进行,如横梁、承力架受力安全也可从一侧进行。单根预应力筋张拉吨位不可一次拉至超张拉应力。

②一端固定,一端多根张拉。千斤顶必须同步顶进,保持横梁平行移动,预应力筋均匀受力。分级加载拉至超张拉应力。

③一端单根张拉,一端多根张拉。先张拉单根预应力筋,由延伸量和压力表压力读数双控制施加30%~40%的张拉力,同时使预应力筋受力均匀,先顶锚锚固一端,再张拉多根预应力筋至超张拉应力。

(4)持荷

按预应力筋的类型选定持荷时间2~5min,使预应力筋完成部分徐舒,完成量约为全部量的20%~25%,以减少钢丝锚固后的应力损失。

(5)锚固

补足或放松预应力筋的拉力至控制应力。测量、记录预应力筋的延伸量,并核对实测值与理论计算值,其误差应在±6%范围内,如不符合规定,则应找出原因并及时处理。张拉满足要求后,锚固预应力筋,千斤顶回油至零。

1.3.4 放松预应力筋

当混凝土强度达到设计要求后,可在台座上放松受拉预应力筋(称为"放张"),对预制梁施加预应力。当设计无规定时,一般应在大于混凝土设计强度的75%时进行。放松之后,切断梁外钢筋,即可移位准备再生产。

常用的放松预应力钢筋的方法有:千斤顶先拉后松、砂筒放松、滑楔放松和螺杆放松等。

采用千斤顶放松,见图4-2-4。是将千斤顶重新张拉钢筋,施加的应力不应超过原有的张拉控制应力,之后将固定在横梁定位钢板前的双螺母慢慢旋动后,再将千斤顶回油,让钢筋慢慢放松,使构件均匀对称受力。如果采用单根放松时,应从构件两侧对称向中心分阶段进行,以减小较后一根钢筋断裂时对梁产生的水平弯曲冲击作用。采用砂筒放松是将放松装置在钢筋张拉前放置在承力架(或传力柱)与横梁间。见图4-2-5。

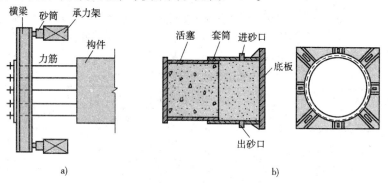

图4-2-5 砂筒放松示意
a)砂筒布置;b)砂筒构造

张拉前砂筒的活塞要全部拉出,筒内装满烘干细砂,张拉时筒内砂子被压实,承担横梁的反力。放松钢筋时,打开出砂口,活塞缩回,钢筋逐渐放松。砂筒放松易于控制。

滑楔及螺杆放松宜用在单根的或小直径钢筋的放松。滑楔放松见图4-2-6,螺杆放松见图4-2-7。

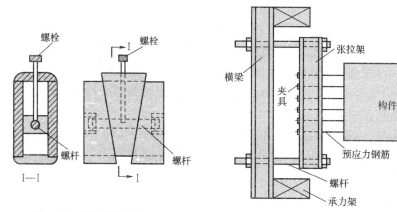

图4-2-6 滑楔放松示意　　　图4-2-7 螺杆放松示意

2 后张法

后张法是先浇筑构件混凝土,待混凝土结硬后再张拉筋束的方法。即先浇筑构件混凝土,并在其中预留穿束孔道(或设套管),待混凝土达到要求强度(一般不低于设计强度的85%)后,将筋束穿入预留孔道内,将千斤顶支承于混凝土构件端部,张拉筋束,使构件也同时受到反向压缩。待张拉到控制拉力后,即用特制的锚具将筋束锚固于混凝土上,使混凝土获得并保持其预压应力。最后,在预留孔道内压注水泥浆,以保护筋束不致锈蚀,并使筋束与混凝土黏结成为整体,并浇筑梁端封头混凝土。

后张法的优点是靠工作锚具来传递和保持预加应力,不需要专门的张拉台座,便于在现场施工配置曲线形预应力筋的大型和重型构件,因此,目前在公路桥梁上得到广泛应用。

后张法的缺点是需要预留孔道、穿束、压浆和封锚等工序,所以施工工艺较复杂,并且耗用的锚具和预埋件等增加了用钢量和制作成本。

下面从预应力筋的制备、孔道成形、张拉工艺、孔道压浆及封锚等方面介绍后张法的基本工艺流程。

2.1 预应力筋的制备

2.1.1 粗钢筋的制备

后张法粗钢筋(冷拉钢筋)的制备工序与先张法相同,下料长度应为孔道长度加上锚固及张拉工作长度(视构件端面上锚垫板的厚度与数量、锚具的类型、张拉设备类型和工作条件等而定)。

2.1.2 碳素钢丝束的制备

碳素钢丝都是圆盘,对于在厂内先矫直回火处理且盘径为1.7m的高强钢丝,一般不必整直就可下料。如在自由放置的情况下,任意1m长范围内弯曲矢高大于5mm时,需要进行调直后使用。

钢丝的下料长度为:

锥形锚具 $\qquad L = L_0 + L_1 \qquad$ (4-2-3)

镦头锚具 $\qquad L = L_0 + L_1 - \Delta L \qquad$ (4-2-4)

式中:L_0——构件混凝土预留孔道长度;

L_1——张拉所需工作长度;

ΔL——张拉后钢丝的弹性伸长长度。

当采用锥形锚具、双作用或三作用千斤顶时,其工作长度一般可取1.4~1.6m。采用其他锚具及张拉设备时,应根据情况计算。

采用镦头锚具时,应保证每根钢丝下料长度相等,这就要求钢丝在应力状态下切断下料。应力下料时应加上钢丝的弹性伸长。

为防止钢丝扭结必须进行编束。编束时可将钢丝对齐后穿入特制的梳丝板如图4-2-8使之排列整齐,然后一边梳理钢丝一边每隔1~1.5m绑扎一道铅丝,铅丝扣应弯入钢丝束内,以免影响穿束。成束时要保持钢丝一端平齐再向另一端延伸。绑束完成后按设计编号堆放,并挂牌标示,防止错乱。

2.1.3 钢绞线的制备

钢绞线在使用前进行预拉,以减少钢绞线的构造变形和应力松弛损失,并便于等长控制。

钢绞线的下料采用氧气—乙炔切割时,应将切口两侧各30~50mm处用铅丝绑扎,切断后将切口焊牢,以免松散。采用电弧切割时,地线应搭在离切口40~60mm处,严禁受力部分导电或被电火灼伤。钢绞线下料及成束的方法与钢丝束相同。

2.2 孔道成型

梁内孔道成型是在预制梁浇筑混凝土前预先安放制孔器。制孔器可采用铁皮管、金属波纹管或橡胶管。前两种制孔器按预应力钢筋的设计位置和形状固定在钢筋骨架中,待混凝土浇筑后,形成预应力筋孔道。

波纹管是后张法构件使用越来越广泛的制孔器。它是用薄带钢采用卷管机经成形机压波卷成的。波纹管按照每两个相邻的折叠咬口之间凸出部(即波纹)的数量分为单波和双波,如图4-2-9所示。

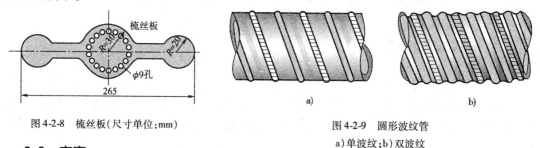

图4-2-8 梳丝板(尺寸单位:mm)

图4-2-9 圆形波纹管
a)单波纹;b)双波纹

2.3 穿束

当梁体混凝土强度达到设计强度的85%以上时,才可进行穿束张拉。穿束前,可用空压机吹风等方法清除孔道内的污物和积水,以确保孔道畅通。一般可采用人工直接穿束,也可借助一根φ5长钢丝作为引线,用卷扬机牵引较长的束筋进行穿束工作。穿束时,钢丝束从一端穿入预留孔道。钢丝束在孔道两端头伸出的长度应大致相等。目前,穿钢绞线束的新方法是用专门的穿束机,将钢绞线从盘架上拉出后从孔道的一端快速地(速度为3~5m/s)推送入孔道,当戴有护头的束前端穿出孔道另一端时,用电动切线机按规定伸出长度予以截断,再将新的端头戴上护头穿第二束,直至穿到规定的束数。有时可在浇筑混凝土前预先埋束。

2.4 张拉工艺

后张法预应力筋张拉前,对设备的校验、千斤顶控制张拉力的计算等与先张法相同。配备使用TD—60、GJ_2Y—60A、YC—60等千斤顶。随着高强度低松弛钢绞线和相匹配的大吨位群锚在我国成功的应用和推广,后张预应力构件已大部分采用这一预应力体系,其中配以这种预应力筋束的锚具有OVM(见图4-2-10)、XM(见图4-2-11)、YM等系列,配套千斤顶有YCW(见图4-2-12)、YDC、YCT、YCQ(见图4-2-13)等系列,已分别适用不同的锚具和张拉力。

2.4.1 张拉前的准备工作

力筋张拉前,必须对千斤顶和油压表进行校验,计算与张拉吨位相应的油压表读数和钢丝伸长量,确定张拉顺序和清孔、穿束等工作,并完成制锚工作。预应力筋的张拉记录表格式可参考表4-2-3。

2.4.2 张拉程序

后张法梁的预应力筋张拉程序,依力筋种类与锚具类型不同而异。可参照表4-2-4规定进行。

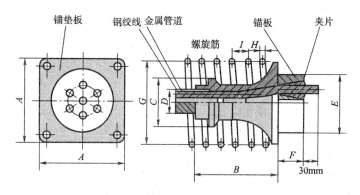

图 4-2-10 OVM 锚具构造

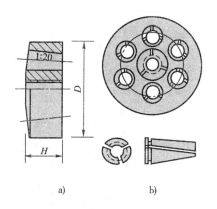

图 4-2-11 XM 形锚具构造
a) 锚板；b) 夹片

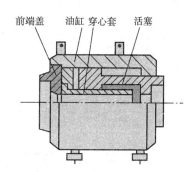

图 4-2-12 YCW 系列 A 型千斤顶构造示意图

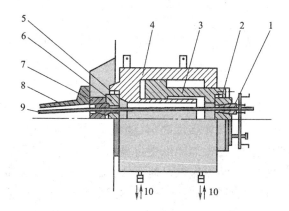

图 4-2-13 YCQ 千斤顶构造图

1-工具锚组件；2-垫环；3-活塞组件；4-油缸组件；5-垫环；6-限位板；7-工作锚组件；8-锚垫板；9-预应力筋；10-油管

后张法梁,当跨径大于或等于25m时,宜采用两端同时张拉。两端同时张拉时,两端千斤顶升降压、画线、测伸长、插垫等工作应基本一致。后张法梁的预应力钢束张拉程序依锚具类型与钢束种类不同而异。

预应力张拉记录

构件名称： 张拉混凝土强度： 张拉日期： 表4-2-3

千斤顶编号	标定日期	摩擦系数	油压表编号	初应力读数	超张拉油表读数	安装油表读数	顶塞油表读数	张拉部位及直、弯束示意图

钢束编号	张拉断面编号	千斤顶编号	记录项目	张拉							总伸长量（mm）	滑、断丝（断筋）情况	处理情况
				初读数	第一行程	第二行程	超张拉	回油	安装应力	小缸读数锚塞回缩			
			油表读数							小缸			
			伸长量							回缩			
			油表读数							小缸			
			伸长量							回缩			
			油表读数							小缸			
			伸长量							回缩			
			油表读数							小缸			
			伸长量							回缩			
			油表读数							小缸			
			伸长量							回缩			

张拉负责人： 值班： 油泵司机： 记录：

后张法预应力筋张拉程序　　　　　　　　表4-2-4

预应力筋		张拉程序
钢筋、钢筋束		$0 \to$ 初应力 $\to 1.05\sigma_{con}$（持荷2min）$\to \sigma_{con}$（锚固）
钢绞线束	对于夹片式等具有自锚性能的锚具	普通松弛力筋　$0 \to$ 初应力 $\to 1.03\sigma_{con}$（锚固） 低松弛力筋　$0 \to$ 初应力 $\to \sigma_{con}$（持荷2min 锚固）
	其他锚具	$0 \to$ 初应力 $\to 1.05\sigma_{con}$（持荷2min）$\to \sigma_{con}$（锚固）

2.4.3　分两次进行张拉的工艺

预应力梁在混凝土强度达到设计强度之前,如达到设计强度60％以上,先张拉一部分束筋,对梁体施加较低的预压应力,使梁体能承受自重荷载,提前将梁移出生产梁位。由于混凝土强度早期增长快,后期增长慢,所以采取早期部分预施应力,可大大缩短生产周期,加快施工进度。预制梁移出生产台座后,继续进行养护,待达到混凝土设计强度后,进行其他束筋的张拉工作。

预应力梁进行早期张拉束筋的根数、位置和锚具局部承压应力均需通过验算确定。

2.4.4　张拉要点

应尽量减小力筋与孔道摩擦,以免造成过大的应力损失或使构件出现裂缝、翘曲变形。力筋的张拉顺序应按设计规定进行,若无规定时,应综合以下两方面因素核算确定:其一避免张拉时构件截面呈过大的偏心受力状态,应使已张拉的合力线处在受压区内,边缘不产生拉应力;其二应计算分批张拉的预应力损失值,分别加到先张拉的力筋控制应力值 σ_{con} 内,但不能超过有关规定,否则应在全部张拉后进行第二次张拉,补足预应力损失。对于长度大于或等于 25m 的直线和曲线预应力筋应在两端张拉,若设备长度不足时可先张拉一端,后张拉另一端。长度小于 25m 但仍较长的直线预应力筋,也尽量采用两端张拉。张拉时,两端千斤顶升降速度应大致相等,测量伸长的原始空隙、伸长值、插垫等工作应在两端同时进行,千斤顶就位后,应先将主油缸充少许油,让预应力筋绷直,在预应力筋拉至规定的初应力时,应停车测原始空隙或画线作标记;为减少压缩应力损失,插垫应尽量增加厚度,并将插口对齐,实测 σ_{con} 值时的空隙量减去放松后的插垫厚度,应不大于 1mm,插垫可在张拉应力大于 σ_{con} 时进行。两端同时张拉成束预应力筋时,为减小应力损失,应先压紧一端锚塞,并在另一端补足至 σ_{con} 值后,再压紧锚塞。

2.4.5 滑丝和断丝处理

在张拉过程中,由于各种原因会引起预应力筋断丝或滑丝,使预应力筋受力不均,甚至使构件不能建立足够的预应力。因此需要限制预应力筋的断丝和滑丝数量,其控制数量参见表 4-2-5。

后张法预应力筋滑丝、断丝限制　　　　　表 4-2-5

项次	类别	检查项目	控制数量
1	钢丝束	每束钢丝断丝或滑丝	1根
	钢绞线束	每束钢绞线断丝或滑丝	1丝
		每个断面断丝之和不超过该断面钢丝总数的比例	1%
2	单根钢筋	断筋或滑移	不允许

注:①钢绞线断丝是指钢绞线内钢丝的断丝。
　　②断丝包括滑丝失效的钢丝。
　　③滑移量是指张拉完毕锚固后部分钢丝或钢绞线向孔道内滑移的长度。

2.5 安全操作注意事项

(1)张拉现场应有明显标志,与该工作无关的人员严禁入内。

(2)张拉或退楔时,千斤顶后面不得站人,以防预应力筋拉断或锚具、楔块弹出伤人。

(3)油泵运转有不正常情况时,应立即停车检查。在有压情况下,不得随意拧动油泵或千斤顶各部位的螺钉。

(4)作业应由专人负责指挥,操作时严禁摸、踩及碰撞力筋,在测量伸长及拧螺母时,应停止开动千斤顶或卷扬机。

(5)冷拉或张拉时,螺丝端杆、套筒螺丝及螺母必须有足够长度,夹具应有足够的夹紧能力,防止锚具夹具不牢而滑出。

(6)千斤顶支架必须与梁端垫板接触良好,位置正直对称,严禁多加垫块,以防支架不稳或受力不均倾倒伤人。

(7)在高压油管的接头应加防护套,以防喷油伤人。

(8)已张拉完而尚未压浆的梁,严禁剧烈振动,以防预应力筋断裂而酿成重大事故。

2.6 孔道压浆和封锚

后张法预应力梁力筋(束)张拉之后,需要进行孔道压浆和封锚,才算完成梁的预制工作。

2.6.1 压浆目的

压浆的目的是使梁内预应力筋(束)免于锈蚀,并使力筋(束)与混凝土梁体相黏结而形成整体。因此水泥浆不能含有腐蚀性混合体,并应在施加预应力后,宜尽可能早些进行灌浆作业。水泥浆应具有如下适当的性质:

(1)为使灌浆作业容易进行,灰浆应具有适当的稠度;

(2)无收缩,而应具有适当的膨胀性;

(3)应具有规定的抗压强度和黏着强度。

2.6.2 压浆工艺

压浆是用压浆机(拌和机加水泥泵)将水泥浆压入孔道,并使孔道从一端到另一端充满水泥浆,且不使水泥浆在凝结前漏掉。为此需在两端锚具上或锚具附近的预制梁上设置连接带阀压浆嘴的接口和排气孔。

一般在水泥浆中掺加塑化剂(或掺铝粉),以增加水泥浆的流动性。使用铝粉能使水泥浆凝固时的膨胀稍大于体积收缩,因而使孔道能充分填满。

压浆前应将孔道冲洗洁净、湿润,并用吹风机排除积水,然后从压浆嘴缓慢、均匀地压入水泥浆,这时另一端的排气孔有空气排出,直至有水泥浆流出,再关闭压浆和出浆口的阀门。

压浆时,对曲线孔道和竖向孔道应由最低点的压浆孔压入,由最高点的排气孔排气和泌水。比较集中和邻近的孔道,宜尽量连续压浆完成,以免串到邻孔的水泥浆凝固堵塞孔道,不能连续压浆时,后压浆的孔道应在压浆前用压力水冲洗畅通。

压浆后应从检查孔抽查压浆的密实情况,如有不实,应及时处理和纠正。压浆过程中及压浆后48h内,结构混凝土温度不得低于+5℃,否则应采取保温措施。当气温高于35℃时,压浆宜在夜间进行。

施锚后压浆前,须将预应力筋(束)露于锚头外的部分(张拉时的工作长度)截除。当采用分阶段张拉力筋时,应在各阶段分别制取试件,并用标准养护方法及与梁体同条件养护两种方法鉴定其强度。

2.6.3 压浆注意事项

(1)水泥浆应在管道内畅通无阻,因此浇筑之前管道应畅通,不塌陷、不堵塞。

(2)拌和水泥浆,应注意检查配合比、计量的准确性、材料往拌和机掺放的顺序、拌和时间、水泥浆的流动性。

(3)水泥浆进入压浆泵之前应通过筛子;压浆时压浆泵应缓慢运行;检查排气孔的水泥浆浓度;在排气孔关闭之后,泵的压力应达到灌浆压力,一般为0.4~0.6MPa。

(4)灌浆顺序应先下后上,避免上层孔道漏浆把下层孔道堵住,待排气孔冒出浓浆后,即堵死排气孔,再压浆至0.6MPa,保持1~2min后,即可堵塞灌浆孔。

(5)孔道灌浆应采用强度等级不低于32.5级的普通硅酸盐水泥配置的水泥浆;对孔隙大的孔道,可采用砂浆灌浆。水泥浆及砂浆强度应满足设计要求,且均不应低于20N/mm^2。

(6)灌浆水泥浆水灰比为0.4~0.45,搅拌后3h泌水率宜控制在2%,最大不得超过3%,水泥浆中可掺入对预应力筋无腐蚀作用的外加剂。一般可掺入0.05%~0.1%的铝粉或0.25%的木质素磺酸钙减水剂。

(7)压浆作业不能中断,应连续地进行。还要检查应灌注的管道是否遗漏。

(8)寒冷季节压浆时,做到压浆前管道周围的温度在5℃以上,水泥浆的温度在10~20℃之间;尽量减小水灰比。

(9)为了避免高温引起水泥浆的温度上升和水泥浆的硬化,一般夏季中午不得进行压浆施工。在夏季压浆前,应先将管道用水湿润;应尽量避免使用早强硅酸盐水泥,外加材料最好具有缓凝性。水泥浆一经拌和,就应尽早在短时间内结束作业,防止铝粉过早膨胀。

2.6.4 封锚

压浆后将锚具周围冲洗干净并凿毛,设置钢筋网并浇筑封锚混凝土。

封锚混凝土的强度等级应符合设计要求,一般不宜低于梁体混凝土强度等级的80%,也不宜低于C30封端混凝土强度。必须严格控制梁体长度。长期外露的金属锚具,应采取防锈措施。

2.7 与张拉有关的计算

2.7.1 钢丝束镦头锚张拉锚固时钢丝下料长度计算

按预应力筋张拉后螺母位于锚杯中部进行计算,如图4-2-14所示。

$$L = l + 2h + 2\delta - K(H - H_1) - \Delta L - C \tag{4-2-5}$$

式中:l——孔道长度,按实际测量;

h——锚杯底厚或锚板厚度;

δ——钢丝镦头预留量,取10mm;

K——系数,一端张拉时取0.5,两端张拉时取1.0;

H——锚杯高度;

H_1——螺母厚度;

ΔL——钢丝束张拉伸长值;

C——张拉时构件混凝土弹性压缩值。

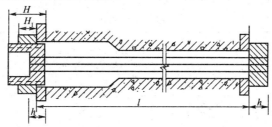

图4-2-14 钢丝下料长度计算简图

2.7.2 钢绞线、钢丝束夹片锚张拉锚固时钢绞线下料长度计算

钢绞线下料长度 = 孔道净长 + 构件两端的预留长度

预留长度——固定端为锚板或锚杯厚度加30mm,张拉端见表4-2-6。

YCW型千斤顶的最小操作空间及钢绞线预留长度　　表4-2-6

千斤顶型号		YCW—100	YCW—150	YCW—250	YCW—350
最小空间	B(mm)	1300	1350	1400	1500
	C(mm)	200	200	280	300
千斤顶外径 D(mm)		250	310	380	450
钢绞线预留长度 A(mm)		650	680	680	700

2.7.3 精轧螺纹钢筋下料长度

精轧螺纹钢筋下料长度,当采用一端张拉时,可按式(4-2-6)计算。

$$L = l + 2(h + l_1) + l_2 + l_3 \tag{4-2-6}$$

式中：L——构件预留孔道长度；
　　　h——垫板厚度；
　　　l——孔道长度；
　　　l_1——螺母厚度；
　　　l_2——钢筋露出螺母的长度，取20mm；
　　　l_3——张拉端千斤顶螺纹套筒拧入长度，取80mm。

2.7.4 预应力筋伸长值的计算与要求

（1）后张法预应力筋理论伸长值及预应力筋平均张拉力的计算

$$\Delta L = \frac{\overline{P} \times L}{A_Y \times E_g} \tag{4-2-7}$$

$$\overline{P} = P \times \frac{[1 - e^{kL + \mu\theta}]}{kL + \mu\theta} \tag{4-2-8}$$

式中：ΔL——预应力理论伸长值（cm）；
　　　$\overline{P}$——预应力筋的平均张拉力（N）；
　　　L——从张拉端到计算截面孔道长度（cm）；
　　　A_Y——预应力筋截面面积（mm²）；
　　　E_g——预应力筋的弹性模量（MPa）；
　　　P——预应力筋张拉端的张拉力（N）；
　　　k——孔道每米局部偏差对摩擦的影响系数，参见表4-2-7；
　　　θ——从张拉端到计算截面曲线孔道部分切线的夹角之和（rad）；
　　　μ——预应力筋与孔道壁的摩擦系数，参见表4-2-7。

系数 k 及值表 μ　　　　表4-2-7

项次	孔道成型方式	k	μ 值	
			钢丝束、钢绞线、光面钢筋	变形钢筋
1	预埋铁皮管道	0.003	0.35	0.4
2	橡胶管抽芯成型	0.0015	0.55	0.6
3	钢管抽芯成型	0	0.55	0.6
4	预埋波纹管道	0.006~0.001	0.16~0.19（钢绞线）	

式（4-2-7）、式（4-2-8）考虑了孔道曲线及局部偏差的摩阻影响。当为直线孔道及不考虑局部偏差的摩阻影响时，预应力筋伸长值可简化如下：

①当孔道为直线时，$\theta = 0$，可简化为：

$$\Delta L = \frac{P}{kA_y + E_g}(1 - e^{-kL}) \tag{4-2-9}$$

②当孔道为直线且无局部偏差的摩阻时，$\overline{P} = P$，可简化为：

$$\Delta L = \frac{\overline{P} \times L}{A_y + E_g} \tag{4-2-10}$$

关于公式的说明：

预应力筋的弹性模量（E_g）取值是否正确，对理论伸长值的影响较大，据有关单位的测试资料表明，一般取 $E_g = 2 \times 10^5$ MPa 较妥。对于重要工程，应提前测试。

预应力筋的张拉 P 按下式计算：

$$P = \sigma_K \times A_G \times n \times \frac{1}{1\,000} \times b \tag{4-2-11}$$

式中：P——预应力筋的张拉力(kN)；

σ_K——预应力筋的张拉控制应力(MPa)；

A_G——每根预应力筋的截面面积(mm^2)；

n——同时张拉预应力筋根数；

b——超张拉系数，不超拉时为1.0。

预应力筋的张拉控制应力应符合设计要求，且不宜超过表4-2-8。

最 大 张 拉 应 力　　　　表4-2-8

预应力钢材类别	最大张拉应力
冷拉Ⅱ～Ⅳ级钢筋	$0.95R_Y^b$
热处理钢筋、消除应力钢丝、钢绞线、冷拉钢丝	$0.8R_Y^b$
冷拉钢丝	$0.75R_Y^b$

注：R_Y^b为钢材的极限抗拉强度标准值。

(2)实际伸长值的量测及计算方法

预应力筋张拉前，应先调整到初应力 σ_0（一般取控制应力的10%～25%）再开始张拉和测量伸长值。实际伸长值除张拉时量测的伸长值外，还应加上初应力时的推算伸长值，对于后张法尚应扣除混凝土结构在张拉过程中产生的弹性压缩值。实际伸长值总量 ΔL 的计算公式如下：

$$\Delta L = \Delta L_1 + \Delta L_2 - C \tag{4-2-12}$$

式中：L_1——从初应力至最大张拉应力间的实测伸长值；

L_2——初应力 σ_0 时推算伸长值，

$$\Delta L_2 = \frac{\sigma_0}{E_g} \times L \tag{4-2-13}$$

C——混凝土构件在张拉过程中的弹性压缩值，一般情况下 C 值也可忽略不计。

情境 5　预应力混凝土连续梁桥施工

任务 1　施工综述及有支架的就地浇筑施工

学习目标

1. 连续梁桥的施工类型；
2. 有支架就地浇筑施工方法；
3. 施工特点。

任务描述

有支架就地浇筑施工方法是混凝土连续梁桥施工常用的方法之一。主要特点是桥梁整体性好，施工简便可靠，对机具和起重能力要求不高。对预应力混凝土连续桥来说结构在施工中不出现体系转换问题，但这种施工方法需要大量施工脚手架，且施工周期长。

学习引导

本任务按以下进程学习：

连续梁桥的施工类型 → 有支架就地浇筑施工 → 施工特点

1　施工综述

预应力混凝土连续梁桥的施工方法甚多，主要有整体现浇、预制简支——连续施工、顶推施工、悬臂施工和移动式模架逐孔施工等方法。

回顾混凝土连续梁桥的发展，可以清楚地看到，施工技术的发展对桥梁的跨径、桥梁的线形、截面形式等方面起着重要作用。初期的混凝土连续梁桥采用搭设支架就地浇筑的施工方法，桥梁的跨径多为 30~40m，由于施工工期长，并耗用大量木材，因而建造连续梁桥数量很少。20 世纪 60 年代初期，悬臂施工方法从钢桥引入预应力混凝土桥后，使预应力混凝土连续梁桥得到了迅速发展。它可以不用或少用支架，不影响河道通航，将桥梁逐段悬臂施工，其跨越能力已达到 200m 以上，因而扩大了混凝土连续梁桥的适用范围。连续梁桥因具有跨径大、造型协调、行车条件优越等特点，使预应力混凝土连续梁桥在近 20 年来的桥梁方案竞争中常常取胜。

随着桥梁结构的发展，对施工方法提出了各种不同的要求，从而促进了施工方法的发展来满足各种结构的需要。当桥梁的跨径主要考虑经济分孔，一般为 30~50m 时，常采用等截面，这在施工上需要连续多跨施工，则要求施工快速、简便，使用一套机具设备连续作业。基于上述要求,出现了逐孔架设法、移动模架法等施工方法。同时,就一种施工方法而言,也有多种情况适应不同的要求。如逐孔架设法,既有分节段拼装的逐孔施工,又有整孔预制吊装的逐孔施工;既可使用大型起重机具,又可仅需简易起重设备的方法,可以根据不同要求进行选择。移动模架法是采用大型施工设备,就地逐跨完成桥梁施工。在桥位上完成模板、钢筋、混凝土浇筑、张拉工艺、养生等一系列工作后,纵移施工设备连续施工。它相当于将桥梁的预制厂移到桥位,在高空中施工。因此,移动模架法有"活动预制厂"之称。它对于大型桥梁工程的施工走向工厂化、机械化、自动化和标准化,而不需移运、吊装工序,是一种有益的尝试。

顶推法施工用于建造预应力混凝土连续梁桥,使这种桥梁获得了更强的生命力。顶推法仅采用少量的施工设备,来完成大桥的施工,而且能保证预制质量,易于施工管理,并对周围环境不产生噪声。近年来,采用顶推法施工的预应力混凝土连续梁桥数很多,如西宁市海湖新区的斜拉桥等。随着科学技术的发展和施工工艺的成熟,还会出现更多的、适应各种不同条件的施工方法。

2 有支架就地浇筑施工

在支架上就地浇筑施工是古老的施工方法,以往多用于桥墩较低的中、小跨连续梁桥。它的主要点是桥梁整体性好,施工简便可靠,对机具和起重能力要求不高。对预应力混凝土连续桥结构来说,在施工中不出现体系转换问题。但这种施工方法需要大量施工脚手架,且施工周期长。

近年来,随着钢脚手架的应用和支架构件趋于常备化以及桥梁结构的多样化发展,如变宽桥、弯桥的强大预应力系统的应用,在长大跨径桥梁中,采用有支架就地浇筑施工可能是经济的,因此扩大了应用范围。尽管如此,相对其他施工方法,采用有支架就地浇筑施工的桥梁总数并不多,因此在选择施工方法时,要通过比较综合考虑。

2.1 支架

2.1.1 支架的构造

支架按其构造分为立柱式、梁式和梁——立柱式,见图5-1-1。立柱式构造简单,用于陆地或不通航河道以及桥墩不高的小跨径桥梁。梁式支架根据跨径不同采用Ⅰ形钢梁、钢板梁或钢桁梁,一般Ⅰ形钢用于跨径小于10m的桥梁,钢板梁用于跨径小于20m的桥梁,钢桁梁用于跨径大于20m的桥梁。梁可以支承在墩旁支架上,也可在桥墩上预留托架或支承在桥墩处横梁上。梁一立柱式支架在大跨桥上使用,梁支承在桥梁墩台以及临时支架或临时墩上,形成多跨连续支架。图5-1-2所示为支架及模板的横向布置及曲线桥支架的平面布置。支架除支承模板、就地浇筑施工外,还要设置卸落设备,待梁施工完成后,落架脱模。曲线桥梁的支架采用折线形支架和调节伸臂长度来适应平面曲线的要求。

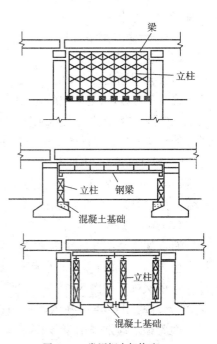

图5-1-1 常用钢支架构造

2.1.2 对支架的要求

(1)支架虽是临时结构,但它要承受桥梁的大部分恒重,因此必须有足够的强度、刚度,保证就地浇筑的顺利进行。支架的基础要可靠,构件结合紧密并加装纵、横向连接杆件,使支架成为整体。

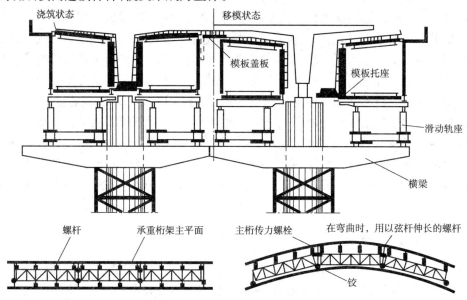

图 5-1-2 支架、模板的横向布置及曲线桥支架的平面布置

(2)在河道中施工的支架要充分考虑洪水和漂浮物的影响,除对支架的结构构造有所要求外,在安排施工进度时尽量避免在高水位情况下施工。

(3)支架在受荷后有变形和挠度,在安装前要有充分的预估和计算,并在安装支架时设置预拱度,使就地浇筑的主梁线形符合设计要求。如阿勒桥支架的桁梁,跨中预留拱度50mm,与实际挠度基本符合。

(4)支架的卸落设备有木楔、砂筒和千斤顶等数种,卸架时要对称、均匀,不应使主梁发生局部受力的状态。

2.1.3 施工特点

(1)施工框图

有支架就地浇筑施工的一般程序由图 5-1-3 框图表示。但在某些桥上,为减轻支架的负担,节省临时工程数量,主梁截面的某些部分在落架后利用主梁自身支承,继续浇筑第二期结构的混凝土,这样就使浇筑和张拉的工序重复进行。如阿勒桥的支架梁是按槽形梁设计的,支座是按无悬臂的整体箱截面设计的,28d 龄期的抗压强度为 38.6~63.5MPa,腹板拆模后浇筑箱梁板混凝土,达到设计强度后,施加最终预应力的 50%,落低支架后在箱梁上使用行走式支架浇筑悬臂板的混凝土,每周浇筑 3 个 6m 长的节段,待所有悬臂板施工完毕后施加全部预应力,最后进行管道压浆工作。图 5-1-4 所示为在已经完成的梁上浇筑桥面板混凝土的支架构造。

(2)施工顺序

有支架就地浇筑施工需采用一联同时搭设支架,按照一定的程度一次完成浇筑工作,待张拉预应力筋、压浆后移架。小跨径板梁桥一般采用从一端向另一端浇筑的施工顺序,先梁身,后支点依次进行。图 5-1-5 所示为一座 5 跨连续空心板梁的施工顺序,该桥为 5×14.68m,板厚 0.8m,桥宽 11.65m,板内有 9 个 φ550mm 圆孔。

大跨径桥通常采用箱形截面,施工时常分段进行。一种是水平层施工法,即先浇筑底板,待达到一定强度后进行腹板施工,最后浇筑顶板。当工程量较大时,各部位亦可分数次浇筑。

在浇筑混凝土时,两跨对称进行,这样支架受力较小,变形也容易控制。另一种是分段施工法,根据施工能力每隔 20～25m 设置连接缝,该连接缝一般设在弯矩较小的区域,接缝长 1m 左右,待各段混凝土浇筑完成后,最后在接缝处施工合龙。

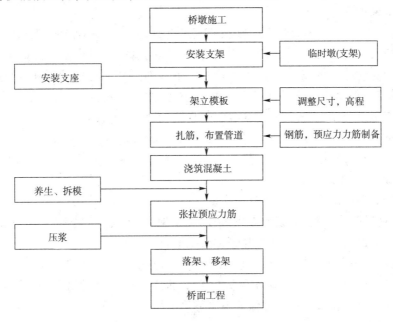

图 5-1-3　就地浇筑施工一般程序框图

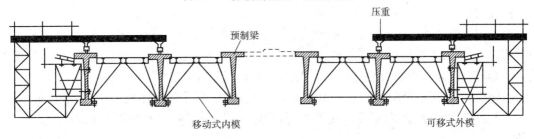

图 5-1-4　浇筑桥面板结构的支架构造

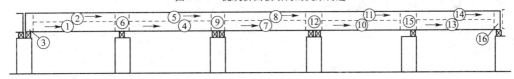

图 5-1-5　5 跨连续空心板桥梁的支架构造

就地浇筑施工的场地布置十分重要,它需要一定的场地进行支架组拼,钢筋加工,模板制作,预应力筋的组索和混凝土的拌和。由于现场浇筑工作量较大,同时要求在最短的时间内完成,因此要有足够的材料堆放场地和场内运输道路,只有合理布局,才能使工程迅速而有序地进行。

预应力混凝土连续梁桥在支架上施工,其预应力筋可一次布置,集中张拉施工,因此便于采用大型力筋。

2.2　搭设满堂支架现浇连续箱梁施工

现浇预应力混凝土连续箱梁施工采用搭设满堂支架分段现浇的方法,主要有以下几方面要点。

2.2.1 地基处理

支架搭设前,应对支架地基进行处理,在平整的地基上铺设20cm厚8%灰土并碾压密实,以保证地基具有足够的承载力。并在地基上设置必要的防排水设施。

2.2.2 支架搭设

为减少施工中的安装与拆卸工作,加快施工进度,可采用WDJ碗扣支架进行搭设。

现浇箱梁时,搭设的支架在施工前必须进行计算和验算,以书面形式上报监理工程师审批后进行施工,确保就地浇筑施工安全、顺利进行。安装时要按照有关计算和验算结果,设置预拱度和落架设备。搭设的支架必须具有足够的强度、刚度、稳定性。为保证整个支架的整体性,采用钢管支架或碗扣支架,斜杆对纵、横、斜向进行加强,并使构件连接紧密。支架安装完毕后,应由测量人员对支架托顶进行高程复测,确保在设计及规范容许误差范围之内。

支架搭设完毕后,根据设计要求,用不小于箱梁自重的95%的重量对支架作外载预压,避免支架在施工期产生不均匀沉降。

2.2.3 钢筋绑扎以及预应力材料的安装

钢筋采用现场制作、绑扎安装的方式,采用吊车配合安装。箱梁钢筋分二次绑扎成型,第一次绑扎箱梁底、侧板钢筋,第二次绑扎箱顶板钢筋。

预应力管道安装必须严格定位(在曲线段适当加密固定),防止偏离设计线,并保持孔道平顺。预埋的锚下垫板必须与预应力钢束垂直,锚板中心应对准管道中心。所有管道设有压浆孔,穿完钢绞线束后要及时检查并保证整个管道的密封良好以及整个孔道内的畅通。

2.2.4 模板制作、安装

模板在制作前应有明确的设计计算书,并上报监理工程师批准后才能进行加工制作。

底模和外侧模均使用木模,内贴防水胶合板,施工前必须对模板进行放样,并严格按大样图拼装,保证混凝土拆模后外观平整、光洁、线形顺直。底模拼装要求平顺均匀,目测弧度自然,无明显变形,并由测量人员复测顶面高程,误差在规范要求之内。

内侧模搁置在钢筋支架上,在支架上焊好厚度限位,两端垫好砂浆垫块,控制模板内移。箱室内侧模设剪力撑,使内侧模相互支撑,剪力撑上设置伸缩器,控制调整内模定位和方便拆装。

第一次混凝土浇筑后,拆除内侧侧模,顶板模板架设在箱梁底板上。

箱梁模板采用吊车配合安装,模板安装时接缝处采用海绵条填塞密实,以防止漏浆,确保外观质量。

2.2.5 预应力混凝土箱梁浇筑

(1)混凝土浇筑前应对支架、模板、钢筋、管道、锚具、预应力钢材进行严格检查,得到监理工程师认可后方可进行浇筑。

(2)混凝土浇筑采用集中拌和,罐车运输,混凝土输送泵浇筑的方式,浇筑混凝土时应保持锚塞、锚圈和垫板位置的正确和稳固,为避免预应力管道的破损,振捣器不得触及套管。

(3)在锚固区为了保证混凝土密实,集料尺寸不得超过两根钢筋或预埋件间净距的一半,同时用外部振捣器加强振捣。

(4)采用先底板、腹板、后顶板、翼板的施工顺序分段分层依次浇筑完成,浇筑时从支点向中间推进。为防止支架的不均匀下沉引起混凝土开裂,施工中应严格控制混凝土坍落度。

2.2.6 施加预应力

在混凝土强度达到设计强度的100%后才能按照规范"后张法预应力"施加预应力。

2.2.7 混凝土的养护、落架

混凝土浇筑完成后应采用塑料布或草帘子进行覆盖,并根据气温条件洒水养生,避免出现混凝土表面干缩裂缝。支架的拆除与落架应从跨中向支点对称、有顺序的进行。

任务2 逐孔架设法

学习目标

1. 用临时支承组拼预制节段逐孔施工;
2. 使用移动支架逐跨现浇施工;
3. 整跨吊装与分段吊装逐跨施工。

任务描述

逐孔架设法是逐孔装配、逐孔现场浇筑和逐孔架设,是连续施工的一种方法。在施工过程中,由简支梁或悬臂梁转换为连续梁,一般来说,逐孔架设施工快速、简便。

学习引导

本任务按以下进程学习:

用临时支承组拼预制节段逐孔施工 → 使用移动支架逐跨现浇施工 →

整跨吊装与分段吊装逐跨施工

逐孔施工法是中等跨径预应力混凝土梁桥常采用的一种施工方法,它使用一套设备从桥梁的一端逐孔施工。采用逐孔施工的主要特点在于施工能连续操作。桥越长,施工设备的周转次数愈多,其经济效益越高。逐孔施工方法主要有:预制梁的逐孔施工法、移动支架法、移动模架法。

(1)预制梁的逐孔施工法:将连续梁分为若干梁段,预制时对梁段先施加一部分预应力,以承受自重,然后逐孔安装施工。主要方法有简支—连续、悬臂—连续等施工方法。

(2)移动支架法:将梁先预制成若干节段,适用临时支架将预制节段组拼成梁,张拉预应力索筋并与完成的梁连接成整体后,移动临时支架逐孔施工,也称之为组拼预制节段逐孔施工法。

(3)移动模架法:使用一孔支架和模板现场灌筑混凝土,当混凝土达到设计强度后,张拉预应力索筋,移动支架、模板逐孔施工,也称之为逐孔现浇施工法。

1 用临时支承组拼预制节段逐孔施工

每孔梁分成若干预制节段,使用移动式脚手架临时支承节段自重,待本孔安装就位后,张拉预应力索筋,之后脚手架移至前一孔逐孔安装施工。该方法安全可靠,施工速度快,且对起重能力要求较低,所需设备可多次周转使用。具体施工步骤为:梁段在桥头预制,用龙门吊机将梁段吊至桥上运送小车上,并运至支架端。通过升降装置,将梁落至支架下托梁上,待梁段拼装完毕,张拉梁截面力筋等即完成一孔梁的施工。然后拖拉支架前移,再进行下一孔梁的施工,如图 5-2-1 所示。施工程序如图 5-2-2 所示。

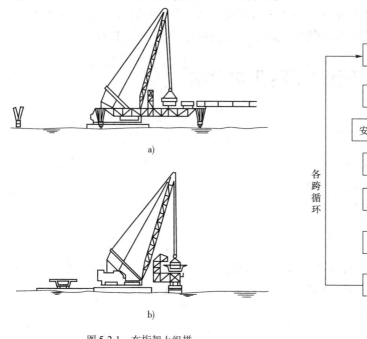

图 5-2-1 在桁架上组拼

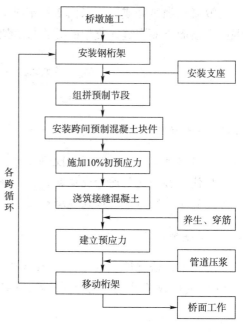

图 5-2-2 施工程序

2 使用移动支架逐跨现浇施工

逐跨现浇施工与在支架上现浇施工的不同点在于逐孔现浇施工仅在一跨梁上设置支架,当预应力筋张拉结束后移到下一跨施工,而在支架上现场施工通常在一联桥跨上布设支架连续施工,因此前者在施工过程中有体系转换的问题,混凝土徐变对结构产生次内力。

移动支架常用落地式及梁式,如图 5-2-3 所示。落地式用于岸上桥跨或桥墩较低的情况,梁式支架的承重梁支承在锚固于桥墩的横梁上,也可支承在已施工完成的梁体上。现浇施工的接头最好设在弯矩较小的部位,常取在离桥墩 $L/5$ 距离以外。

逐跨就地浇筑施工需要一定数量的支架,但比起支架现场浇筑施工所需的支架数量要少得多,而且周转次数多,利用效率高。施工速度也比在支架上现场浇筑快得多,但相对预制梁段逐跨施工要长些,同时后支点位于悬臂端产生较大的施工弯矩。因此这种施工方法,只适用中等跨径以及结构构造比较简单的桥梁。

采用非支承式的移动模板、支架逐跨现浇施工,近年来发展很快,机械化、自动化的程度也很高,给施工带来了较高的经济效益。

3 整跨吊装与分段吊装逐跨施工

整跨吊装和分段吊装施工需要先在工厂或现场预制整跨梁或分段梁,再进行逐跨架设施工。由于预制梁或预制段较长,因此,需要在预制时先进行第一次预应力筋的张拉,拼装就位后进行二次张拉。因此,在施工过程中也需由简支梁或悬臂过渡到连续梁的体系转换。吊装的机具有桁式吊、浮吊、龙门起重机、汽车吊等多种,可根据起吊质量、桥梁所在位置以及现有设备和掌握机具的熟练程度等因素决定。图 5-2-4 示出使用桁式吊逐跨架设的施工方案。

广东省广珠公路某桥,采用整跨吊装,按先简支后连接的方法施工。该桥全长 643.64m,主桥为 5 跨一联预应力混凝土连续梁桥,分跨为 42.5m + 3×54m + 42.5m,桥面宽度为 14.5m,

采用六梁式 T 形梁截面,梁高 2.5m,主梁间距 2.4m,其中预制梁宽 1.9m,各梁之间留有 0.5m 翼缘板作为现浇湿接缝,以加强上部结构的整体性。简支梁在现场预制,采用纵向分段,斜向分层,由一端向另一端连续浇筑施工,待达到设计强度后进行第一次张拉和压浆工作,54m 跨每片梁重 1 700kN,采用 4 900kN 浮吊船分批安装。其施工程序是首先安装第 1、第 2、第 3 跨预制简支梁,安装前在桥墩承台上设置两个临时支座,为了不使卸落梁时污染橡胶支座,在硫磺砂浆与橡胶支座之间放一层塑料布。临时支座与永久支座的构造图,如图 5-2-5 所示。

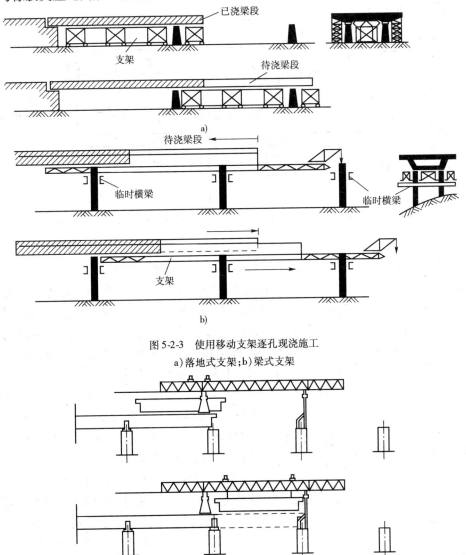

图 5-2-3 使用移动支架逐孔现浇施工
a)落地式支架;b)梁式支架

图 5-2-4 用桁式吊逐跨吊装施工

当 3 跨简支梁就位调整后,现浇主梁接头混凝土,张拉二期预应力筋,拆除临时支座,使结构转换为 3 跨连续梁。在每片主梁从一岸向跨中方向进行整体化施工之后,继续架设第 4、第 5 跨简支梁,并从另一岸开始进行两跨连续梁的转换施工。最后在 3 跨连续梁和两跨连续梁之间合龙,成为 5 跨一联连续梁。在每片主梁形成 5 跨连续梁后,现浇横梁和桥面板的湿接头,将各梁连成整体,再进行桥面和人行道、栏杆的施工。

日本旧岛湾大桥也是一座采用整跨吊装的连续梁桥。该桥全长 931.04m,由两跨一联的预应力混凝土连续箱桥和 6 跨一联的钢箱连续梁桥组成。预应力混凝土梁分跨为 $2\times71.4m$,钢梁的分跨为 $75m+100m+2\times130m+100m+75m$,桥面宽 13.5m,采用按桥全宽纵向分段预制,组拼成整跨,大型浮吊整跨架设。该桥预制梁的接头位置设在离支点 $L/5$ 处弯矩较小的部位,对连续梁的支点受力是有利的,同时在施工中不需再用临时支座,简化施工,节省材料。采用大型整体结构逐跨架设,需要有相当大的起重设备。

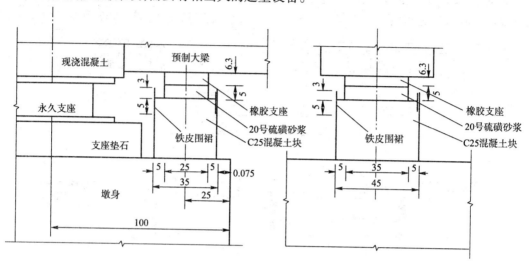

图 5-2-5 整跨架设的临时支座和永久支座(尺寸单位:cm)

上海莲西大桥是采用分段吊装的预应力混凝土连续梁桥,该桥全长 280m,主桥为 3 跨一联预应力连续梁桥,跨径为 $30m+40m+30m$,等截面,梁高 1.8m,桥宽 9m,采用 5 梁式 T 形截面,梁间距 1.9m,预制梁宽 1.4m,梁间有 0.5m 翼缘板现浇接头。根据当地的起重能力,将三跨连续梁在纵向分 5 段,最大分段梁长 20m,重力 392.3kN。预制梁段由万能杆件拼装的 $2m\times2m\times116m$ 安装梁架设。各梁段间有 0.6m 现浇接头,在支架上完成现浇,其施工程序如图 5-2-6 和图 5-2-7 所示。

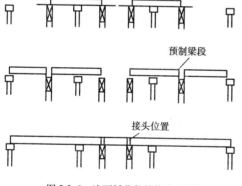

图 5-2-6 连西桥分段吊装施工程序

安装梁在岸上组拼后,纵拖就位,跨间的临时墩既作安装梁纵移的临近支承,又作为梁段接头的支架和横移主梁用。整个施工经历了简支梁—单悬臂梁—连续梁的体系转换过程。

逐跨架设施工的三种典型方法,它们的共同特点是需要一定的辅助设备或较强大的起重设备。在逐跨施工过程均要有体系转换,通常由简支梁或悬臂梁转化为连续梁,对于多跨连续梁还要经历不同跨数连续梁的转换。因此,在施工过程中梁的各截面内力是随着施工进程而不断变化的。逐跨架设相对其他方法,它的施工速度比较快(特别是横向整体的整跨架设施工,速度最快),但起重能力要求最大,要解决快速和起重能力的矛盾,则可以纵向分段,横向分段或纵、横向同时分段。分段越小,起重能力要求越低,但接头的工作量越大,整体性就要采取必要的构造和施工措施来保证。在当今起重能力逐步提高的情况下,不宜采用纵横向同时分段的方式,以避免过多的现浇接头。此外,逐跨架设施工由于受到辅助设备和较强大的起重能力的限制,桥梁的跨径不宜过大,以中等跨径的长桥最为合适,经济效益较高。这三种施工方法都有其各自的特点。

合理选择施工程序是十分重要的。在桥例中,对一联桥跨大多数采取在中间跨或中间墩上合龙的施工程序,预制节段或梁段的运输有从纵向沿着已建成的桥跨运到桥位,也有从桥位下面竖直吊装就位的。在考虑施工程序时,要便于构件的预制、堆放和尽量减少搬运,要有一个合理的生产线使施工保持连续性。此外,由于连续梁的徐变次内力和温度应力与施工程序有关,因此要考虑几种可能的方案,选取施工过程中结构内力最小的施工程序。逐跨架设把接头位置设在弯矩较小的部位,对结构的受力和变形是十分有利的,故近年来在国内外桥梁施工中常被采用。

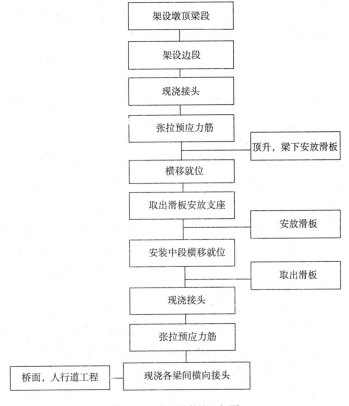

图 5-2-7　分段吊装施工框图

任务3　移动模架法

 学习目标

1. 移动悬吊模架施工;
2. 活动模架施工。

 任务描述

近20年来,高架桥得到了很大的发展,它的特点是桥长跨多,桥梁的跨径为30~50m。为适应这类桥梁的快速施工、节省劳力、减轻劳动强度和少占施工场地的特点,而利用机械化程度高的支架和模板逐跨移动、现浇混凝土施工,这就是移动模架法。常用的移动模架可分为移动悬吊模架和活动模架两种。

> **学习引导**
>
> 本任务按以下进程学习：
>
> 移动悬吊模架施工 → 活动模架施工

移动模架法是使用移动式的脚手架和装配式的模板，在桥位上逐孔现浇施工，因此又称为"活动的桥梁预制厂"和"造桥机"法。其主要特点：施工质量好，操作简便，施工速度快等。这种方法自从1959年在联邦德国的克钦卡汉桥（13孔跨径39.2m）使用以来，已广泛地被采用在公路桥、铁路桥的连续梁施工中，特别对于桥长多孔的高架桥，使用十分方便，是较为先进的施工方法。

移动模架的构造形式很多，一般由承重梁、导梁、台车和桥墩托架等构件组成。

1 移动悬吊模架施工

移动悬吊模架的形式很多，但其基本结构都包括三部分：承重梁、从承重梁伸出的肋骨状的横梁和支承主梁的移动支承，见图5-3-1。承重梁通常采用钢梁，长度大于两倍跨径，是承受施工设备自重、模板系统重力和现浇混凝土重力的主要构件。承重梁的后段通过可移式支承落在已完成的梁段上，它将荷载传给桥墩（或直坐落在墩顶），承重梁的前端支承在桥墩上，工作状态呈单臂梁。承重梁除起承重作用外，在一孔梁施工完成后，作为导梁与悬吊模架一起纵移至下一施工跨，承重梁的移位以及内部运输由数组千斤顶或起重机完成，并通过中心控制操作。

从承重梁两侧悬臂的许多横梁覆盖板梁全宽，它由承重梁上左右各用2~3组钢索拉住横梁，以增加其刚度。横梁的两端垂直向下，到主桥的下端再成水平状态，形成下端开口的框架并将主梁包在内部。当在模板支架上进行混凝土浇筑时，模板依靠下端的悬臂梁和锚固在横梁上的吊杆和定位千斤顶固定模板浇。当模架需要运送时，放松千斤顶和吊杆，模板固定在下端悬臂上，并转动该梁的前端（有一段是可动部分），使模架可顺利地通过桥墩，如图5-3-2所示。

模架的支承系统由活动支承 R_1、R_2、R_3 和后端支承组成，移动时要放下后端支承，将 R_1、R_2、R_3 活动支承前移，之后提升后端支承，利用 R_1、R_2、R_3 上的穿心式千斤顶将承重梁前移，经过几次反复，将承重梁移至新的施工位置，如图5-3-3所示。

2 移动模架的施工组织和管理。

2.1 施工过程的主要工序

主要工序有：侧模安装就位→安装底模→支座安装→预拱度设置与模板调整→绑扎底板及腹板钢筋→预应力系统安装→内模就位→顶板钢筋绑扎→箱梁混凝土浇筑→内模脱模→施加预应力和管道压浆及落模拆底模及滑模纵移。

2.2 模板安装的注意要点

（1）模板与钢筋安装工作应配合进行，妨碍绑扎钢筋的模板应待钢筋安装完毕后安设。模板不应与脚手架连接（模板与脚手架整体设计时除外），避免引起模板变形。

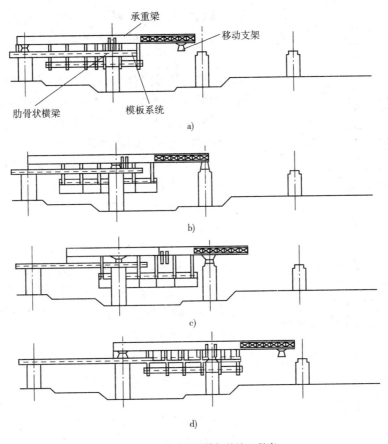

图 5-3-1 移动悬吊模架的施工程序
a)施工完成;b)放模板,移承重梁;c)前移;d)就位,安装模板

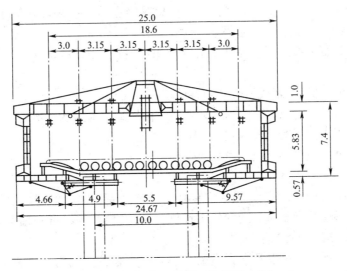

图 5-3-2 移动悬吊模架的横截面构造(尺寸单位:m)

(2)安装侧模板时,应防止模板移位和凸出。浇筑在混凝土中的拉杆时,应按拉杆拔出或不拔出的要求,采取相应的措施。对小型结构物,可使用金属线代替拉杆,最好设置拔出拉杆为宜。对大型结构物应采用圆钢筋做拉杆,并采用花篮螺栓锁紧。

(3)模板安装完毕后,应对其平面位置、顶部高程、节点联系及纵横向稳定性进行检查,签

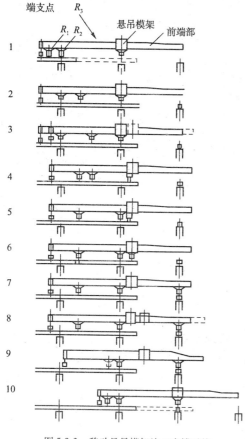

图 5-3-3 移动悬吊模架施工支撑系统

认后方可浇筑混凝土。浇筑时,发现模板有超过允许偏差变形值的可能时,应及时纠正。

(4)当结构自重和荷载(不计冲击力)产生的向下挠度超过跨径的 1/600 时,钢筋混凝土梁、板的底模板应设预拱度,预拱度值应等于结构自重和 1/2 荷载(不计冲击力)所产生的挠度。纵向预拱度可做成抛物线或圆曲线。

(5)后张法预应力梁、板,应注意预应力、自重力和荷载等综合作用下所产生的上拱或下挠,应设置适当的反拱或预拱。预拱应按设计计算或按经验设置。

(6)模板纵横肋的间距布置要合理,对不同材质的面模板要采用不同的纵横肋间距。

(7)固定于模板上的预埋件和预留孔洞尺寸、位置必须准确并安装牢靠,防止浇筑混凝土过程中的走动移位。

2.3 施工中现浇梁模板常出现的问题

施工挂篮底模与模板的配制不当造成施工操作困难,箱梁逐节变化的底板接缝不和顺,底模架变形,侧模接缝不平整,梁底高低不平,梁体纵轴向线形不顺。

2.3.1 原因分析

(1)悬臂浇筑一般采用挂篮法施工,挂篮底模架的平面尺寸未能满足模板施工的要求。

(2)底模架的设置未按箱梁断面渐变的特点采取措施,使梁底接缝不平,漏浆,梁底线形不顺。

(3)侧模的接缝不密贴,造成漏浆,墙面错缝不平。

(4)挂篮模板定位时,抛高值考虑不够,或挂篮前后吊带紧固受力不均。

(5)挂篮的模板未按桥梁纵轴线定位。

(6)挂篮底模架的纵横梁连接失稳几何变形。

2.3.2 防治措施

(1)底模架的平面尺寸,应满足模板安装时支撑和拆除以及浇筑混凝土时所需操作宽度。

(2)底模架应考虑箱梁断面渐变和施工预拱度,在底模架的纵梁和横梁连接处设置活动钢绞,以便调节底模架,使梁底接缝和顺。

(3)底模架下的平行纵梁以及平行横梁之间为防止底模架几何尺寸变形,应用钢筋或型钢采取剪刀形布置牢固连接纵横梁,以防止底模架变形。

(4)挂篮就位后,在校正底模架时,必须预留混凝土浇筑时的抛高量(应经过对挂篮的等荷载试验取得),模板安装时应严格按测定位置核对高程,校正中线,模板和前一节段的混凝土面应平整密贴。

(5)挂篮就位后应将支点垫稳,收紧后吊带、固定后锚,再次测量梁端高程,在吊带收放时应均匀同步,吊带收紧后,应检查其受力是否均衡,否则就重新调整。

3 活动模架施工

活动模架的构造形式较多,其中的一种构造形式由承重梁、导梁、台车和桥墩托架等构件组成。在混凝土箱形梁的两侧各设置一根承重梁,以支撑模板和承受施工重力。承重梁的长度要大于桥梁跨径,浇筑混凝土时承重梁支承在桥墩托架上。导梁主要用于运送承重梁和活动模架,因此需要有大于两倍桥梁跨径的长度,当一跨梁施工完成后进行脱模卸架,由前方台车(在导梁上移动)和后方台车(在已完成的梁上移动),沿纵向将承重梁和活动模架运送至下一跨,承重梁就位后导梁再向前移动,如图5-3-4所示。

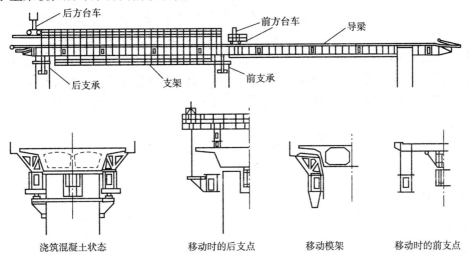

图5-3-4 活动模架的构造

活动模架的另一种构造形式是采用两根长度大于两倍跨径的承重梁分设在箱梁顶面的翼缘板下方,兼作支承和移动模架之用,因此不需要再设导梁。两根承重梁置于墩顶的临时横梁上,用支承上部结构模板的栓接钢框架将两个承重梁连接起来,移动时为了跨越桥墩前进,需要解除连接杆件,将承重梁逐根向前移动。

活动模架施工是从岸跨开始,每次施工接缝设在下一跨的13m处($L/5$附近)连续施工,当正桥和两岸引桥施工完成后,在主跨设置临时墩现场浇筑连接段使全桥合龙。

每个箱梁的施工均采用两次浇筑施工法,当承重梁定位后,用螺旋千斤顶调整外模,浇底板混凝土,之后安装设在轨道上的内模板,浇筑腹板及顶板混凝土。在一跨施工结束需移动模架时,将连接杆件从一个承重梁上松开半边,撤除纵向缆索后将承重梁逐根纵移,由于附有连接杆和模板的承重梁在移动时不稳定,为了达到平衡,在承重梁的另一侧设有外托架和混凝土平衡梁。每跨桥的施工期,在正常情况下,需要4周时间。

伊拉克摩苏尔4号桥是采用移动模架逐跨现浇的实例。该桥全长648m,为12跨一联预应力混凝土连续梁桥,分跨=44m+10×56m+44m,桥宽31.3m,采用分离式单箱单室等截面梁。施工时,浇筑跨需要有强大的移动式支承,模架的前支点设在前主桥墩上,后支点则设在已浇筑完成的悬臂端上,采用从桥一端向另一端逐跨施工程序。每跨混凝土接头设在距离桥墩支点11.2m处,即56m跨的$L/5$部位。预应力筋一半数量的接头设在距支点6.2m处,也就是说一半数量的力筋锚固在混凝土接头部位,另一半力筋接头相隔5m,保证混凝土与力筋有良好的连续性。

采用移动模架法施工,无论哪一种形式,其共同的特点在于高度机械化,其模板、钢筋、混凝土和张拉工艺等整套工序均可在模架内完成。同时由于施工作业是周期进行,且不受气候和外界因素干扰,不仅便于工程管理,又能提高工程质量,加快施工速度。根据国外20余座使用移动模架法施工的桥梁统计,从构造上看,大多数的桥为外形等截面梁桥,箱梁截面在支点位置可设置横隔梁;另外从桥长和跨径方面分析,大多数桥长均超过200m,常用400~600m,也有超过1 000m的。当桥长很长时,则应考虑材料、设备的合理运输问题。对于桥梁的跨径,多数为23.5~45m,也就是说,对于中等跨径的桥梁采用移动模架法施工较为适宜。此外,对于弯桥和坡桥移动模架法都有成功的先例。

移动模架法需要一整套设备及配件,除耗用大量钢材外还需有整套机械动力设备和自动装置,一次投资是相当可观的。为了提高机械设备使用效率,必须解决装配化和科学管理的问题。装配化就是设备的主要构件采用装配式,能适用不同桥梁跨径、不同桥宽和不同形状的桥梁,扩大设备的使用面,降低施工成本。科学管理的目的在于充分发挥设备的使用能力,因此必须要做到机械设备的配套,注意设备的维修养护。如果能够做到由具有专业技术水平的施工队伍固定操作,并能持久地在移动模架法所适用的桥梁上施工,必将取得较好的经济效益。

任务4 顶 推 法

 学习目标

1. 单点顶推;
2. 多点顶推;
3. 其他分类的施工方法;
4. 顶推施工中的几个问题;
5. 施工中的临时设施。

任务描述

预应力混凝土连续梁桥采用顶推法施工在世界各地颇为盛行。顶推法的施工原理是沿桥纵轴方向的台后开辟预制场地,分节段预制混凝土梁身,并用纵向预应力筋连成整体,然后通过水平液压千斤顶施力,借助用不锈钢板与聚四氟乙烯模压板特制的滑动装置,将梁逐段向对岸顶进,就位后落架,更换正式支座完成桥梁施工。

学习引导

本任务按以下进程学习:

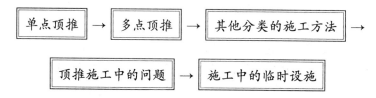

我国于1974年首先在狄家河铁路桥采用顶推法施工,该桥为4×40m预应力混凝土连续

梁桥;1977年修建了广东东莞县的40m+54m+40m三跨一联的万江桥;之后湖南望城沩水河桥使用柔性墩多点顶推施工的连续梁桥,为我国采用顶推法施工创造了成功的经验,有力地推动了我国预应力混凝土连续梁桥的发展,至今又有多座连续梁桥采用顶推法施工完成。顶推法施工不仅用于连续梁桥(包括钢桥),同时也可用于其他桥型。如简支梁桥,也可先连续顶推施工,就位后解除梁跨间的连续;拱桥的拱上纵梁,可在立柱间顶推施工;斜拉桥的主梁采用顶推法等。

预应力混凝土连续梁桥的上部结构采用顶推法施工,施工程序如图5-4-1所示,这一施工框图是我国目前采用顶推法施工的主要工序。

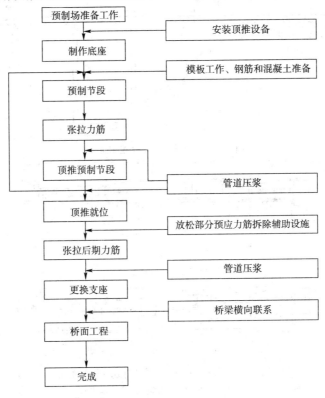

图5-4-1 顶推法施工程序图

连续梁桥的主梁采用顶推法施工,其施工概貌见图5-4-2。

1 单点顶推

顶推的装置集中在主梁预制场附近的桥台或桥墩上,前方墩各支点上设置滑动支承。顶推装置又可分为两种:一种是由水平千斤顶通过沿箱梁两侧的牵动钢杆给预制梁一个顶推力;另一种是由水平千斤顶与竖直千斤顶联合使用,顶推预制梁前进,如图5-4-3所示。它的施工程序为顶梁、推移、落下竖直千斤顶和收回水平千斤顶的活塞杆。

滑道支承在墩上的混凝土临时垫块上,它由光滑的不锈钢板与聚四氟乙烯滑块组成,其中的滑块由四氟板与具有加强钢板的橡胶块构成,外形尺寸有420mm×420mm、200mm×400mm、500mm×200mm等数种,厚度也有40mm、31mm、21mm之分。顶推时,组合的聚四氟乙烯滑块在不锈钢板上滑动,并在前方滑出,通过在滑道后方不断喂入滑块,带动梁身前进,如图5-4-4所示。

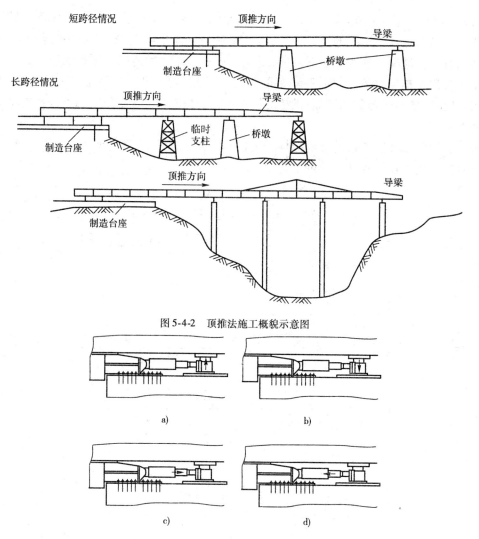

图5-4-2 顶推法施工概貌示意图

图5-4-3 水平千斤顶与垂直千斤顶联用的装置
a)顶梁;b)推移;c)落竖顶;d)收水平顶

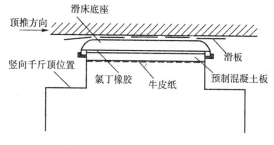

图5-4-4 顶推使用的滑道装置示意图

如青海海湖新区、万江桥均采用单点顶推法施工,将水平千斤顶与竖直千斤顶联用。顶推时,升起竖直顶活塞,使临时支承和卸载,开动水平千斤顶去顶推竖直顶,由于竖直顶下面设有滑道,顶的上端装有一块橡胶板,即竖直千斤顶在前进过程中带动梁体向前移动。当水平千斤顶达到最大行程时,降下竖直顶活塞,带动竖直顶后移,回到原来位置,如此反复不断地将梁顶推到设计位置。

1991年建成的杭州钱塘江二桥,是一座公铁两用并列桥。主桥两侧的铁路引桥均为三联预应力混凝土连续梁桥,每联分别为 $7 \times 32m$、$8 \times 32m$ 及 $9 \times 32m$,最大联长288m,采用单点顶推法施工。顶推设备采用四台大行程水平穿心式千斤顶,设置在牵引墩的前侧托架上,顶推是通过梁体顶、底板预留孔内插入强劲的钢锚柱,由钢横梁锚住四根拉杆,牵引梁体前进,见

图 5-4-5,当千斤顶回油时,需拧紧拉杆上的止退螺母,为保证施工安全,在牵引墩的后侧安装两个专供防止梁体滑移的制动架。

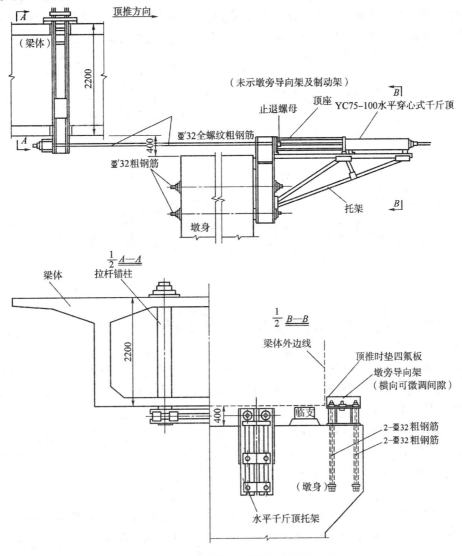

图 5-4-5 单点顶推设备示意图(尺寸单位:mm)

国外单点顶推法称 TL 顶推施工法,是德国的 Taktshiebe Verba 中的 Taktshiebe 与 Leonhardt 的两个大写字母组成。

2 多点顶推

在每个墩台上设置一对小吨位(400~800kN)的水平千斤顶,将集中的顶推力分散到各墩上。由于利用水平千斤顶传给墩台的反力来平衡梁体滑移时在桥墩上产生的摩阻力,从而使桥墩在顶推过程中承受较小的水平力,因此可以在柔性墩上采用多点顶推施工。同时,多点顶推所需的顶推设备吨位小,容易获得,所以我国在近年来用顶推法施工的预应力混凝土连续梁桥,较多地采用了多点顶推法。在顶推设备方面,国内一般较多采用拉杆式顶推方案,每个墩位上设置一对液压穿心式水平千斤顶,每侧的拉杆使用一根或两根 $\phi 25mm$ 高强螺纹钢筋,钢筋前端通过锥楔块固定在水平顶活塞杆的头部,另一端使用特制的拉锚器、锚定板等连接器与

69

箱梁连接,水平千斤顶固定在墩身特制的台座上,同时在梁位下设置滑板和滑块。当水平千斤顶施顶时,带动箱梁在滑道上向前滑动。拉杆式顶推装置见图5-4-6所示。多点顶推在国外称为SSY顶推施工法,顶推装置由竖向千斤顶、水平千斤顶和滑移支承组成。施工程序为落梁、顶推、升梁和收回水平千斤顶的活塞,拉回支承块,如此反复作业。

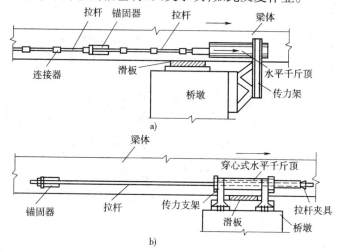

图5-4-6　拉杆式顶推装置

多点顶推施工的关键在于同步。因为顶推水平力是分散在各桥墩上,一般均需通过中心控制室控制各千斤顶的推力等级,保证同时启动、同步前进、同步停止和同步换向。为保证在意外情况下及时改变全桥的运动状态,各机组和观测点上需装置急停按钮。对于在柔性墩上的多点顶推,为尽量减小对桥墩的水平推力及控制桥墩的水平位移,千斤顶的推力按摩擦力的变化幅度分为几个等级,通过计算确定。由于摩擦力的变化引起顶推力与摩擦力的差值变化,每个墩在顶推时可能向前或向后位移,为了达到箱梁匀速前进,应控制水平差值及桥墩位移,施工时在控制室随时调整推力的级数,控制千斤顶的推力大小。由于千斤顶传力时间差的影响,将不可避免地引起桥墩沿桥纵向摆动,同时箱梁的悬出部分可能上下振动,这些因素对施工极其不利,要尽量减少其影响,做到分级调压,集中控制,差值限定。

多点顶推法与集中单点顶推比较,可以免去大规模的顶推设备,能有效地控制顶推梁的方向偏离,顶推时对桥墩的水平推力可以减到很小,便于结构采用柔性墩。在弯桥采用多点顶推时,由各墩均匀施加顶力,同时能顺利施工。采用拉杆式顶推系统,免去在每一循环顶推过程中用竖向千斤顶将梁顶起使水平千斤顶复位,简化了工艺流程,加快顶推速度。但多点顶推需要较多的设备,操作要求也比较高。

多联桥的顶推,可以分联顶推,通联就位,也可联在一起顶推。两联间的结合面可用牛皮纸或塑料布隔离层隔开,也可采用隔离剂隔开。对于多联一并顶推时,多联顶推就位后,可根据具体情况设计解联、落梁及形成伸缩缝的施工方案。如两联顶推,第二联就位后解联,然后第一联再向前顶推就位,形成两联间的伸缩缝。

3　其他分类的施工方法概述

3.1　设置临时滑动支承顶推施工

顶推施工的滑道是在墩上临时设置的,待主梁顶推就位后,更换正式支座。我国采用顶推法施工的数座连续梁桥均为这种方法。国外也有采用当主梁在滑道上顶推完成后,再使用横移法就位的。

在安放支座之前,应根据设计要求检查支座反力和支座的高度,同时对同一墩位的各支座反力按横向分布要求进行调整。安放支座也称落梁,对于多联梁可按联落梁,如一联梁跨较多时也可分阶段落梁,这样施工简便,又可减少所需千斤顶数量。更换支座是一项细致而复杂的工作,往往一个支座高度变动1mm,其他支座反力变化相当显著。据广东某桥的顶推资料:支座高程变化10mm,45m跨的支座反力变动402kN,支点弯矩变化5 552kN·m。因此,在调整支座前要周密计划,操作时统一指挥,做到分级、同步。

3.2 使用与永久支座兼用的滑动支承顶推施工

这是一种使用施工时的临时滑动支承与竣工后的永久支座兼用的支承进行顶推施工的方法。它将竣工后的永久支座安置在桥墩的设计位置上,施工时通过改造作为顶推施工时的滑道,主梁就位后不需要进行临时滑动支座的拆除作业,也不需要用大吨位千斤顶将梁顶起。

国外把这种施工方法定名为 RS 施工法(Ribben Sliding Method)。它的滑动装置由 RS 支承、滑动带、卷绕装置组成。RS 支承的构造如图5-4-7所示,RS 顶推装置的特点是采用兼用支承,滑动带自动循环,因而操作工艺简单,省工、省时,但支承本身的构造复杂,价格较高。

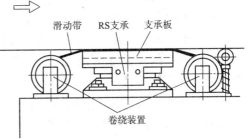

图 5-4-7 RS 支承的构造

此外,顶推法施工还可分为单向顶推和双向顶推施工。双向顶推需要从两岸同时预制,因此要有两个预制场,两套设备,施工费用要高。同时,边跨顶推数段后,主梁的倾覆稳定需要得到保证,常采用临时支柱、梁后压重、加临时支点等措施解决。双向顶推常用于连续梁中跨跨径较大而不宜设置临时墩的三跨桥梁。此外,在 $L > 600$m 时,为缩短工期,也可采用双向顶推施工。

4 顶推施工中的几个问题

4.1 确定分段长度和预制场布置

顶推法的制梁有两种方法,一种是在梁轴线的预制场上连续预制逐段顶推;另一种是在工厂制成预制块件,运送到桥位连接后进行顶推,在这种情况下,必须根据运输条件决定节段的长度和质量,一般不超过5m,同时增加了接头工作,需要起重、运输设备,因此,以现场预制为宜。

预制场是预制箱梁和顶推过渡的场地,包括主梁节段的浇制平台和模板、钢筋和钢索的加工场地,混凝土拌和站以及砂、石、水泥的运入和运输路线用地。预制场一般设在桥台后,长度需要有预制节段长的三倍以上。如果路已建好,可以把钢筋加工、材料堆放场地安排得更合理一些。顶推过渡场地需要布置千斤顶和滑移装置。因此它又是主梁顶推的过渡跨。主梁节段预制完成后,要将节段向前顶推,空出浇筑平台继续浇筑下一节段。对于顶出的梁段要求顶推后无高程变化,梁的尾端不能产生转角,因此在到达主跨之前要设置过渡跨,并通过计算确定分跨和长度,如沩水桥设置了9.5m+11.4m两过渡跨。如果在正桥之前有引桥跨,则可利用引桥作为顶推的过渡跨,如柳州二桥就是用引桥作过渡跨。当顶推过渡段内有多个中间支承时,很难做到各支承高程呈线性关系,梁段的尾段不产生转角,因此主梁在台座段和前方第一跨内可能由于上述原因产生顶推拼接的次内力,在施工内力计算时应予以考虑。

主梁的节段长度划分主要考虑段间的连接处不要设在连续梁受力最大的支点与跨中截面,同时要考虑制作加工容易,尽量减少分段,缩短工期。因此一般常取每段长10~30m。同时根据连续梁反弯点的位置,参考国外有关设计规范,连续梁的顶推节段长度应使每跨梁不多于2个拼接缝。

4.2 节段的预制工作

节段的预制对桥梁施工质量和施工速度起决定作用。由于预制工作固定在一个位置上进行周期性生产,所以完全可以仿照工厂预制桥梁的条件设临时厂房、吊车,使施工不受气候影响,减轻劳动强度,提高工作效率。

4.2.1 模板工作——保证预制质量的关键

箱梁模板由底模、侧模和内模组成。一般来说,采用顶推法施工梁体多选用等截面,模板可以多次周转使用。因此宜使用钢模板,以保证预制梁尺寸的准确性。

底模板安置在预制平台上,平台的平整度必须严格控制,因为顶推时的微小高差就会引起梁内力的变化,而且梁底不平整将直接影响顶推工作。通常预制平台要有一个整体的框架基础,要求总下沉量不超过5mm,其上是型钢及钢板制作的底模和在腹板位置的底模滑道。在底模和基础之间设置卸落设备放下时,底模能自动脱模,将节段落在滑道上。

节段预制的模板构造与施工方法有关,一种方法是节段在预制场浇筑完成后,张拉预应力筋并顶推出预制场;另一种方法是在预制场先完成底板浇筑,张拉部分预应力筋后即推出预制场。而箱梁的腹板、顶板的施工是在过渡跨上完成,或底板和腹板第一次预制,顶板部分第二次预制。二次预制的模板构造如图5-4-8所示。

4.2.2 预制周期——加快施工速度的关键

根据统计资料得知,梁段预制工作量占上部结构总工作量的55%~65%,加快预制工作的速度对缩短工期具有十分重要的意义。为达到此目的,除在设计上尽量减少梁段的规格外,在施工上应采取一定的措施加快预制周期。

(1)组织专业化施工队伍,在统一指挥下实行岗位责任制;

(2)采用墩头锚、套管连接器,前期钢索采用直索,加快张拉速度;

(3)在混凝土中加入减水剂,增加施工和易性,提高混凝土的早期强度;

(4)采用强大振捣,大型模板安装,提高机械化和装配化的程度。

4.3 顶推施工中的横向导向

为了使顶推能正确就位,施工中的横向导向是不可少的。通常在桥墩台上主梁的两侧各安置一个横向水平千斤顶,千斤顶的高度与主梁的底板位置齐平,由墩(台)上的支架固定千斤顶位置。在千斤顶的顶杆与主梁侧面外缘之间放置滑块,顶推时千斤顶的顶杆与滑块的聚四氟乙烯板形成滑动面,顶推时由专人负责不断更换滑块。顶推时的横向导向装置见图5-4-9。

横向导向千斤顶在顶推施工中一般只控制两个位置,一个是在预制梁段刚刚离开预制场的部位,另一个设置在顶推施工最前端的桥墩上,因此梁前端的导向位置将随着顶推梁的前进不断更换位置。当施工中发现梁的横向位置有误而需要纠偏时,必须在梁顶推前进的过程中进行调整。对于曲线桥,由于超高而形成单面横坡,横向导向装置应比直线处强劲,且数量要增加,同时应注意在顶推时,内外弧两侧前进的距离不同,要加强控制和观测。

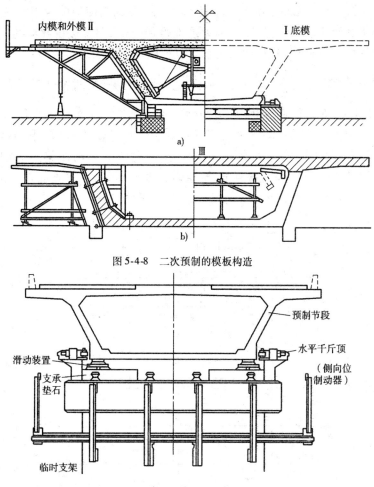

图 5-4-8 二次预制的模板构造

图 5-4-9 顶推施工的横向导向设施

5 施工中的临时设施

通过计算机得知,连续梁顶推施工的弯矩包络图与营运状态的弯矩包络图相差较大,为了减小施工中的内力,扩大顶推法施工的使用范围,同时也从安全施工(特别在施工初期,不致发生倾覆失稳)和方便施工出发,在施工过程中使用一些临时设施,如导梁(鼻梁)、临时墩、接索、托架及斜拉索等结构。

5.1 导梁

导梁设置在主梁的前端,为等截面或变截面的钢桁梁或钢板梁,主梁前端装有预埋件与钢导梁栓接。导梁在外形上,底缘与箱梁底应在同一平面上,前端底缘呈向上圆弧形,以便于顶推时顺利通过桥墩。

导梁的结构需要进行受力状态分析和内力计算,导梁的控制内力是位于导梁与箱梁连接处的最大正、负弯矩和下弦杆(或下缘)承受的最大支点反力。国内外的实践经验表明:导梁的长度一般取用顶推跨径的 0.6~0.7 倍,较长的导梁可以减小主梁悬臂负弯矩,但过长的导梁也会导致导梁与箱梁接头处负弯矩和支反力的相应增加;导梁过短(0.4L),则要增大主梁的施工负弯矩值。合理的导梁长度应是主梁最大悬臂负弯矩与营运阶段的支点负弯矩基本相近。

导梁的抗弯刚度和质量,必须在容许应力(强度)范围内使架设时作用在主梁上的应力最小。通过计算机和分析表明:当导梁长度为顶推跨径的2/3时,假设导梁的抗弯刚度不变,如果顶推梁悬臂伸出长度在跨中位置时,则在支点位置的主梁出现最大负弯矩,其值与主梁的抗弯刚度与导梁的抗弯刚度比 $\frac{E_c I_c}{E_b I_b}$ 有关,与主梁重力比 $\frac{q_c}{q_b}$ 有关,当两者抗弯刚度比在5~20范围内,重力比在2.5~5.8范围内变化时,顶推梁中的弯矩在10%范围内变化。如导梁的刚度过小,主梁内就会引起多余应力;刚度过大则支点处主梁负弯矩将剧增。图5-4-10所示为在顶推过程中,主梁与导梁不同的刚度比下,主梁顶推经过墩 B 点时主梁对应截面的弯矩变化。为使导梁前端到达支点 C 之前的弯矩 M_B 与导梁前端达到 X_{max} 点 B 处的 M_{max} 比较接近,则主梁刚度与导梁刚度的最佳比值在9~15之间。此外,在设计中要考虑动力系数,使结构有足够的安全储备。

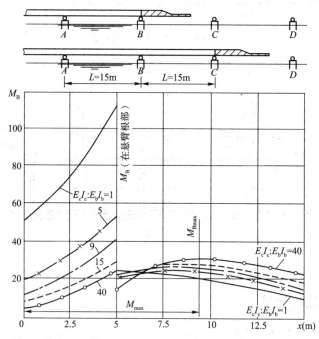

图5-4-10 经过桥墩 B 点,顶推梁在该截面弯矩的变化

由于导梁在施工中正负弯矩反复出现,连接螺栓易松动,在顶推中每经历一次反复均需检查和重新拧紧。施工时要随时观测导梁的挠度。根据施工经验,实测挠度往往大于计算挠度,有的甚至大到一倍。主要原因是滑块压缩量不一致、螺栓松动、混凝土收缩及温度变化等影响。这样将会影响导梁顶推进墩。解决的办法是在导梁的前端设置一个竖向千斤顶,通过不断地将导梁端头顶起进墩,这一措施被认为是行之有效的。

顶推施工通常均设置前导梁,也可增设尾导梁。对于大桥引桥采用顶推施工时,导梁在处于主桥相接的位置时,需不断拆除部分导梁,完成顶推就位,也可在即将就位时,将导梁移至箱梁顶,然后继续顶推到位。

曲线桥顶推施工也可设置导梁,导梁的平面线形呈圆曲线;当曲线半径较小时,也可采用折线形导梁。

5.2 临时墩

临时墩由于仅在施工中使用,因此在符合要求的前提下,要造价低,便于拆装。钢制临时墩因在荷载作用和温度变化变形较大而较少采用,目前用得较多的是用滑升模板浇筑的混凝土薄壁空心墩、混凝土预制板或预制板拼砌的空心墩或混凝土板和轻便钢架组成的框架临时墩。临时墩的基础依地质和水深诸情况决定,可采用打桩基础等。为了减小临时墩承受的水平力和增加临时墩的稳定性,在顶推前将临时墩与永久墩用钢丝绳拉紧。也可采用在每墩上、下游各设一束钢索进行张拉,效果较好,施工也很方便。通常在临时墩上不设顶推装置而仅设置滑移装置。

施工时是否设置临时墩需在总体设计中考虑,要确定桥梁跨径与顶推跨径之间的合理关系。如卡罗尼河桥,分跨时考虑在中跨内设置一个临时墩。该桥的顶推跨径选用45m,而桥梁的跨径为 $48m+2\times 96m+48m$,在设计中通过设置临时墩来调整顶推跨径,扩大了顶推法的使用范围。但顶推法施工绝大多数为等截面梁,过分加大跨径将是不经济的,目前在大跨径内最多设两个临时墩。使用临时墩要增加桥梁的施工费用,但是可以节省上部结构材料用量,需要从桥梁分跨、通航要求、桥墩高度、水深、地质条件、造价、工期和施工难易等因素来综合考虑。

5.3 拉索、托架及斜拉索

用拉索加劲主梁以抵消顶推时的悬臂弯矩,这样的临时设施在法国和意大利建桥中使用并获得成功。如法国的波里佛桥,采用导梁、拉索,无临时墩。采用拉索加劲的一般布置见图5-4-11所示。

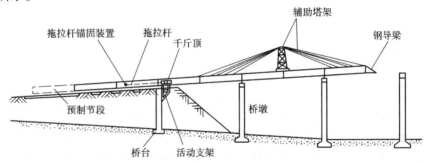

图5-4-11 用拉索加劲的顶推法施工

拉索系统由钢制塔架、连接构件,竖向千斤顶和钢索组成,设置在主梁的前端。拉索的范围为两倍顶推跨径左右,塔架的集中竖向力。在顶推过程中,箱梁内力不断变化,因此要根据不同阶段的受力状态调节索力,这项工作由设在塔架下端的两个竖向千斤顶来完成。

在桥墩上设托架用以减小顶推跨径和梁的受力。如前苏联的西德维纳河桥,桥长 $L=231m$,分跨为 $33m+51m+63m+51m+33m$,导梁长30m。该桥在主墩的每侧设有10.4m的托架,使顶推跨径减小为42.2m,施工后托架与主梁连成整体,形成连续撑架桥。

斜拉索在顶推时用于加固桥墩,特别对于具有较大纵坡和较高桥墩的情况下,采用斜拉索可以减小桥墩的水平力,增加稳定性。这种加固方法宜在水不太深或跨山谷的桥梁上采用。

顶推法施工适合于中等跨径的多跨桥梁,近年来采用顶推法施工的桥梁跨径达50m,可不设临时墩。实践试验表明:当使用单向顶推时,桥梁的总长在500~600m比较适当。推荐的顶推跨径为42m。

情境 6　悬臂施工法

任务 1　悬臂浇筑法施工

学习目标

1. 悬臂施工的施工特点；
2. 悬臂浇筑法施工案例分析；
3. 悬臂浇筑施工的基本方法介绍；
4. 支架现浇梁段施工；
5. 合龙段施工及体系转换；
6. 施工控制；
7. 悬臂浇筑梁段混凝土注意事项。

任务描述

悬臂施工法是以桥墩为中心向两岸对称的、逐节悬臂接长的施工方法。悬臂施工法最早主要用于修建预应力 T 形刚构桥，由于悬臂施工方法的优越性，后来被推广用于预应力混凝土悬臂梁桥、连续梁桥、斜腿刚构桥、桁架桥、拱桥及斜拉桥等。随着桥梁事业的发展，尤其近年来采用悬臂施工法在国内外大跨径预应力混凝土桥梁中得到广泛采用。

学习引导

本任务按以下进程学习：

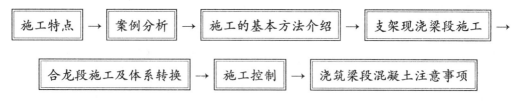

1　悬臂施工的施工特点

（1）预应力混凝土连续梁及悬臂梁桥采用悬臂施工时需进行体系转换，即在悬臂施工时，梁墩采取临时固结，结构为 T 形刚构，合龙前，撤销梁墩临时固结，结构呈悬臂梁受力状态，待结构合龙后形成连续梁体系。设计时应对施工状态进行配束验算。

（2）桥跨间不需搭设支架，施工不影响桥下通航或行车。施工过程中，施工机具和人员等重力均全部由已建梁段承受，随着施工的进展，悬臂逐渐延伸，机具设备也逐步移至梁端，需用支架作支撑。所以悬臂施工法可应用于通航河流及跨线立交大跨径桥梁。

(3) 多孔桥跨结构可同时施工,加快施工进度。

(4) 悬臂施工法充分利用预应力混凝土承受负弯矩能力强的特点,将跨中正弯矩转移为支点负弯矩,使桥梁跨越能力提高,并适合变截面梁的施工。

(5) 悬臂施工用的悬拼吊机或挂篮设备可重复使用,施工费用较省,可降低工程造价。

2 悬臂浇筑法施工案例

背景材料:某施工单位承接跨度为 135m + 220m + 135m 预应力混凝土连续刚构桥上部结构的施工,施工单位采用悬臂浇筑法进行箱梁浇筑,以此桥为例,介绍该桥的主要施工方法。

2.1 0号块施工

连续刚构主梁 0 号块是主梁混凝土浇筑方量最多的部位,各种预埋件、钢筋、三向预应力钢束及其孔道、锚具密集交错,钢筋最复杂,外形尺寸要求最严,梁面有纵横坡度,端面与待浇梁段密切相连。其受力也是最复杂,是连续刚构施工的关键部位之一。箱梁刚构 0 号块及 1 号节段施工是在薄壁墩上预埋牛腿,用贝雷片作为支撑梁,上铺工字型钢作为分配梁,形成满堂支架平台,在该平台上作钢管满堂式支架,支架上立模现浇梁段混凝土。

2.1.1 模板

(1) 底模:根据 0 号块的几何尺寸采用 5mm 厚的钢板加工成长 3.5m,宽 3m 的大型模板进行组合拼装。其横桥向底模采用 2 块连接成一组,前后壁墩身内侧各铺设一组,再用小型钢模组合成宽为 2m,长为 7m 组合钢模铺设于 0 号块跨中。底模必须设置预拱度。

(2) 侧模:在横桥向采用 2 块加工的大型模板组合安装。在顺桥向采用 4 块加工的大型模板组合安装于两墩之间,顺桥向前后各采用小型钢模拼装组合成 1m 宽进行安装。每层高度为 3m,根据箱高累计进行安装。

(3) 内模:采用小型钢模进行拼装组合,再进行安装。

以上各类模板安装完毕后,必须经检验,检验合格方可进行下一道工序。检验项目为平面位置、顶部高程、节点联系及纵向稳定,在混凝土浇筑过程中,如发现钢模变形超过容许误差,必须校正。其安装的精度要求见表 6-1-1。

钢模检验精度表 表 6-1-1

部 位	检查项目	误差范围(mm)
底模	沿梁端任意两点高差	≤5
	任意截面横向两点高差	≤3
	梁跨长度	±5
侧模内模	梁全长	+5,-10
	梁高	±10
	腹板厚度	+5,-3
	垂直度	±3
	横隔板对梁体的垂直度	±5
	相邻两块钢模拼接高度	±3

2.1.2 钢筋

在钢筋加工配料时,要准确计算钢筋长度,如有弯钩或弯起钢筋,应加其长度,并扣除钢筋弯曲成形的延伸长度,同直径同钢号不同长度的各种钢筋编号(设计编号)应先按顺序填写配料表,再进行加工配料,加工成形的钢筋应按设计图中的编号进行堆放、标识,以防误用、乱用。

2.1.3 混凝土浇筑方案

0号块混凝土方量、重量大。根据结构的形式及高度,0号块混凝土浇筑不可能一次浇筑完,如果分两次浇筑则施工托架的投入就会过大,最后决定按"先底板——再腹板——后顶板"的顺序分三次浇筑完。两次浇筑混凝土的龄期差不超过20天。在墩身施工时有意识的将墩身的浇筑高度降低20cm,这样就使墩身与0号块的结合面避开了截面突变处。在各项工作准备充分后0号块分三次浇筑混凝土:

(1)第一次,浇筑底板和腹板(未超过横隔板上的过人洞口,即整个结构在人洞处断开,增加了结构的自由度,这样有利于抵消结构的收缩应力)。底板及倒角以上部分,一个箱和外隔墙同时浇筑,一套拌和设备施工。底板分三层浇筑,每层厚40~60cm。

(2)第二次,腹板部分,一个箱和外隔板墙同时浇筑,分三层浇筑。浇筑第一层混凝土时,人必须进入底板振捣,保证质量。

(3)第三次,腹板及顶板部分,浇筑工艺与第二次同。由于顶板面层面积大,必须用平板振动器振捣。

2.1.4 0号块混凝土的养护

混凝土的养护工作一定要正确细心。0号块顶板的裸露面积大,地处河谷位置气流运动频繁,而且第三次浇筑混凝土后整个0号块形成一个空箱结构,混凝土的热量不易散发,所以养护工作主要在于防止混凝土内外温差过大。

2.2 悬浇箱梁

2.2.1 挂篮结构

刚构箱梁悬浇节段具有重量大,施工周期短的特点。挂篮设计以安全可靠、轻型,挂篮装拆、运行及模板升降移动简单方便作为构思重点。本大桥采用已在类似桥型、相近跨径的桥上使用过的特制菱形挂篮进行悬浇施工。

挂篮结构分主梁承重和模板两大系统。承重部分为菱形结构。主要由工字钢和钢板焊接成桁架受力杆件,杆件的连接采用30CrMnTi销子销接、节点板与H型钢两侧各贴一块钢板组成。悬挂模板与浇筑箱梁阶段重量由主桁前后两片横梁承担,横梁采用桁架结构,杆件采用薄壁方钢管,主桁设上下平联以提高主桁的稳定性和刚度。为了平衡浇筑混凝土时所引起的倾覆力矩,在挂篮后结点通过液压千斤顶与一组箱梁锚杆进行锚固,安装锚杆处需在箱梁顶上预埋孔道,穿锚杆与主桁后结点锚固,挂篮移动时,通过后锚千斤顶将上拔力转换到行走小车,由反扣在工字钢轨上的行走小车来平衡倾覆力矩;工字钢轨分长轨和短轨两种,通过锚固梁固定在箱梁顶板上,锚固梁采用竖向预应力筋锚固,并通过连接器固定。前后横梁桁片下方悬吊分配梁上设置液压提升装置来调整模板系统的高程,挂篮行走用倒链葫芦在轨道上牵引,主桁前支点采用滑船支承。见图6-1-1。

模板系统包括底篮、外模、内模、工作平台四部分。根据高强轻型原则,主要结构构件以轻型高强材质为主。模板外侧为大块钢模,内模采用组合钢模。底模由前后横梁等成模板直接铺于底篮上,前横梁及后横梁的两端直接悬吊于主桁,浇筑混凝土时,后横梁共设置4个锚杆锚固在前段已完成的箱梁底板;外模分模板、骨架及滑梁等组成,支承模板及骨架的滑梁前端悬于主桁,后端内侧悬吊已完成的箱梁翼板、外侧悬于主桁,浇筑混凝土时设置锚杆于前段翼板,挂篮前移时,外模随同前移;内模由模板、骨架及滑梁等组成,支承模板、骨架的滑梁前端悬于主桁,后端悬吊于前段已完成的箱梁顶板,挂篮前移时滑梁随同前移,内模则通过滚动轮沿滑梁移动,内模顶板宽度、腹板厚的变化通过调整骨架(模肋)的活动销实现。面腹板高度采用增减板块方式调整,骨架的竖肋与模肋连接处设铰以方便拆模,内外母板采用对拉螺杆固定;工作平台包括底篮两侧、前端、后端平台,内外模悬吊平台,箱梁前端悬吊平台及横向工作平台。

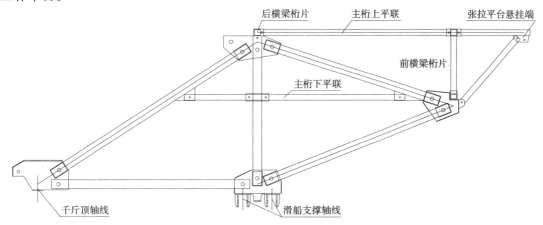

图 6-1-1 挂篮结构承重部分

挂篮的主要技术指标:

(1)承载能力:250t。

(2)梁段浇筑长度:3~5m。

(3)自重(含模板、提升装置):65t。

(4)结构刚度:

底篮最大挠度≤15mm;

结构表面外露部分的模板挠度小于模板构件长度的1/400;

结构表面隐藏部分的模板挠度小于模板构件长度的1/250;

支架最大弹性挠度小于相应结构长度的1/400。

2.2.2 挂篮拼装

挂篮在墩上正式拼装前,必须在加工厂内试拼,目的是检查挂篮各部分构件及连接件几何尺寸加工精度及焊接质量是否达到设计要求,以确保挂篮的整体结构性能满足设计及使用要求。

现场拼装顺序为先主梁后模板系统。主梁安装利用塔吊将主桁构件吊到0号箱梁上,将单片主梁水平拼好后再安装就位。模板、底篮工作平台均在墩下分别组装好后,利用塔吊提升就位。分别在墩下整体组装的结构单元或系统均利用塔吊配合作业。

2.2.3 加载试验

挂篮加载试验的目的是为了检验挂篮的实际承载能力和安全可靠性,并获得相应荷载下的弹性和非弹性变形,为箱梁悬浇施工控制提供参考数据。

加载试验的方法是模拟1号箱梁(重量最大梁段)的施工实际荷载,采用配重法加载。加载分预加载和正式加载。预加载为一级加载一级卸载,目的是消除主桁结构的非弹性变形,并测得相应的挠度值。观测点的设置为挂篮前横梁桁片各下结点(8点)及底篮前横梁上对应箱梁底板中心线及两外侧(3点),共11点。

2.2.4 箱梁悬浇施工

刚构箱梁施工是利用挂篮作为模板承重结构逐段对称浇筑。挂篮前方梁段在张拉纵向预应力后与前次浇筑的梁段固结成为当前T构的一部分，其重量亦从原挂篮荷载转为T构自重一部分由T构承担，挂篮继续前移，如此周期性反复施工使T构两臂不断延长，最终完成结构主体。按施工进度计划平行、对称施工二个T构，每个T构配一对挂篮。各种材料及施工机具设备用塔吊提升上墩。

2.2.5 挂篮前移

挂篮随箱梁逐段浇筑成型向前移动。在其前方梁段完成预应力张拉并放出轨道位置后即可开始前移。具体操作步骤为：首先松内外模吊杆，然后在底篮后锚点用千斤顶顶起锚杆，松锚杆螺母，千斤顶落下，此时底篮后模梁上的全部重量由两外侧吊杆承担，将锚杆与吊点连接器分离并从箱梁底板锚孔拔出。接着将底篮吊杆前后分配在梁上的千斤顶同时顶起，各吊杆螺母旋起一定距离，随着各千斤顶同时落下，整个底篮亦落下一定距离，此时整个底篮和外模均与箱梁分离。之后用倒链葫芦对称平行的前移两个挂篮直到设计位置，再重新将底篮后锚杆锚紧，模板提升贴紧在已浇梁段上。

2.2.6 模板安装调整

在现浇梁段预应力张拉后即可脱模。先松内外模对拉杆，接着松内、外模前后吊杆，再松底篮前后吊（锚）杆，内、外、底模均与箱梁分离。之后底篮、外模及内模滑梁随挂篮前移。待主梁就位后，即进行底篮（底模）就位，做法是先用前后分配梁上的千斤顶将底篮前后横梁吊杆同时升至底模尾部与箱梁底面贴紧，底模前端达到设计施工高程（含T构施工预抬高值的挂篮挠度），将分配梁上前后吊杆螺母拧紧之后用后锚点千斤顶将后锚杆顶紧，使底模尾部与箱梁底面压紧，拧紧螺母，底模调整就位完毕。接着就是外模就位。先将外模前后吊杆同时提起至翼板底模尾部贴紧箱梁翼板底面，前端达到施工高程，拧紧前吊杆的后锚杆螺母，再用楔子将侧模底模底部与底模压紧，即完成外模就位。待梁段底板和侧墙钢筋安装完毕，将停在箱梁内的内模（模架顶部安有滚轮）顺内滑梁推出与已就位的外模齐平，顶起内滑梁前吊杆的后锚杆提升千斤顶，将内模托起至顶板尾部压紧箱梁顶板底面，端部达到设计施工高程，拧紧（锚）杆螺母。然后上紧内、外模，对拉内外模板压紧混凝土顶筒，内模就位。调整完成。

2.2.7 混凝土浇筑

混凝土在拌和站集中拌和，混凝土输送泵送入模内浇筑施工。在拌和机出料口设一输送泵，对离0号块较近的梁段，由一台泵直接泵送到位，对离0号块较远的梁段，即超出上述输送泵的泵送能力范围后，在墩顶0号块设一接力泵，将第一台泵送到0号块上的混凝土再转送到浇筑梁段。

为确保施工过程和结构成形后的结构内力和变形与设计相符，必须尽量保持对称平衡施工，对称梁段的混凝土浇筑过程不对称重量不得超过一个梁段的底板自重，每对梁段的混凝土最终浇筑数量误差不超过13t。

各梁段要求一次浇筑完成，其工作缝必须处理好。混凝土浇筑采用输送管灌注入模，插入式振捣器振捣，应注意控制混凝土的倾落高度不超过2m，同时控制好混凝土的振捣时间和部位，以免振捣不足或漏振。混凝土按规范及设计要求分层浇筑。底板和顶板应从端部浇起，最后浇根部，侧板各分层也按此顺序浇筑。各梁段的混凝土浇筑在混凝土初凝时间内完成。悬臂挂篮同步外伸，安装节段模板，绑扎钢筋、浇筑混凝土，待混凝土强度达85%设计强度后，张拉预应力筋，并压浆。

各梁段安排的施工周期所含的混凝土养生时间均为7d,必须严格控制混凝土的施工质量,根据季节气候及时调整相适应的混凝土配合比,低温天气采取有效的养生手段,以确保混凝土的3d强度达到设计张拉要求(40MPa),才能保证T构箱梁的施工期完成。

2.3 边跨现浇段施工

根据工地现场施工条件,采用墩顶托架现浇。

为控制混凝土浇筑过程中支架的下沉量,支架搭好后需作预压试验,预压重量与所浇混凝土等重。预压不仅将支架各结构层的缝隙消除,而且可通过对预压结果的记录及根据计算的弹性变形,加上施工规范推荐的相应结构部位经验非弹性变形值来确定施工预拱度。

2.4 合龙段施工

箱梁合龙段施工,是控制全桥受力状况和线形的关键工序,其合龙顺序、温度和工艺都必须严格控制。全桥合龙由边至中心对称进行,即先两边跨合龙,后中跨合龙。图6-1-2为中跨合龙支架设计图。

具体施工步骤如下:

(1) 上合龙吊架和在悬臂端加配重。

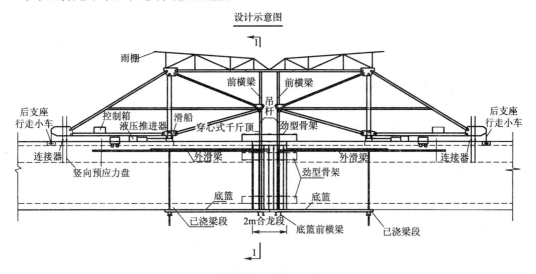

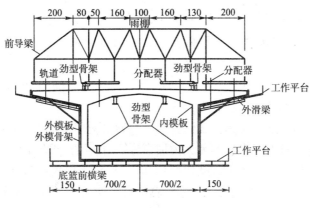

图 6-1-2

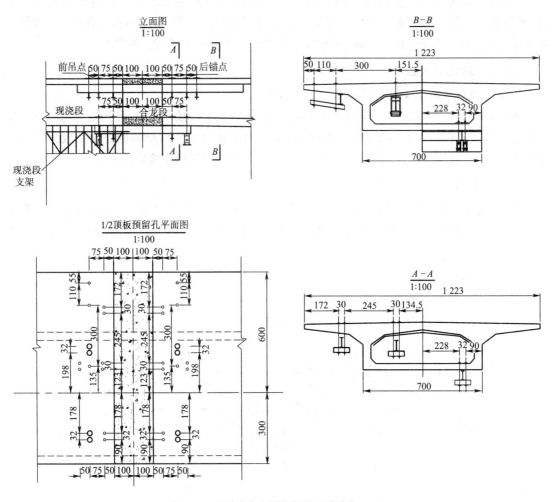

图 6-1-2 中跨合龙支架设计图(尺寸单位:mm)

(2)立模、绑扎钢筋及预应力管道,选择最佳合龙温度。

(3)随即浇筑合龙段混凝土,同时水箱同步等效应放水,以保持悬臂端的稳定。合龙段混凝土中宜加入减水剂、早强剂,以便及早达到设计要求强度。

(4)混凝土强度≥45MPa 后张拉合龙段及底板钢束,拆除临时束。

2.5 上部箱梁在高墩长悬臂状态下的技术措施

上部箱梁在高墩长悬臂状态下,其稳定性主要是风致影响。除可采取 TMD 减振措施外,可采取一些施工措施,以利抗风。

(1)在悬臂施工完毕,进行边跨合龙施工时,将中跨悬臂之间用钢桁架连在一起,借助钢桁量连成一个整体,使结构的抗风状态大为改善。

(2)在每墩的每墙间加预制的临时钢筋混凝土板(或型钢板),在水平方向施加预应力。两墙共同作用,使抗扭和抗弯强度和刚度大大加强,从而提高结构的抗风能力。

除了风致影响外,需对高墩和上部结构的联合作用分析,根据结构受力分析可知,双薄壁箱梁悬臂浇筑施工中,在纵、竖向风载,不平衡荷载、自重作用下,桥墩越高,稳定性安全系数越小。出现挂篮运转不正常,如出现悬臂浇筑施工,挂篮突然跌落事故时,对高墩的影响是致命的,挂篮施工后锚固点必须具备双保护方案,确保大桥施工安全。

3 悬臂浇筑施工的基本方法介绍

3.1 悬臂灌筑法

悬臂灌筑法又称挂篮法。在墩柱两侧常采用托架支撑,灌筑一定长度的梁段,称为起步长度。以此节段为起点,通过挂篮的前移,对称平衡地向两侧逐段灌筑混凝土,并施加预应力,如此循环作业,每浇筑完一段(3~8m),待混凝土达到设计强度后张拉纵向预应力钢绞线,然后向前移动挂篮,进行下一段施工。

悬臂灌筑施工时梁体一般分四大部分浇筑,主要程序如下:
(1)在墩顶托架上浇筑0号段,并实施墩梁临时固结系统。
(2)在0号段上安装悬臂挂篮,向两侧依次对称地分段浇筑主梁至合龙前段。
(3)在临时支架或梁端与边墩间的临时托架上支模浇筑现浇梁段。
(4)浇筑主梁合龙段。

3.2 0号段施工技术

在各梁段中,0号段的纵向预应力束根数最多,普通钢筋密布,管道纵横,构造复杂,施工难度极大,是梁段施工的关键。

3.2.1 施工流程

见图6-1-3。

3.2.2 工艺流程说明

(1)墩顶0号梁段是连续T构的中心,是悬浇的关键梁段,结构复杂,施工难度大。模板和支架是0号段施工的关键,应对支架的承载能力进行认真检算。
(2)悬灌挂篮采用菱形挂篮。
(3)现浇段采用支架浇筑,合龙段采用支架施工,在浇筑现浇段的过程中,注意支架的变形及沉降,并采取措施使现浇段与悬臂端高程及轴线偏差满足要求。
(4)在合龙段混凝土未达到设计强度的90%之前,不得在跨中范围内堆放重物或行走工具。
(5)预应力管道压浆在各阶段张拉完后进行,采用真空吸浆法,压浆工作应连续,混凝土强度等级不得小于C40。

3.2.3 施工要点

(1)墩身施工完成后,在矩形空心墩墩壁之间底托采用20mm厚的钢板,钢板横向间距1.0m,在钢板上安装横担工字钢后,纵向铺设工字钢,间距0.5m,在工字钢上安装木排架,在木排架上铺设0号段底模。
(2)支架拼装好以后,采用砂袋法或水箱加水进行预压,预压荷载按0号段混凝土重量及其他相关施工荷载总重量的1.25倍考虑。
(3)0号段施工时,根据安装挂篮需求,预留好各种预留孔道及预埋筋,以便挂篮拼装时能准确就位。
(4)0号段钢筋及管道密集,钢束管道位置采用定位钢筋网片固定,定位钢筋网片牢固地焊在钢筋骨架上,定位钢筋网片间距为0.5m,并且定位钢筋网片所焊的钢筋骨架与水平钢筋采用点焊,防止管道位置移动。当预应力管道位置与骨架钢筋发生冲突时,保持管道位置不变,适当移动普通钢筋位置。

(5)0号段管道密集,混凝土浇筑后采用高压水管冲洗管道。竖向预应力压浆孔设在箱梁腹板内侧面,在竖向波纹管上开孔设置注浆孔,并用密封胶带密封。

(6)0号段腹板混凝土浇筑时,在内模处留设混凝土侧窗及捣固孔,以减少混凝土自由倾落高度,防止混凝土离析和对管道的过度冲击,并避免捣固棒与管道猛烈碰撞,浇筑至预留孔位置后,封闭并加固侧窗,继续向上施工。

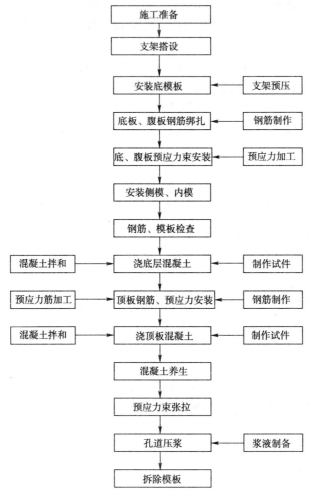

图 6-1-3 施工流程框图

3.3 挂篮施工

挂篮是大跨径箱梁悬臂浇筑法施工的主要设备,在施工中受深水、高墩、峡谷及气候等影响小,可以充分利用有限的空间,多次重复使用,易于掌握施工工艺和保证施工质量,在施工中对节段的施工误差可以不断地进行调整,从而保证悬灌施工的精度。

3.3.1 施工流程

在0号段安装挂篮,作主锚和底锚→主梁打支撑→做挂篮静载试验→调整模板浇筑1号段混凝土→纵向预应力穿束张拉→前吊带、底锚杆卸载→脱模板→铺设轨道梁→落下主梁支撑→走行吊带吊起前后托梁→解除主锚→检查走行轮、反扣轮和液压牵引系统,清理挂篮前行障碍,做好前移准备→启动油缸,T构两端两个挂篮对称前移,挂篮走行到位→先作主锚和底锚→打起主梁支撑→调模就位,绑扎钢筋、管道,浇筑混凝土→进入下一循环。

3.3.2 施工要点

(1)挂篮的安装高程要严格按设计高程进行安装;
(2)预埋孔要准确设置,不得使联杆受弯;
(3)锚固螺栓要借助千斤顶将其拧紧;
(4)中间锚固系统的前端斜联杆和斜拉桥缆索内的预应力,要每根相等,准确地按工艺中给定的值或试验后的调整力进行设置;
(5)外侧模板在锚垫板处不要包死;
(6)两侧锚固系统的垫梁前钩与斜拉桥主梁的接触面一定要找平,如不平必须进行整修;
(7)挂篮安装时一定要使每个调高楔块与斜拉桥主梁顶紧,并在主析后支架上用楔子楔紧;
(8)新旧混凝土相连处模板一定要用螺栓连接,以免挂篮变形较大时漏浆;
(9)悬灌混凝土时,必须从挂篮的前端分层均匀地向挂篮的尾端灌注;
(10)挂篮在走行时,一定要平稳向前移动,如有偏斜等情况要及时进行调整;
(11)挂篮在施工时要经常进行检查,如有异常要及时与技术人员联系;
(12)锚固系统和牵索系统的螺杆及螺母等要经常涂黄油进行保养,并在拆除时不要碰伤;
(13)模板在安装前要进行整修,并涂脱模剂;
(14)千斤顶要认真保养,防止碰伤、雨淋等;
(15)牵索系统的吊耳、元宝梁等,主要受力部件要设专人进行看护,发现有异常及时进行处理。

3.4 梁段悬灌施工

梁段混凝土的悬臂灌注一般用泵送,坍落度一般控制在 14~18cm,并应随温度变化及运输和浇筑速度作适当调整。

3.4.1 施工流程

挂篮设计、加工→挂篮安装、试验→进入下一悬灌段施工(外模安装、校正、钢筋绑扎、焊接,预应力管道安装→内模、端模安装→混凝土浇筑→纵向预应力筋张拉→移动挂篮并定位→纵向预应力管道压浆)→竖向预应力筋张拉及压浆→横向预应力筋张拉及压浆。

3.4.2 施工要点

(1)箱梁各节段混凝土在浇筑前,必须严格检查挂篮中线,挂篮底模高程;纵、横、竖三向预应力束管道;钢筋、锚头、人行道及其他预埋件的位置,认真核对无误后方可浇筑混凝土。为了保证箱梁的设计线形,应制定线形控制方案,确定各阶段的立模高程。

(2)若能全断面一次灌注最好,否则应按以下顺序灌注。
①二次灌注:第一次由底板至腹板下承托;第二次为剩余部分。
②三次灌注第一次由底板至腹板下承托;第二次由腹板下承托至腹板上承托预应力管道密集处以上,第三次由腹板上承托至顶板。

(3)混凝土的灌注宜先从挂篮前端开始,以使挂篮的微小变形大部分实现,从而避免新、旧混凝土间产生裂缝。

4 悬臂浇筑法施工

下面按悬浇施工程序、0号块施工、梁墩临时固结、施工挂篮、浇筑梁段混凝土、结构体系转换、合龙段施工及施工控制等几个方面进行较详细介绍。

4.1 悬臂浇筑施工程序

悬臂浇筑施工时,梁体一般要分四部分浇筑,如图6-1-4所示。Ⅰ为墩顶梁段(又称0号块),Ⅱ为由0号块两侧对称分段悬臂浇筑部分,Ⅲ为边跨在支架上浇筑部分,Ⅳ为主梁在跨中合龙段。主梁各部分的长度视主梁形式和跨径、挂篮的形式及施工周期而定。0号块一般为5~10m,悬浇分段一般为5~8m,支架现浇段一般为2~3个悬臂浇筑分段长,合龙段一般为1~3m。

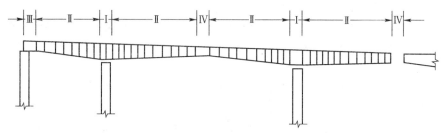

图6-1-4 悬臂浇筑分段示意图

Ⅰ-墩顶梁段;Ⅱ-0号块两侧对称分段悬臂浇筑;Ⅲ-支架浇筑梁段;Ⅳ-主梁跨中合龙段

施工程序一般如下:

(1)在墩顶托架上浇筑0号块并实施墩梁临时固结系统。

(2)在0号块上安装悬臂挂篮,向两侧依次对称地分段浇筑主梁至合龙段。

(3)在临时支架或梁端与边墩间临时托架上支模板浇筑现浇梁段。当现浇梁段较短时,可利用挂篮浇筑;当与现浇相接的连接桥是采用顶推施工时,可将现浇梁段锚固在顶推梁前端施工,并顶推到位。此法不需要支撑,省料省工。

(4)主梁合龙段可在改装的简支挂篮托架上浇筑。多跨合龙段浇筑顺序按设计或施工要求进行。

4.2 悬臂梁段0号块施工

0号块结构复杂,预埋件、钢筋、各向预应力钢束及其孔道、锚具密集交错,梁顶面有纵横坡度,端面与待浇段密切相连,务必精心施工。视其结构形式及高度,一般分2~3层浇筑,先底板、再腹板、后顶板。

施工程序如下:

4.2.1 施工托架

采用悬臂浇筑法施工时,墩顶0号块梁段采用在托架上立模现浇,并在施工过程中设置临时梁墩锚固、使0号块梁段能承受两侧悬臂施工时产生的不平衡力矩。施工托架可根据承台形式、墩身高度和地形情况,分别支承在承台、墩身或地面上。它们可采用万能杆件、贝雷桁架(或装配式公路钢桁架)等组成,也可采用钢筋混凝土构件作临时支撑。常用施工托架有扇形托架、高墩托架见图6-1-5,墩顶预埋牛腿托架平台见图6-1-6,临时墩及型钢结构支承平台见图6-1-7等。托架的顶面尺寸,视拼装挂篮的需要和拟浇梁段的长度而定,横桥间的宽度一般应比箱梁底板宽出1.5~2.0m,以便设立箱梁边肋的外侧模板。托架顶面(或增设垫梁)应与箱梁底面纵向线形的变化一致。托架可在现场整体拼装,亦可分部在邻近场地或船上拼装再运吊就位整体组装。托架总长度视拼装挂篮的需要而决定。横桥自托架宽度要考虑箱梁外侧主模的要求。托架顶面应与箱梁底面纵向线形一致。

由于考虑到在托架上浇筑梁段0号块混凝土,托架变形对梁体质量影响很大,在作托架设计时,除考虑托架强度要求外,还应考虑托架的刚度和整体性。由于托架弹性、杆件连接处有缝隙、地基有沉降等因素,可能使托架下沉,引起混凝土梁段出现裂缝,因此采用万能杆件、贝雷梁、板梁、型钢等作托架时,在混凝土浇筑以前,可采取预压、抛高或调整等措施,以减少托架变形,并检验托架是否安全。上海吴淞大桥采用扇形钢筋混凝土立柱作托架支撑于承台上,并设置竖向预应力索作梁墩临时锚固用,减小了托架变形。

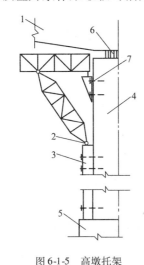

图6-1-5 高墩托架
1.箱梁;2-圆柱形铰;3-承托槽钢;4-墩身;
5-承台;6-支座;7-预埋牛腿

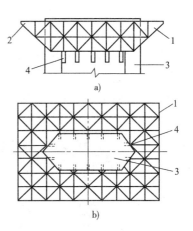

图6-1-6 墩顶预埋牛腿托架平台
a)顺桥向;b)平面
1-万能杆件托架;2-平台平层结构;3-桥墩;
4-预埋牛腿支点

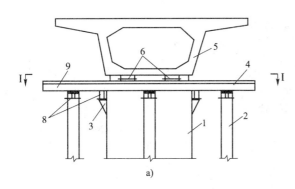

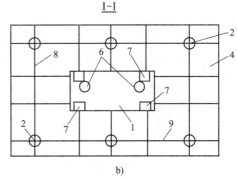

图6-1-7 临时墩及型钢结构支撑平台
1-墩柱;2-临时墩;3-牛腿;4-支承平台;5-箱梁;6-支座;7-临时支座;8-平台纵梁;9-平台横梁

4.2.2 支座

(1)支座垫石

垫石是永久支座的基石。由于支座安装平整度和对中精度要求高,因此垫石四角及平面高差应小于1mm,为此垫石分两层浇筑。首层浇筑高程比设计高程低15cm。第二层应利用带微调整器的模板,控制浇筑高程比设计高程稍高,再利用整平器及精密水准仪量测,反复整平混凝土面。在安装支座前凿毛垫石,铺2~3cm厚与墩身等强的砂浆,砂浆浇筑高程较设计高程略高(3mm),然后安放支座就位,用锤振击,使符合设计高程,偏差不得大于1mm;水平位置偏差不得大于2mm。

（2）临时支座

大跨径预应力混凝土桥梁采用悬臂施工法施工,如结构采用T形刚构,因墩身与梁本身采用刚性连接,所以不存在梁墩临时固结问题。悬臂梁桥及连续梁桥采用悬臂施工法,为保证施工过程中结构的稳定可靠,必须采取0号块梁段与桥墩间临时固结或支承措施。临时支座的作用是在施工阶段临时固结墩、梁,承受施工时由墩两侧传来的悬浇梁段荷载,在梁体合龙后便于拆除和体系转换。

临时固结措施或支承措施有下列几种形式：

①临时支座一般采用C40混凝土,并用塑料包裹的锚固钢筋穿过混凝土预埋在梁底和墩顶中,其布置见图6-1-8。

②在桥墩一侧或两侧加临时支承或支墩,见图6-1-9。

③将0号块梁段临时支承在扇形或门式托架的两侧。

④临时支承可用10~20cm厚夹有电阻丝的硫磺砂浆层、砂筒或混凝土块等卸落设备,以便体系转换时,较方便地解除临时支承,见图6-1-9。

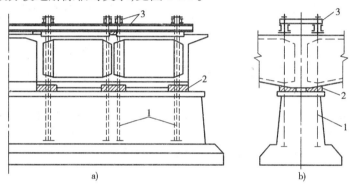

图6-1-8 0号块与桥墩的临时固结
1-预埋临时锚固用预应力筋；2-支座；3-工字钢

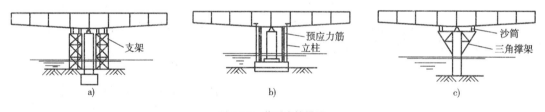

图6-1-9 临时支撑措施

4.2.3 0号块模板和支架

模板和支架是0号块施工的关键,其设计、施工主要的技术要求是：

（1）应有足够的刚度和强度；

（2）准确计算在浇筑过程中结构的弹性变形和非弹性变形；

（3）施工偏差和定位要求应符合有关规范的规定；

（4）便于操作,确保施工质量。

当墩身较低时,可采用在扇形托架或临时墩及型钢结构支承平台,顶面上立模板、搭支架,浇筑0号块混凝土；当墩身较高时,可采用在高墩托架顶面上立模板、搭支架,浇筑0号块混凝土。也可由墩顶放置的型钢和墩身预埋的牛腿作贝雷梁的支承形成0号块的施工托架,在托架上立模板、搭支架,浇筑混凝土。

4.2.4 预应立管道的设置

为确保预应力筋布置、穿管、张拉、灌浆的施工质量,必须确保预应力管道的设置质量,一般采用预埋铁皮管或铁皮波纹管和橡胶抽拔管。三向预应力筋管孔铁皮管和波纹管需由专用设备加工卷制,孔径按设计要求而定,橡胶抽拔管管壁用多层橡胶夹布在专业厂家制作,宜在混凝土浇筑 150~200℃·h(混凝土全部埋设胶管时间与平均的温度乘积)内抽拔。拔时用尼龙绳锁住外露胶管,启动卷扬机拖拔,视设置管的长度和阻力一次可抽拔 5~8 根。为避免抽拔时塌孔,宜将波纹管与胶管相间布置。采用架立钢筋固定管道的坐标位置。浇筑后的铁皮管和抽拔管后的管道,必须用小于内径 10mm 的梭形钢锤清孔,以便清除异物、补救塌孔,保证力筋穿孔畅通。

4.2.5 预应力混凝土施工

详见预应力混凝土施工有关叙述。

4.3 施工挂篮

挂篮是悬臂浇筑施工的主要机具。挂篮是一个能沿着轨道行走的活动脚手架,挂篮悬挂在已经张拉锚固的箱梁梁段上,悬臂浇筑时箱梁梁段的模板安装、钢筋绑扎、管道安装、混凝土浇筑、预应力张拉、压浆等工作均在挂篮上进行。当一个梁段的施工程序完成后,挂篮解除后锚,移向下一梁段施工。所以挂篮既是空间的施工设备,又是预应力筋未张拉前梁段的承重结构。

4.3.1 挂篮形式

作为施工梁段的承重结构,同时又是施工梁段的作业现场,随着施工技术的不断改进,挂篮已由过去的压重平衡式发展成现在通用的自锚平衡式。自锚式施工挂篮结构的形式主要有桁架式、斜拉式两类。

桁架式挂篮按其构成部件的不同,可分为万能杆件挂篮、贝雷梁(或装配式公路钢桁梁组合式)和挂篮、型钢组合桁架组合式等。按桁架构成形状的不同,又可分为平行桁架式、平弦无平衡重式、弓弦式、菱形式等多种,见图 6-1-10。

斜拉式挂篮也叫轻型挂篮。随着桥梁跨径越来越大,为了减轻挂篮自重,以达到减少施工节段增加的临时钢丝束,在桁架式挂篮的基础上研制了斜拉式挂篮,见图 6-1-11。

4.3.2 挂篮的主要构造

挂篮主要构造见图 6-1-12、图 6-1-13。

(1)主纵桁梁

主纵桁梁是挂篮悬臂承重结构,可由万能杆件或贝雷桁架(或装配式公路钢桁架)组拼或采用钢板或大号型钢加工而成。

(2)行走系统

行走系统包括支腿和滑道及拖移收紧设备。采用电动卷扬机牵引,通过圆棒滚动或在已铺设的上、下滑道上移动。滑道要求平整光滑,摩阻力小,拆装方便,能反复使用。目前大多采用上滑道覆一层不锈钢薄板,下滑道用槽钢,内设聚四氟乙烯板,行走方便、安全、稳定性好。

(3)底篮

底篮直接承受悬浇梁段的施工重力,供立模板、绑扎钢筋、浇筑混凝土、养生等工序用,由下横桁梁和底模纵梁及吊杆(吊带)组成。主要横梁可用万能杆件或贝雷桁架或型钢、钢管构成,底模纵梁用多根 24~30 号槽钢或工字钢;吊杆一般可用 φ32mm 的精轧螺纹钢筋或 16Mn 钢带。

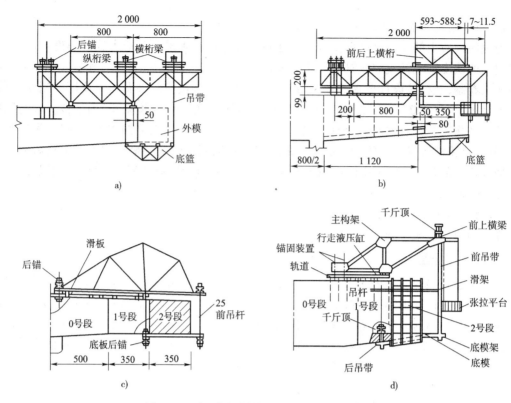

图 6-1-10 常用桁架式挂篮类型图(尺寸单位:mm)
a)平行桁架式挂篮;b)平行无平衡重式挂篮;c)弓弦式挂篮;d)菱形挂篮

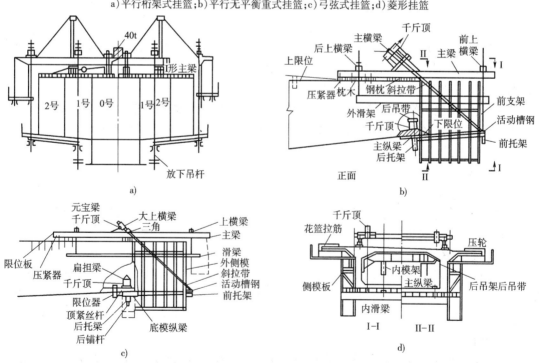

图 6-1-11 常用斜拉式挂篮类型图

(4)后锚系统

后锚是主纵桁梁自锚平衡装置,由锚杆压梁、压轮、连接件、升降千斤顶等组成,目的是防止挂篮在行走状态及浇筑混凝土梁段时倾覆失稳。系统结构按计算确定，混凝土浇筑前，应按设计锚力的 0.6、1.0、1.5 倍分别用千斤顶检验锚杆。

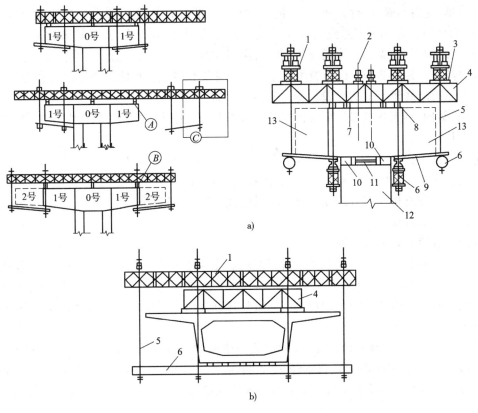

图 6-1-12 挂篮纵横桁梁系布置图
a) 挂篮施工纵断面；b) 挂篮施工正面

1-主横桁梁；2-后铺点；3-行走滑板；4-主纵桁梁；5-吊杆；6-底篮横梁；7-后支点；8-前支点；9-底模；10-临时固定支座；11-永久支座；12-桥墩；13-待浇梁段

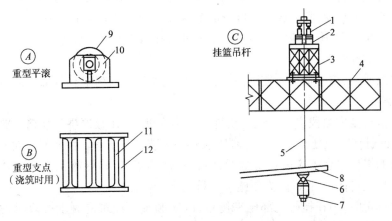

图 6-1-13 挂篮接长和移动示意图

1-千斤顶；2-型钢横梁；3-组合贝雷横梁；4-组合贝雷纵桁梁；5-挂篮吊杆；6-底篮模架活动铰；7-吊杆底端横梁；8-底篮纵梁；9-钢滚筒；10-滚筒支架；11-工字钢；12-加劲板

4.3.3 挂篮设计与选择

4.3.3.1 挂篮的设计

挂篮的合理设计是保证施工质量、加快施工进度的重要因素。在设计中要求挂篮的质量小结构简单、受力明确、运行方便、坚固稳定、变形小、装拆方便,并尽量利用当地现有构件。

(1)设计时首先须确定悬浇的分段长度。分段长,节段数量少,挂篮周转次数少,施工速度加快,但结构庞大,需要的施工设备相应增大;分段短,节段多,挂篮周转次数多,施工速度较慢,但结构较轻,相应的施工设备费用较小。因此悬浇长度应根据施工条件权衡利弊综合考虑确定。我国近来修建 T 构的分段长度一般为 3~5m。

(2)设计时,应考虑各项实际可能发生的荷载情况,进行最不利的荷载组合。设计荷载大体有以下几种:

①挂篮自重;
②模板支架自重(包括侧模、内模、底模和端模等);
③振动器自重和振动力,千斤顶和油泵及其他有关设备自重;
④施工人群荷载;
⑤最大节段混凝土自重等。

(3)挂篮横断面布置,一般取决于桥梁宽度和箱梁横断面形式。当桥梁横断面为单箱时,全断面用一个挂篮施工;当桥梁横断面为双箱时,一般采用两个挂篮分别施工,最后在桥面板处用现浇混凝土连接;有时为了加速施工,如上海市金山大桥采用大型宽体桁架式挂篮,双箱一次浇筑施工。

(4)验算挂篮的抗倾覆稳定性能,确定结构整体的图式和尺寸以及后锚点的锚力等。选择挂篮形式主要考虑结构简单、自重轻、受力明确、变形较小、行走安全、装拆方便等方面因素。在一般情况下,尽量选择本单位现有设备,达到保证施工质量,加速施工进度,投资较省的目的。

4.3.3.2 挂篮的选择

(1)满足梁段设计的要求,即满足梁体结构、形体、质量及设计对挂篮质量的要求;
(2)满足施工安全、高质量、低成本、短工期和操作简便的要求;
(3)采用万能杆件、贝雷桁架、六四军用桁架组拼的挂篮桁架,一般比型钢加工制作的挂篮成型快、设备利用率高、成本低。而自行加工或专业单位生产的挂篮虽一次性投入成本大,但常有节点少、变形小、质量轻、结构完善、施工灵活和适用性强的优点。

4.3.4 挂篮的安装

(1)挂篮组拼后,应全面检查安装质量,并做载重试验,以测定其各部位的变形量,并设法消除其永久变形。

(2)在起步长度内梁段浇筑完成并获得要求的强度后,在墩顶拼装挂篮。有条件时,应在地面上先进行试拼装,以便在墩顶熟练有序地开展拼装挂篮工作。拼装时应对称进行。

(3)挂篮的操作平台下应设置安全网,防止物件坠落,以确保施工安全。挂篮应全封闭,四周设围护;上下应有专用扶梯,方便施工人员上下挂篮。

(4)挂篮行走时,须在挂篮尾部压平衡重,以防倾覆。浇筑混凝土梁段时,必须在挂篮尾部将挂篮与梁进行锚固。

4.3.5 挂篮试压

为了检验挂篮的性能和安全,并消除结构的非弹性变形,应对挂篮试压。试压通常采用试验台加压法、水箱加压法等。

4.3.5.1 试验台加压法

新加工的挂篮可用试验台加压法检测桁架受力性能和状况。试验台可利用桥台或承台和在岸边梁中预埋的拉力筋锚住主桁梁后端,前端按最大荷载计算值施力,并记录千斤顶逐级加压变化情况,测出挂篮弹性变形和非弹性变形参数,用作控制悬浇高程的依据,见图6-1-14。

4.3.5.2 水箱加压法

对就位待浇混凝土的挂篮,可用水箱试压法检查挂篮的性能和状况。加压的水箱一般设于前吊点处,后吊杆穿过紧靠墩顶梁段边的底篮和纵桁梁,锚固于横桁梁上,或穿过已浇箱梁中的预留孔,锚于梁体。在后吊杆的上端装设带压力表的千斤顶,反压挂篮上横桁梁,计算前后施加力后,分级分别进行灌水和顶压,记录全过程挂篮变化情况即可求得控制数据,见图6-1-15。

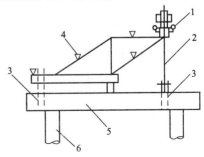

图 6-1-14 菱形挂篮试验台试压示意图
1-压力表千斤顶;2-拉杆;3-预埋钢筋;4-观测点;5-承台;6-桩

4.3.6 浇筑混凝土时消除挂篮变形的措施

每个悬浇段的混凝土一般可二次或三次浇筑完成(混凝土数量少的也可采用一次浇筑完成),为了使后浇混凝土不引起先浇混凝土的开裂,需要消除后浇混凝土引起挂篮的变形,一般可采取如下的几种措施。

4.3.6.1 箱梁混凝土一次浇筑法

箱梁混凝土的浇筑采用一次浇筑,并在底板混凝土凝固前全部浇筑完毕。也就是要求挂篮的变形全部发生在混凝土塑性状态之间,避免裂纹的产生。但需在浇筑混凝土前预留准确的下沉量。

4.3.6.2 水箱法

水箱法的布置参见图6-1-15。浇筑混凝土前先在水箱中注入相当于混凝土质量的水,在混凝土浇筑过程中,逐步放水使挂篮的负荷与挠度基本不变。

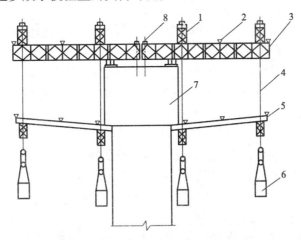

图 6-1-15 挂篮水箱法试压示意图
1-横桁梁;2-观测点;3-纵桁梁;4-吊杆;5-底篮;6-水箱;7-墩顶梁段;8-后锚固

4.3.6.3 抬高挂篮的后支点法

浇筑混凝土前将模板前端设计高程抬高 10~30mm,预留第一次浇筑混凝土的下沉量,同时用螺旋式千斤顶顶起挂篮后支点,使之高于滑道或钢轨顶面,(一般顶高20～30mm)。在浇筑第一次混凝土时千斤顶不动,浇筑混凝土质量使挂篮的下沉量与模板的抬高量相抵消。在浇筑第二次混凝土时,将千斤顶分次下降,并随即收紧后锚系的螺栓,使挂篮后支点逐步贴近滑道面或轨道面。随着后支点的下降,以前支点为轴的挂篮前端必然上升一数值,此数值应正好与第二次混凝土质量使挂篮所产生的挠度相抵消,保证箱梁模板不发生下沉变形。此法需用设备很少,较水箱法简单,但需顶起量合适,顶起量应由实测确定。

斜拉式挂篮因其总变形小,一般可在浇筑混凝土前预留下沉量,不必在浇筑过程中进行调整。也可试用某桥的施工实践,将挂篮底模承重横梁采用直径1～1.2m加劲钢管,管内与水泵及卸水管连通,使加卸载控制灵活。在梁段混凝土浇筑过程中,逐渐卸水,保持挂篮的负荷和挠度基本不变。

4.4 支架现浇梁段施工

边跨支架上的现浇部分,可在墩旁搭设临时墩支承平台,一般采用万能杆件、贝雷架等拼装,在其上分段浇筑。当与采用顶推法施工的连接桥相接时,可把现浇梁段临时固结在顶推梁上,到位后再进行梁的连接。其步骤如下:

设置临时桩基—浇筑钢筋混凝土承台—加宽边墩混凝土承台和设置预埋件—拼装扇形全幅万能杆件支架—搭设型钢平台—加载试压—安装现浇底模和侧模,底模下设木楔调整块—测量底板高程(包含预抬量)和位置—绑扎底腹板钢筋及竖向预应力筋—安装底板纵向预应力管道—装端模和腹板模—自检及监理工程师验收—浇筑底板和腹板混凝土—养生待强—装内顶模—绑扎顶板底钢筋—安装纵向及横向预应力管道—绑扎顶板顶层钢筋—自检及监理工程师验收—浇筑顶板混凝土—养生凿毛—拆除端头模板—张拉竖向预应力筋和顶板横向预应力筋—拖移外侧模—拆除箱内模板。

在桥梁合龙时,现浇梁段经预压后支架的变形已相对稳定,但悬臂端受气候影响在三个方向均可能产生较大变形。所以在预应力筋张拉之前,尤其是混凝土浇筑初期,这些变形可能导致合龙段混凝土开裂,施工工艺应保证合龙段适应这些变形,避免裂缝出现。跟踪观测要点包括:

(1)选择日间悬臂高程最高时(一般在一日之清晨)用支撑撑住悬臂端使其不能上翘(楔紧支撑时间是在高程最高时),也不能下挠(有支撑撑住),这样既避免了竖向相对位移又无需庞大的压重。支撑后再连续观测两日,确认稳定后再进行其余工序。

(2)端部现浇段的支架下装滚轴,使其能纵向移动,再在合龙段设两片由型钢组成的桁架,构成刚性支承以抵抗悬臂端伸长变形产生的压应力。

(3)支承桁架于合龙前一日清晨焊接完毕。

(4)按开始进入日低温稳定区时混凝土初凝的原则确定开盘时间。

(5)混凝土浇筑的次日,温度回落前,张拉部分顶板和底板预应力筋,使合龙段混凝土受到与其强度发展相适应的预压应力,以抵抗次日降温收缩应力。抵抗降温拉应力的力筋不在混凝土浇筑前而在浇筑次日温度回落前张拉。

(6)混凝土强度达到设计强度80%时,再张拉与边跨合龙段体系转换相应的预应力筋。

4.5 合龙段施工及体系转换

连续梁的分段悬浇施工,常采用对称施工,但在一定条件下也可用不对称施工。全梁施工过程是从各墩顶0号段开始至该T构的完成,再将各T构拼接而形成整体连续梁。这种T构的拼接就是合龙。合龙是连续梁施工和体系转换的重要环节,合龙施工必须满足受力状态的设计要求和保持梁体线形,控制合龙段的施工误差。

利用连续梁成桥设计的负弯矩预应力筋为支承,是连续梁分段悬浇施工的受力特点。悬臂浇筑过程中各独立T构的梁体处于负弯矩受力状态,随着各T构的依次合龙,梁体也依次转化为成桥状态的正负弯矩交替分布形式,这一转化就是连续梁的体系转换。因此,连续梁悬浇施工的过程就是其应力体系转换的过程,也就是悬浇时实行支座临时固结、各T构的合龙、固结的适时解除、预应力的分配以及分批依次张拉的过程。通常多跨连续梁合龙段施工的顺序为先各边跨,再各次边跨,最后为中跨。次边跨和中跨合龙段施工的原则和要求类似边跨合龙施工,中跨合龙段因温差引起的变形变位大,由此产生的应力也大,对合龙临时连续约束的设施亦有更高要求。

4.6 施工控制

不论悬浇还是悬拼,都是属于自架设方式施工,且已成结构的状态(包括受力、变形)具有不可调整性,所以施工控制主要采用预测控制法。主要体现在施工控制模拟结构分析、施工监测(包括结构变形与应力监测等)、施工误差分析以及后续施工状态预测几个方面。施工成败的关键在于临时锚固的可靠性,施工过程中的应力、变形与高程满足要求以及体系转换的实施。

对于分节段悬臂浇筑施工的桥梁来说,施工控制就是根据施工监测所得的结构参数真实值进行施工阶段计算,确定出每个悬浇节段的立模高程,并在施工过程中根据施工监测的成果对误差进行分析、预测和对下一立模高程进行调整,以此来保证成桥后桥面线形、合龙段两悬臂端高程的相对偏差不大于规定值以及结构内力状态符合设计要求。

悬臂浇筑的施工控制计算除了必须满足与实际施工方法相符合的基本要求外,还要考虑诸多相关的其他因素。

4.6.1 施工方案

由于施工桥梁的恒载内力与施工方法和架设程序密切相关,施工控制计算前应首先对施工方法和架设程序作一番较为深入地研究,并对主梁架设期间的施工荷载给出一个较为精确的数值。

4.6.2 计算图式

悬臂浇筑一般要经过墩梁固接→悬臂施工→合龙→解除墩梁固接→合龙的过程,在施工过程中结构体系不断地发生变化,因此在各个施工阶段应根据符合实际状况的结构体系和荷载状况选择正确的计算图式进行分析、计算。

4.6.3 非线性影响

非线性对中小跨连续梁桥、连续刚构桥的影响可以忽略不计,但对大跨径则有必要考虑非线性的影响。

4.6.4 预加应力影响

预加应力直接影响结构的受力与变形,施工控制中应在设计要求的基础上,充分考虑预应力的实际施加程度。

4.6.5 混凝土收缩、徐变的影响

连续梁桥、连续刚构桥必须计入混凝土收缩、徐变对变形的影响。

4.6.6 温度

温度对结构的影响是复杂的,通常的做法是对季节性温差在计算中予以考虑,对日照温差

则在观测中采取一些措施予以消除,减少其影响。

4.6.7 施工进度

施工控制计算需按实际的施工进度以及确切的预计合龙时间分别考虑各个部分的混凝土徐变变形。

在主梁的悬臂浇筑过程中,梁段立模高程的合理确定,是关系到主梁线形是否平顺,设计是否合理的一个重要问题。如果确定立模高程是考虑因素比较符合设计,而且加以正确的控制,则最终桥面线形较好;如果考虑的因素与实际情况不符合,控制不力,将会导致桥面与设计线形有较大的偏差。

众所周知,立模高程并不等于设计中桥梁建成后的高程,总要有一定的预拱度,以抵消施工中产生的各种变形。其计算公式如下:

$$H_{lmi} = H_{sji} + \sum f_{1i} + \sum f_{2i} + f_{3i} + f_{4i} + f_{5i} + f_{gi} \tag{6-1-1}$$

式中:H_{lmi}——i 节段立模高程(节段上某确定位置);

H_{sji}——i 节段设计高程;

$\sum f_{1i}$——由各节段自重在 i 节段产生的挠度之和;

$\sum f_{2i}$——由张拉各节段预应力在 i 节段产生的挠度之和;

f_{3i}——混凝土收缩、徐变在 i 节段引起的挠度;

f_{4i}——施工临时荷载在 i 节段引起的挠度;

f_{5i}——使用荷载在 i 节段引起的挠度;

f_{gi}——挂篮变形值,是根据挂篮加载试验,综合各测试结果,最后绘制出挂篮荷载—挠度曲线,进行内插而得。

预计高程的计算公式:

$$H_{yji} = H_{lmi} - f_{gl} - f_i \tag{6-1-2}$$

式中:H_{yji}——i 节段预计高程值;

f_i——块件浇筑完成后,i 节段的下挠值。

悬臂浇筑必须对称进行,并确保轴线和挠度达到设计要求和在允许误差范围内。

(1)成桥后线形(高程):±50mm;

(2)合龙相对高差:±30mm;

(3)轴线按《公路桥涵施工技术规范》(JTG/T F50—2011)执行。

在施工过程中,梁体不得出现受力裂缝。出现裂缝时,应查明原因,若缝宽超过 0.15mm 必须经过处理后方可继续施工。同时必须确保梁体接头质量,线形平顺,梁顶面平整,每跨无明显折变。相邻块件的接缝平整密实,色泽一致,棱角分明,无明显错台。混凝土表面平整密实,蜂窝麻面的面积不超过该面面积的 0.5%,深度不超过 10mm。箱室内的建筑垃圾必须清理干净。

4.7 悬臂浇筑梁段混凝土注意事项

(1)挂篮就位后,安装并校正模板吊架,此时应对浇筑预留梁段混凝土进行抛高,以使施工完成的桥梁符合设计高程。抛高值包括施工期结构挠度,因挂篮重力和临时支承释放时支座产生的压缩变形等。

(2)模板安装应核准中心位置及高程,模板与前一段混凝土面应平整密贴。如上一节段施工后出现中线或高程误差需要调整时,应在模板安装时予以调整。

(3)安装预应力预留管道时,应与前一段预留管道接头严密对准,并用胶布包贴,防止灰浆渗入管道。管道四周应布置足够定位钢筋,确保预留管道位置正确,线形和顺。

(4)浇筑混凝土时,可以从前端开始,应尽量对称平衡浇筑。浇筑时应加强振捣,并注意对预应力预留管道的保护。

(5)为提高混凝土早期强度,以加快施工速度,在设计混凝土配合比时,一般加入早强剂或减水剂。混凝土梁段浇筑一般5~7d一个周期。为防止混凝土出现过大的收缩、徐变,应在配合比设计时按规范要求控制水泥用量。

(6)梁段拆模后,应对梁端的混凝土表面进行凿毛处理,以加强接头混凝土的连接。

(7)箱梁梁段混凝土浇筑,一般采用一次浇筑法,在箱梁顶板中部留一窗口,混凝土由窗口注入箱内,再分布到底模上。当箱梁断面较大时,考虑梁段混凝土数量较多,每个节段可分二次浇筑,先浇筑底板到肋板倒角以上,待底板混凝土达一定强度后,再支内模,浇筑肋板上段和顶板。其接缝按施工缝要求进行处理。

(8)箱梁梁段分次浇筑混凝土时,为了不使后浇混凝土的重力引起挂篮变形,导致先浇混凝土开裂,要有消除后浇混凝土引起挂篮变形的措施。

任务2　悬臂拼装法施工

学习目标

1. 梁段预制;
2. 梁段移运、存放和整修;
3. 梁段运输;
4. 悬臂装拼;
5. 预应力悬臂桁架梁的悬拼;
6. 合拢段的施工;
7. 施工控制。

任务描述

悬臂拼装法(简称悬拼)是悬臂施工法的一种,它是利用移动式悬拼吊机将预制梁段起吊至桥位,然后采用环氧树脂胶和预应力钢丝束连接成整体。采用逐段拼装,一个节段张拉锚固后,再拼装下一节段。悬臂拼装的分段,主要决定于悬拼吊机的起重能力,一般节段长2~5m。节段过长则自重大,需要悬拼吊机起重能力大,节段过短则拼装接缝多,工期也延长。一般在悬臂根部,因截面积较大,预制长度比较短,以后逐渐增长。悬拼施工适用于预制场地及运吊条件好,特别是工程量大和工期较短的梁桥工程。

学习引导

本任务按以下进程学习:

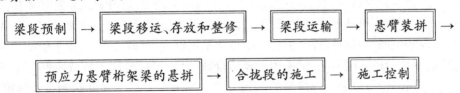

悬拼和悬浇均利用悬臂原理逐段完成全联梁体的施工,悬浇是以挂篮为支承主段浇筑,悬拼是以吊机逐段完成梁体拼装;实践表明,悬拼施工有以下特点:

(1)进度快。传统的悬浇法灌注一节段梁周期在天气好时也需要1周左右;而采用悬拼法,梁体节段的预制可与桥梁下部构造施工同时进行,平行作业缩短了施工工期,且拼装速度快。

(2)制梁条件好,混凝土质量高。悬拼法将大跨度梁化整为零,在地面施工,预制场或工厂化的梁体节段预制有利于整体施工的质量,操作方便、安全。悬浇的混凝土有时会因达不到强度而造成事故,处理起来较麻烦,延误工期,损失较大。采用悬拼法,节段梁在地面有足够的时间,可以想办法弥补工程施工中的不足。

(3)收缩、徐变量少。预制梁段的混凝土龄期比悬浇成梁的长,从而减少悬拼成梁后混凝土的收缩和徐变。

(4)线形好。节段预制采用长线法,长线法是在按梁底曲线制作的固定底模上分段浇筑混凝土的方法,能保证梁底线形。

(5)适合多跨梁施工。当桥梁跨度越大,桥跨越多,则越能体现悬拼法的优越性,也就越经济。

悬拼按照起重吊装的方式的不同可分为:浮吊悬拼、牵引滑轮组悬拼、连续千斤顶悬拼、缆索起重机(缆吊)悬拼及移动支架悬拼等。悬拼的核心是梁的吊运与拼装,梁体节段的预制是悬拼的基础。

悬拼施工工序主要包括梁体节段的预制、移位、堆放、运输;梁段起吊拼装;悬拼梁体体系转换;合龙段施工。

1 梁段预制

1.1 预制方法

悬拼施工是将梁沿纵轴向根据起吊能力分成适当长度的节段,在工厂或桥位附近的预制场进行预制,然后运到桥位处用吊机进行拼装。节段预制的质量直接关系着梁段悬拼施工的质量和速度,因此预制时应严格控制梁段断面和形体的精确度,并充分注意预制场地的选择与布置;台座和模板支架的制作;工艺流程的拟订以及养护和储运的每一环节。梁段预制的方法通常有长线浇筑或短线浇筑的立式预制和卧式预制。

1.1.1 长线预制

长线预制是在预制厂或施工现场按桥梁底缘曲线制作固定台座,在台座上安装底模进行节段混凝土浇筑工作。组成T构半悬臂或全悬臂的诸梁段均在固定台座上的活动模板内浇筑且相邻段应相互贴合浇筑,缝面浇前涂抹隔离剂,以利脱模。长线预制需要较大的场地,台座两侧常设挡土墙,内填不沉降的砂石加20cm混凝土封顶并涂抹高强找平砂浆,其上加铺一层镀锌铁皮,待砂浆未达到要求强度前用铁钉固定。其底座的最小长度应为桥孔跨径的一半。底座的形成有多种方法,它可以利用预制场的地形堆筑土胎,经加固夯实后铺砂石层并在其上面做混凝土底板;盛产石料的地区可用石砌圬工筑成所需的梁底缘的形状;在地质情况较差的预制场地,可采用打短桩基础,在桩基础上搭设排架形成梁底缘曲线。排架可用木材或型钢组成。梁体节段的预制一般在底板上进行。模板常采用钢模,每段一块,以便于装拆使用。为加快施工进度,保证节段之间密贴,常采用先浇筑奇数节段,然后利用奇数节段混凝土的端面弥合浇筑偶数节段。也可以采用分阶段的预制方法。当节段混凝土强度达到设计强度70%以上后,可吊出预制场地。

1.1.2 短线预制

短线预制是在固定台位且能纵移的模板内浇筑,由可调整内、外部模板的台车与端梁来完成的,当第一节段混凝土浇筑完成后,在其相对位置上安装下一节段模板,并利用第一节段混凝土的端面作为第二节段的端模完成第二节段混凝土的浇筑工作。这种方法适合节段的工厂化生产预制,设备可周转使用,台座仅需3个梁段长,但节段的尺寸和相对位置的调整要复杂一些。短线台座除基础部分外,多采用钢料加工制作。此法亦称活动底座法。

1.1.3 卧式预制

当主梁为桁架梁时,具有较大的桁高和节段长度,且桁架的桁杆截面尺寸不大时,常采用卧式预制。卧式预制,要有一个较大的地坪。地坪的高低要经过测量,并有足够的强度,不致产生不均匀沉陷。对相同尺寸的节段还可以在已预制完成的节段上安装模板进行平卧叠层预制,两层构件间常用塑料布或涂机油等方法分隔。桁架梁预制节段的起吊、翻身工作要求操作细致,并注意选择吊点和吊装机具。

可以看出:由于长线台座可靠,因而成桥后梁体线形较好,长线的台座使梁段存贮有较大余地;但占地较大,地基要求坚实,混凝土的浇筑和养护移动分散。短线预制场地相对较小,浇筑模板及设备基本不需移动,可调的底、侧模便于平、竖曲线梁段的预制;但要求精度高,施工严,周转不便,工期相对较长。

无论是立式预制还是卧式预制,都要求相邻节段之间接触紧密,故必须以前面浇筑完成的节段的端面作为后来浇筑节段的端模,同时必须采用隔离剂使节段出坑时相互容易从接缝处脱离。常用隔离剂可分:

(1)薄膜类,如塑料硬薄膜;

(2)油脂类,如较好机油,可掺少量黄油,以增加黏度,且浇筑后混凝土表面不能变黑;

(3)皂类,如烷基苯磺酸钠,虽成本较高,但使用效果较好。这种构件预制方法,国外一般叫做"配合浇筑"法。

1.2 预制和存放场地布置

预制场地主要设施有:预制台座、龙门吊、存梁台、拌和站。布设时应便于梁段的移动和吊运,便于模板、钢筋及混凝土的运输。按照台座与河流及桥位的关系,场地布局可分为平行式、垂直式和沿河式,见图6-2-1。场内布置应综合梁段制作、运输、拼吊方式选择。用缆索起重机运输,宜作平行式布置;用驳船运输,宜作垂直式的长线布置或平行式的短线布置。

梁段的拼装快于预制,因此梁段应尽早预制,与下部构造同步施工时,应布置足够的存梁区。区位宜设在待吊的一端。存梁台基础宜采用片石浆砌,上置枕木作支承,确保地基承载力,硬地基上可直接铺枕木支承。严防发生沉塌事故或支承不当损坏梁段。为了便于底板的检修,支承宜高于地面50cm以上。

1.3 拼接接合

梁段拼接有全断面铰接、部分铰接与部分湿接及湿接三种形式。两梁段全横断面靠环氧树脂黏结构成全断面铰接,计算时假定为剪力铰。部分铰接与部分湿接是腹板为铰接,顶板及底板通过伸出钢筋连接再现浇混凝土。湿接是相邻梁段间浇筑一段10~20cm宽的混凝土作为接头的连接缝,用以调整随后梁段(基准梁段)的位置,使准确地控制其后续梁段的安装精度。

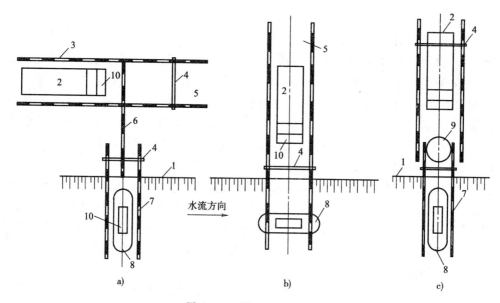

图 6-2-1　预制厂平面布置图
a)平行式;b)垂直式;c)垂直式附块件转向设施

1-河岸线;2-预制台座;3-轻便轨道;4-龙门吊机;5-存梁场;6-运梁轨道;7-栈桥;8-运梁驳船;9-块件转向转盘;10-预制块件

全断面铰接与部分铰接二者特点见表 6-2-1。

全断面铰接与部分断面铰接比较表　　　表 6-2-1

断面情况 施工项目	全断面铰接	部分断面铰接
悬拼速度	快	较慢
施工工序	少	多
树脂用量	多	少
特种水泥用量	无	多
孔道串浆	易	不易
施工调整	难	易
成桥整体性	略差	较好

为了弥补湿接缝混凝土的收缩和早强,采用早强微膨胀混凝土浇筑。20℃左右温度,24h 可达到设计强度。

全断面铰接、部分铰接的接缝,拼装前即在接触面涂抹多功能环氧树脂,以保证连接面的水密性和利用树脂的厚度找平。

为了使预制节段在拼装时能准确而迅速地安装就位,在节段预制时在顶板均衡设置定位器(也称定位销)。有的定位器不仅能起到固定位置的作用,而且能承受剪力。这种定位装置称抗剪楔或防滑楔。节段预制时,除注意预埋定位器装置外,尚须注意按正确位置预埋孔道形成器和吊点装置(吊环或竖向预应力粗钢筋)等。同时为了提高梁段拼接面的抗剪强度,拼接面做成齿合,即为剪力齿。如图 6-2-2 所示。

为了提高预制梁段拼接面的吻合度,一般宜在长线台座上将待浇梁段与已浇梁段端接面密贴浇筑。中间用不带硬化剂的环氧树脂作为隔离层分隔,预应力束孔用金属波纹管分隔。也可用图 6-2-2 所示的分隔板分隔。拼和面的偏差应控制在以下范围:

模板厚度偏差：±0.5mm。
齿板尺寸偏差：±1mm。
前后凹凸齿相对位置偏差：±0.5mm。

1.4 梁段模板、钢筋、预应力管道安装

1.4.1 模板

按底模支架的设计图式搭设支架，在支架顶上安装底模，再安装外模及框架，然后安装端模，为了保证梁段端面的平整及管道位置的准确，每个断面均应制作一块定型的钢端模板。最后安装内模。模板宜用大型钢模，便于周转安装。

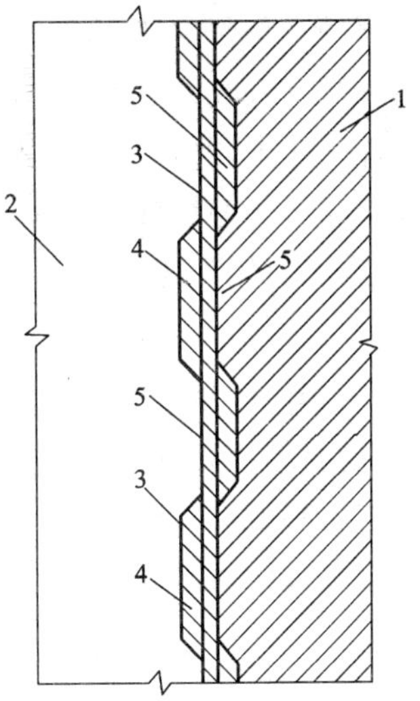

1.4.2 钢筋

钢筋应分块制作成型。对于腹板及齿板钢筋，先定位绑扎成骨架，用吊机吊运至预制台座上安装。底板及顶板钢筋采用现场绑扎。

图6-2-2 预制梁段拼接面剪力齿示意图
1-已浇箱梁；2-待浇箱梁；3-模板；4、5-凹凸齿

1.4.3 预应力管道

在底板、顶板钢筋布设好后，进行管道布置。先在底板钢筋上每隔80cm按管道高度焊一道钢筋支架，其后通过端模上预先开好的孔将波纹管穿入，调直后与支架绑扎固定。对于湿接缝的断面，相邻梁段需连接的管道，均应在端头接一长度为50cm的连接管以利以后管道的驳接。对于铰接缝的断面，须连通的两管道的内部加设长度为30cm、外径与管道内径相吻合的纺锤形的圆木连通管道，防止浇筑混凝土过程中水泥砂浆流入而堵塞管道。

对于设锚头的位置，须将锚垫板牢固地固定在端模上，并注意锚垫板面的角度符合设计要求，波纹管垂直于锚固平面。

对于竖向预应力钢筋的安设，应先将预应力钢筋按设计长度下好料后，套以波纹管，其后，安装好死锚端的螺旋筋，紧固小螺母、锚垫板及工作螺母后，按设计位置在腹板钢筋内安装固定。安装压浆管，并密封波纹管下端以免漏浆。最后在梁顶张拉端安装排气管，套以锚下螺旋筋，安装固定锚垫板。

2 梁段移运、存放和整修

梁段吊运除满足《公路桥涵施工技术规范》（JTG/T F50—2011）及设计规范有关要求外，还应满足悬拼施工的特殊要求。

2.1 移运前准备工作

(1) 在梁段顶面标定纵轴线和测控点，便于悬拼时监控。
(2) 测定梁段施工中顶板上测控点的高程，以作悬拼时分析梁高、转角及扭转的依据。
(3) 拆模后应及时注明梁段所属墩号、梁段编号、吊拼方向及混凝土浇筑日期。
(4) 准备存放场地，检查吊运的机具设备。
(5) 对与浇筑梁段现场同条件养护的试件试压，以确保梁段吊运强度。

2.2 梁段脱模

脱模时间可参照《公路桥涵施工技术规范》（JTG/T F50—2011）中承重模板等规定办理。底模及相邻梁段结合面需作特殊处理。

2.2.1 底模处理

预制底座面层宜铺一层厚 3~5mm 在全底座上连为整体的钢板,并与底座底板预埋件连接,或铺一层镀锌铁皮,再在模板上涂刷隔离层剂。

2.2.2 相邻梁段结合面的分隔处理

结合面宜用不掺乙胺而掺丙酮稀释的环氧树脂涂抹,效果较好。

2.2.3 梁段脱模

由于梁段的质量较大(一般最大可能达70t以上),且须消除梁段混凝土与底模黏结和梁段之间的黏结,起吊前须在底板四角处设置4个起重能力500kN的千斤顶,将梁段顶起脱离底模,然后用起重机(或龙门吊)把脱离底模的梁段吊离预制台座。

2.3 梁段吊点设置

吊点一般设在腹板附近,有以下4种方式可供参考。

(1)如图6-2-3a)所示,在翼板下腹板两侧留孔,用钢丝绳与钢棒穿插起吊。
(2)如图6-2-3b)所示,直接用钢丝绳捆绑。
(3)如图6-2-3c)所示,在腹板上预留孔穿过底板,用精扎螺纹钢穿过底板锚固起吊。
(4)如图6-2-3d)所示,在腹板上埋设吊环。

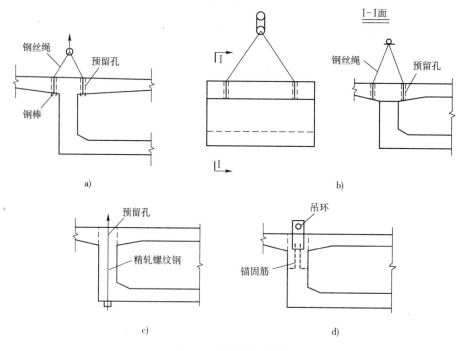

图6-2-3 梁体吊点布置图
a)钢丝绳与钢棒吊点;b)钢丝绳捆绑吊点;c)精轧螺纹钢吊点;d)吊环吊点

吊点设置应绝对可靠,考虑动载和冲击安全系数宜大于5。对图6-2-3a)、c)、d)三种设置方式,由于底板等自重经腹板传至吊点,腹板将承受拉力,应先张拉一部分腹板竖向预应力筋。为改善吊梁的受力状态,应尽量降低吊点的高度,宜采用如图6-2-4所示的连接吊具。

2.4 龙门吊机设置

龙门吊机一般用万能杆件或贝雷架组拼,结构形式诸多,视起吊重力、跨径及设备等因素而定。现场布置如图6-2-5所示。

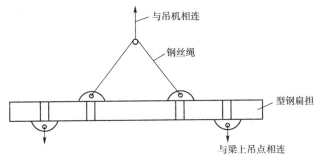

图6-2-4 连接吊具示意图

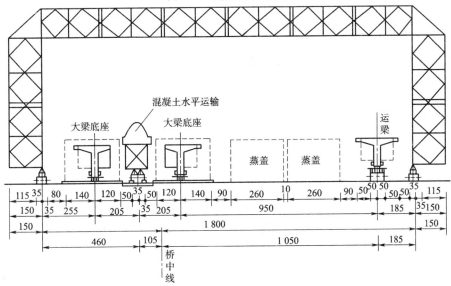

图6-2-5 龙门吊示意图(尺寸单位:cm)

龙门吊机现场组拼设计注意事项：

(1)计算荷载应考虑冲击力,取用最大荷载条件下的安全储备,确保设备及使用安全。

(2)龙门吊机为临时结构,为减少成本的投入,塔梁宜铰接。否则,因基础的沉降会使龙门结构严重扭曲以致损坏。

(3)考虑两塔柱因行走异步差值,因此设计应控制允许偏差,一般应取同步电机并设异步发生时的可转装置。

2.5 梁段存放

(1)吊运时梁段强度应不低于设计强度标准值的75%。

(2)一般宜单层放置,不得多于2层,且应防止梁段堆放的不合理受力。

(3)存梁宜用枕木支垫,梁面成水平搁置。

(4)梁段吊离台座后,应及时清除梁段上的隔离剂,以免影响拼合施工。

2.6 梁段整修

存放期间应做好以下准备：

(1)湿接缝两结合面必须凿毛,并修补预制缺陷。

(2)清洗铰接面隔离剂后,应将突出端面的混凝土凿平整,切忌沾染油污而影响树脂黏结。

（3）在铰接面涂上一层环氧浆液，浆液由 A、B 两种配料复合而成，A 配料由 6101 树脂、丙酮和三丁酯组成，其配比分别为 6.67:6.67:1，B 配料由无水乙二胺、水泥（填料）和三丁酯组成，其配比分别为 0.53:2:1（A、B 配料均以三丁酯为 1 单位计算），将分别调配好的 A、B 配料复合即成黏剂。

（4）检查各锚头垫板是否与预应力孔道垂直，否则应加焊楔形板纠正。

（5）检查相邻段孔道接头是否正位，错位超过允许偏差的要分别对两孔道各凿掉 1/2 偏差，直至满足穿束要求。

（6）压水检查孔道有无串孔。若有串孔时应对串孔进行有效补救。

①串孔较为严重的应压浆处理，即将串孔附近管道穿入比孔道小 2~3mm 胶管，留有 1~2 个孔道穿入钢管，压到各孔道沿胶管壁出浆为止。抽拔胶管。待水泥浆凝固后须再压水检查，如仍有串孔，应再补压浆直至不串孔为止。

②串孔不严重时，可用补孔专用工具蘸环氧树脂浆液沿孔壁来回涂抹，直至环氧浆液将孔壁裂缝封闭。

③面积较大的串孔，可先凿开患处，再用高强度混凝土或高强度水泥砂浆或环氧树脂砂浆，补浇时可用抽拔管或铁皮管作模成孔。

3　梁段运输

梁段运输有水、陆、栈桥及缆吊等各种形式。

缆吊运输应注意以下几点：

（1）非垂直起吊时，应加横移索。横移索连于吊点，不可连在其他部位。吊离地面或障碍物后，放松横移索恢复正位再拆除横移索。

（2）下坡时，应匀速放索，严禁飞车。

（3）吊运时严防碰撞和触及他物。

（4）应均匀下降，严禁松开制动放飞车和急落冲击损坏梁体。

（5）及时检查起吊索、牵引索，发现隐患应及时处理。用慢速卷扬机控制拉索。

（6）固定指挥、操作人员，指挥者应注视吊点。严禁吊物下站人和随吊带人。

梁体节段自预制底座上出坑后，一般先存放于存梁场，拼装时节段由存梁场移至桥位处的运输方式，一般可分为场内运输、装船和浮运三个阶段。

3.1　场内运输

当存梁场或预制台座布置在岸边，又有大型悬臂浮吊时，可用浮吊直接从存梁场或预制台座将节段吊放到运梁驳船上浮运。当预制底座垂直于河岸时，存梁场往往设于底座轴线的延长线上，此时，节段的出坑和运输一般由预制场上的龙门吊机担任，节段上船也可用预制场的龙门吊机。当预制底座平行于河岸时，场内运输应另备运梁平车进行。栈桥上也必须另设起重吊机，供吊运节段上船。节段的运输，当预制场与栈桥距离较远时，应首先考虑采用平车运输。起运前要将节段安放平稳，底面坡度不同的节段要使用不同厚度的楔形木来调整。节段用带有花篮螺丝的缆索保险。

当采用无转向架的运梁平车时，运输轨道不能设平曲线，纵坡一般应为平坡。当地形条件限制时，最大纵坡也不得大于 1%。下坡运行时，平车后部要用钢丝绳牵引保险，不得溜放。节段的起吊应该配有起重扁担。每块箱梁四个吊点，使用两个横扁担用两个吊钩起吊。如用一个主钩以人字千斤起吊时,还必须配一根纵向扁担以平衡水平分力。

3.2 装船

梁段装船在专用码头上进行。码头的主要设施是施工栈桥和节段装船吊机。栈桥的长度应保证在最低施工水位时驳船能进港起运,栈桥的高度要考虑在最高施工水位时栈桥主梁不应被水淹,栈桥宽度要考虑到运梁驳船两侧与栈桥之间需有不少于0.5m的安全距离。栈桥起重机的起重能力和主要尺寸(净高和跨度)应与预制场上的吊机相同。

3.3 浮运

浮运船只应根据节段质量和高度来选择,可采用铁驳船、坚固的木趸船、水泥驳船或用浮箱装配。为了保证浮运安全,应设法降低浮运重心。开口舱面的船应尽量将节段置于船舱底板。必须置放在甲板面上时,要在舱内压重。

节段的支垫应按底面坡度用碎石子堆成,满铺支垫或加设三角形垫木,以保证节段安放平稳。节段一般较大,还需以缆索将节段系紧固定。

4 悬臂拼装

4.1 悬拼方法

预制节段的悬臂拼装可根据现场布置和设备条件采用不同的方法来实现。当靠岸边的桥跨不高且可在陆地或便桥上施工时,可采用自行式吊车、门式吊车来拼装。对于河中桥孔,也可采用水上浮吊进行安装。如果桥墩很高,或水流湍急而不便在陆上、水上施工时,就可利用各种吊机进行高空悬拼施工。

4.1.1 悬臂吊机拼装法

悬臂吊机由纵向主桁架、横向起重桁架、锚固装置、平衡重、起重系、行走系和工作吊篮等部分组成,如图6-2-6所示。

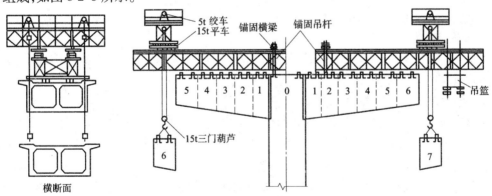

图6-2-6 悬臂吊机示意图

纵向主桁为吊机的主要承重结构,可由贝雷片、万能杆件、大型型钢等拼制。一般由若干桁片构成两组,用横向联结系联成整体,前后用两根横梁支承。

横向起重桁是供安装起重卷扬机直接吊起箱梁节段之用的构件。多采用贝雷架、万能杆件及型钢等拼配制作。纵向主桁的外荷载就是通过横向起重桁传递给它的。横向起重桁支承在轨道平车上,轨道平车搁置于铺设在纵向主桁上弦的轨道上,起重卷扬机安置在横向起重桁上弦。

图6-2-7为贝雷桁架拼装悬拼吊机拼梁段示意图。

4.1.2 连续桁架(闸式吊机)拼装法

连续桁架悬拼施工可分移动式和固定式两类。移动式连续桁架的长度大于桥的最大跨径,桁架支承在已拼装完成的梁段和待拼墩顶上,由吊车在桁架上移运节段进行悬臂拼装。固定式连续桁架的支点均设在桥墩上,而不增加梁段的施工荷载。

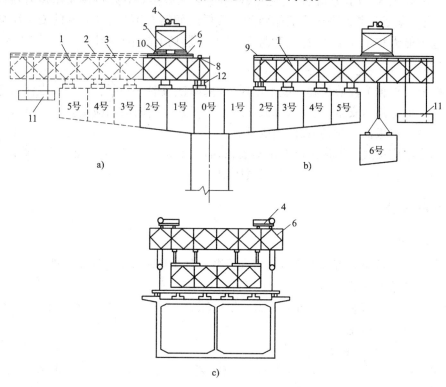

图 6-2-7 贝雷桁架拼装悬拼吊机拼梁段示意图

1-吊机桁梁;2-钢轨;3-枕木;4-卷扬机;5-撑架;6-横向桁梁;7-平车;8-锚固吊环;9-工字钢;10-平车之间用角钢联结成整体;11-工作吊篮;12-锚杆

图 6-2-8 表示移动式连续桁架,其长度大于两个跨度,有三个支点。这种吊机每移动一次可以同时拼装两孔桥跨结构。

4.1.3 缆索起重机(缆吊)拼装法

缆吊无须考虑桥位状况,且吊运结合,机动灵活,作业空间大,在一定设计范围内缆吊几乎可以负责从下部到上部,从此岸到彼岸的施工作业,因此缆吊的利用率和工作效率很高。其缺点是一次性投入大,设计跨度和起吊能力有限,一般起吊能力不宜大于500kN,而一般混凝土预制梁段的重力多达500kN,目前我国使用缆吊悬拼连续梁都是由两个独立单箱单室并列组合的桥型,为了充分利用缆吊的空间特性,特将预制场及存梁区布设在缆吊作用面内。缆吊进行拼合作业时增加风缆和临时手拉葫芦,以控制梁段即位的精度。缆机运吊结合的优势,大大缩短了采用其他运吊方式所需的转运时间,可以将梁段从预制场直接吊至悬拼结合面。施工速度可达日拼2个作业面4段,甚至可达3个作业面6段。

图 6-2-9 为缆索起重机塔柱图。

缆吊悬拼可采用伸臂吊机、缆索吊机、龙门吊机、人字扒杆、汽车吊、履带吊、浮吊等起重机进行拼装。根据吊机的类型和桥孔处具体条件的不同,吊机可以支承在墩柱上、已拼好的梁段上或处在栈桥上、桥孔下。

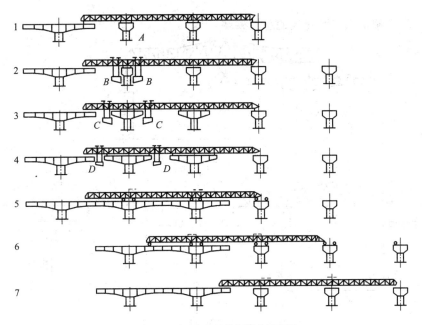

图 6-2-8 移动式连续桁架拼装示意图

不管是利用现有起重设备或专门制作,悬臂吊机需满足如下要求:

① 起重能力能满足起吊最大节段的需要;

② 吊机便于作纵向移动,移动后又能固定于一个拼装位置;

③ 吊机处在一个位置上进行拼装时,能方便地起吊节段作竖向提升和纵、横向移动,以便调整节段拼装位置;

④ 吊机的结构尽量简单,便于装拆。

4.1.4 移动式导梁悬拼

这种施工方法需要设计一套比桥跨略长的可移动式导梁,如图 6-2-10 所示。安装在悬拼工作位置,梁段沿已拼梁面运抵导梁旁,由导梁运到拼装位置用预应力拼合在悬臂端上。导梁设有两对固定支架。一对在导梁后面,另一对设在中间,梁段可以从支柱中间通过。导梁前端有一个活动支柱,使导梁在下一个桥墩上能形成支点。导梁下弦杆用来铺设轨道以支承运梁平车。平车可使梁段水平和垂直移动,同时还能使其转动 90°。施工可分三阶段进行。

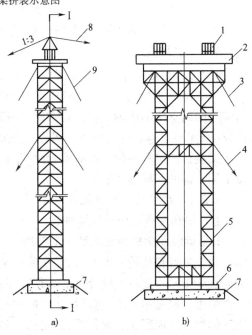

图 6-2-9 缆索起重机塔柱示意图
a) 正面图;b) I-I 剖面图
1-索鞍;2-型钢;3、4-八字风揽;5-万能杆件墩柱;
6-铰接;7-基础;8-主索;9-风揽

(1) 吊装墩顶梁段。导梁放在三个支点上,即后支架上,靠近已悬拼端头的中支架和借助临时支柱而与装在下一桥前方的前支柱相接成第三支点。

(2) 导梁前移。通过后支架的滚动和前支架的滑轮装置,使导梁向前移动。

(3) 吊装其他梁段。拼装其他梁段时,导梁由后支架和中间支架支承。中间支架锚固在墩顶梁段上,后支架锚固在已建成的悬臂梁端。

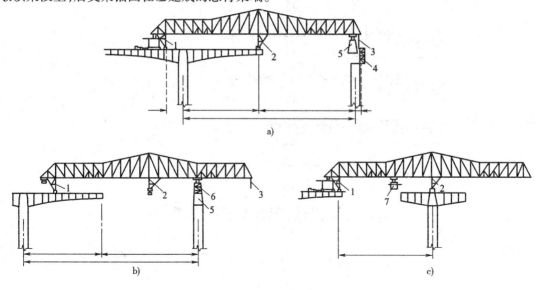

图 6-2-10 导梁悬拼梁段示意图
a)吊装中间梁段;b)导梁移至前方桥墩;c)吊装其他梁段
1-后支架;2-中支架;3-临时前支架;4-支柱;5-墩顶梁段;6-临时支架;7-移梁段小车

4.2 拼装施工

4.2.1 支座临时固结或设置临时支架

为了确保连续梁分段悬拼施工的平衡和稳定,常与悬浇方法相同,将T构支座临时固结。当临时固结支座不能满足悬拼要求时,一般考虑在墩两侧或一侧加临时支架。悬拼完成,T构合龙(合龙要点与悬浇相同),即可恢复原状,拆除支架。

梁段拼装过程中的接缝有湿接缝、干接缝和胶接缝等几种。不同的施工阶段和不同的部位采用不同的接缝形式。

4.2.2 接缝处理和拼装程序

1号块和调整块用湿接缝拼装

1号梁段即墩柱两侧的第一个节段,一般与墩柱上的0号块以湿接缝相接。1号块是T形刚构两侧悬臂箱梁的基准节段,是全跨安装质量的关键。T构悬拼施工时,防止上翘和下挠的关键在于1号块定位准确,因此,必须采用各种定位方法确保1号块定位的精度。定位后的1号块可由吊机悬吊支承,也可用下面的临时托架支承。为便于进行接缝处管道接头操作、接头钢筋的焊接和混凝土振捣作业,湿接缝一般宽0.1~0.2m。

1号节梁段拼装和湿接缝处理的程序如图6-2-11所示。

跨度大的T形刚构桥,由于悬臂很长,往往在伸臂中部设置一道现浇箱梁横隔板,同时设置一道湿接缝。这道湿接缝除了能增加箱梁的结构刚度外,也可以调整拼装位置;在拼装过程中,如拼装上翘的误差很大,难以用其他办法补救时,也可以增设一道湿接缝来调整。但应注意,增设的湿接缝宽度必须用凿打节段端面的办法来提供。

1号梁段安装的允许偏差见《公路桥涵施工技术规范》(JTG/T F50—2011)的规定。

湿接缝铁皮管的对接,是一项施工工艺很高且很复杂的技术。在对接中往往不易处理,常会出现铁皮管长度、直径与接缝宽度不相称,预留管道位置不准确,管孔串浆、排气的三通铁皮管错乱等现象。施工时应特别注意以上特点。

4.2.3 其他节段用胶接缝或干接缝拼装

其他梁段吊上并基本定位后(此时接缝宽约10~15cm),先将临时预应力筋穿入,安好连接器,再开始涂胶及合龙,张拉临时预应力筋,使固化前胶接缝的压应力不低于0.3MPa,这时可解除吊钩。胶接缝拼装梁段程序如图6-2-12所示。

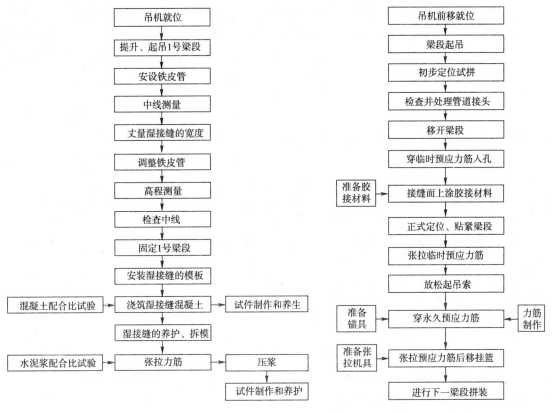

图6-2-11　1号梁段湿接缝拼装程序　　　　图6-2-12　胶接缝拼装梁段程序

4.2.4 环氧树脂胶

节段接缝采用环氧树脂胶,厚度1.0mm左右。环氧树脂胶接缝可使节段连接密贴,可提高结构抗剪能力、整体刚度和不透水性。一般不宜采用干接缝。干接缝节段密贴性差,接缝中水气浸入导致钢筋锈蚀。

环氧树脂胶的配方应通过试验决定,并随化学工业的迅猛发展,产品换代,应及时做市场调查,采用性能最好的产品。环氧树脂胶由环氧树脂、固化剂、增塑剂、稀释剂、填料等组成。填料一般用高强度等级水泥、洁净干燥砂。

一般对接缝混凝上面先涂底层环氧树脂底胶(环氧树脂底层胶由环氧树脂、固化剂、稀释剂按试验决定比例调配)然后再涂加入填料的环氧树脂胶。环氧树脂胶随用随配调制。

4.3 穿束及张拉

4.3.1 穿束

T形刚构桥纵向预应力钢筋的布置有两个特点:①较多集中于顶板部位。②钢束布置对称于桥墩。因此拼装每一对对称于桥墩节段用的预应力钢丝束,均须按锚固该对节段所需长度下料。

明槽钢丝束通常为等间距排列,锚固在顶板加厚的部分(这种板俗称"锯齿板")。加厚部

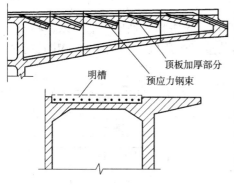

图 6-2-13 明槽钢丝束布置图

分预制时留有管道如图 6-2-13 所示。穿束时先将钢丝束在明槽内摆放平顺,然后再分别将钢丝束穿入两端管道之内。钢丝束在管道两头伸出长度要相等。

暗管穿束比明槽难度大。经验表明,60m 以下的钢丝束穿束一般均可采用人工推送。较长钢丝束穿入端,可点焊成箭头状缠裹黑胶布。60m 以上的长束穿束时可先从孔道中插入一根钢丝与钢丝束引丝连接,然后一端以卷扬机牵引,一端以人工送入。

4.3.2 张拉

钢丝束张拉前要首先确定合理的张拉次序,以保证箱梁在张拉过程中每批张拉合力都接近于该断面钢丝束总拉力重心处。

钢丝束张拉次序的确定与箱梁横断面形式、同时工作的千斤顶数量、是否设置临时张拉系统等因素关系很大。在一般情况下,纵向预应力钢丝束的张拉次序按以下原则确定:

(1) 对称于箱梁中轴线,钢束两端同时成对张拉;
(2) 先张拉肋束,后张拉板束;
(3) 肋束的张拉次序是先张拉边肋,后张拉中肋(若横断面为三根肋,仅有两对千斤顶时);
(4) 同一肋上的钢丝束先张拉下边的,后张拉上边的;
(5) 板束的次序是先张拉顶板中部的,后张拉边部的。

4.4 压浆

管道压浆的目的是为了保证预应力筋不受腐蚀。目前的工艺是先用高压水检查管道的畅通、匹配面的密贴情况以及封端情况后再进行正式压浆,直到出浆口出浓浆。封闭出浆口持压几分钟,以保证水泥浆尽量充满管道。

压浆是在局部封锚后进行的,尚未进行封端,封锚水泥砂浆极易收缩开裂,造成压浆时漏浆,直接影响持压效果;且水泥浆在管道内会产生收缩,使压浆质量难以控制。故除了保证封端质量外,若在水泥浆中加入适量微膨胀剂,选取合适的配合比,则既能使压浆工作能顺利进行,又能使凝固后的水泥浆尽量充满管道,尽可能地排出管道内的水和空气,避免力筋受蚀。

值得提出的是,在正式压浆前,必须检查管道畅通及渗漏情况,在压浆时,若从一端压不通,须及时处理,不得从另一端补压了事。

5 预应力悬臂桁架梁的悬拼

预应力悬臂桁架梁和桁架 T 构具有与箱梁 T 构桥基本相同的特点。不同的是因 T 形单元的悬臂由桁架构件组成,结构自重较小,耗钢较少,跨越能力较大,施工时拼装构件划分方案较多,悬拼方法更易适应不同吊装能力和进度的要求。

5.1 纵向分块和拼装方案

5.1.1 杆件拼装

当跨径较大时,桁架的单根杆件重力就较大,尤其是靠近根部节间的上弦和下弦特别重而且大,故可按杆件分别预制,然后拼装成整体。这时一般采用斜拉杆式桁架,拼装顺序如图 6-2-14 所示。这种分块和拼装方式,在国外采用时一般先将结点做成临时铰,以便在拼装过程中调整悬臂挠度和消除杆端恒载次应力。完工前将结点铰封死。

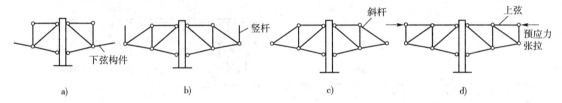

图 6-2-14　安杆件分块时拼装示意图
a)吊装下弦;b)竖杆;c)安装斜杆;d)吊装上弦杆施加预应力

5.1.2　三角形节段拼装

将每一节间的下弦、斜杆和前竖杆(或前斜杆)预制成三角形构件,上弦杆预制成单独构件。这时一般采用斜压杆式或三角形式桁架,拼装顺序如图 6-2-15 所示。古巴扎扎河桥则是先将所有三角形节段用钢索悬挂拼出,然后现浇上弦杆和桥面板,最后统一张拉上弦预应力索。

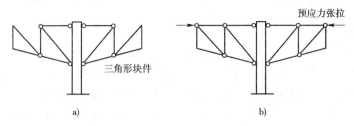

图 6-2-15　按三角形分块的拼装示意图
a)吊装三角形块体;b)吊装上弦杆施加预应力

5.1.3　节间节段拼装

将桁架片沿竖杆中线分割,预制构件呈四边形如图 6-2-16 所示。这时适宜采用斜压杆式桁架。

拼装时将节段沿拼接缝涂胶合龙后即可进行预应力张拉。

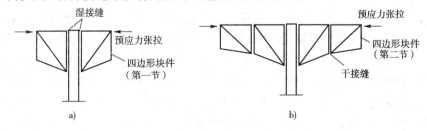

图 6-2-16　按节间分块的拼装示意图
a)拼装第一节块件;b)拼装第二节块件

5.1.4　桁架节段拼装

将桁架分成若干段,每段包含一个以上的节间,沿竖杆中线分割或沿结点附近杆段上分割,进行节段预制和拼装如图 6-2-17 所示。

以上四种方案中,后两种主要在国内建造的桥梁上采用。国外在一座桥上往往仅采用一种分块和拼装方式,国内则多采用两种以上的分块拼装方案,湖北黄陵矶大桥主孔的两个 T 形单元的根部节间由上弦构件和三角形构件组成,拼装时构件由悬臂吊机临时支承,定位后处理湿接缝如图 6-2-18 所示。第二和第三节间分别为一个节段,其后是包含两个节间的节段,再后是包含两个节间和端牛腿的节段。

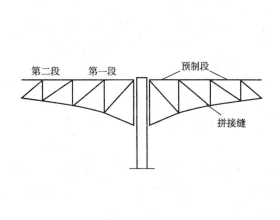 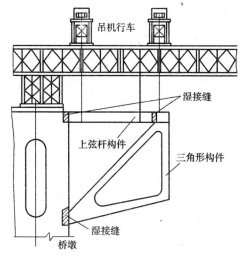

图 6-2-17 按节段分块的拼装示意图　　图 6-2-18 第一节拼装定位后湿接缝处理示意图

5.2 横向组拼方式

在桥的横断面方向上,也有不同的组成方式。有由两片以上平行的桁架片节段用横向联结系联成整体后再拼装的,也有各片节段挨次平行拼装然后用横向联结系构件联成整体的,也有在拼装的过程中将上、下弦分别横向联成整体的板而腹杆采用较细的构件。

预应力悬臂桁架梁利用布置在上弦构件的预应力筋(束)悬拼。预应力筋(束)一般为明槽筋(束)。构件之间的接缝或接头除根部第一节间与墩顶间采用湿接缝定位外,其他一般为胶接缝。需调整悬拼挠度时也可设湿接缝。调整挠度处理方法与箱梁T构同。

预应力桁架T构悬拼用的吊机设备种类也与预应力箱梁T构悬拼时相同。

6 合龙段施工

用悬臂施工法建造的连续刚构桥、连续梁桥和悬臂桁架拱,则需在跨中将悬臂端刚性连接、整体合龙。这时合龙段的施工常采用现浇和拼装两种方法。现浇合龙段预留 1.5~2.0m,在主梁高程调整后,现场浇筑混凝土合龙,再张拉预应力索筋,将梁连成整体。节段拼装合龙对预制和拼装的精度要求较高,但工序简单,施工速度快。箱梁T构在跨中合龙时初期常用剪力铰,使悬臂能相对位移和转动,但挠度连续。现在箱梁T构和桁架T构的跨中多用挂梁连接。但需注意安装过程中对两边悬臂加荷的均衡性问题,以免墩柱受到过大的不均衡力矩。均衡有两种方法:①采用平衡重;②采用两悬臂端部分分批交替架梁,以尽量减少墩柱所受的不平衡力矩。

7 施工控制

7.1 悬拼质量控制

7.1.1 预制场测量

建立基准三角网,选用平行于桥轴线的一直线作为控制中线,在预制场台座外控制中线放样。在梁段预制后,移运前,用控制中线在顶面上放出梁中线,并用最大的可能间距放出两条与中线垂直的横线。并在横线上测量4个固定点(每根横线取2个点)的高程,测定记录横线间距及4点高程值,供安装时使用。

7.1.2 中线控制

悬拼时梁段的中线可能因为平面位移与平面转角而产生误差,为减小平面位移误差的叠加和传递,安装时可通过中线适当错位纠正。每次错位调节小于3mm为宜。

转角误差因梁段一般较短,中线上难以反映,可测量两梁段上横线是否平行判断。转角容许误差由合龙中线最大偏差确定。加以调整的办法是在一侧的腹板加垫金属板或刷厚环氧树脂。

7.1.3 梁的高程控制

梁应按修正后的设计高程控制,修正后的高程已计入预制梁高误差(被测点梁的高度及混凝土的高低不平误差)。

施工时,影响梁高程的因素较多:预制梁高误差、梁自重误差、临时荷载、安装时立面转角及预应力筋张拉误差等。

梁自重误差一般在±4%内,可不计其影响。混凝土徐变因总的悬拼时间短,预制时间长,在施工期内亦可不计。临时荷载由施工控制。预应力筋张拉引起的高程变化可通过计算求得,根据影响的大小决定是否修正。

7.1.4 悬拼的质量控制

(1) 梁段安装的主要允许偏差

①中线平面位置:±10mm;
②平面转角:±1°/m;
③高程:±10mm;
④立面转角:±1°/m;
⑤扭转:±10mm;
⑥湿接缝后第一梁段中线:±2mm;
⑦湿接缝后第一梁段顶面高程:±2mm。

(2) 悬臂合龙的主要允许偏差

①悬臂合龙的中线:±50mm;
②悬臂合龙的相对高程:±50mm。

7.2 悬拼线形控制

悬拼的各梁段连接后梁顶或梁底中心的连线称为梁顶或梁底的线形,相关的预拱度计算和施工控制测量工作即称为线形控制。桥梁的线形不顺,首先有损外观;如线形控制不严,合龙段有不允许的高差,将影响穿束工作,且增大钢束张拉阻力;桥中线误差,将增大梁的扭矩。桥的跨度越大,线形控制的重要性就越趋突出。

要控制好线形,应该把握以下环节。

7.2.1 节段预制

当采用长线法预制节段时,台座可按半个"T"或整个"T"制作。台座的基础须按一定的允许承载力设计,避免制梁时台座的沉降影响预制线形。台座的底模高程应是可调的,以便制梁时进行必要的高程(梁底线形)调整。应对台座高程进行精确测量。

7.2.2 正确计算线形高程

根据设计图、施工组织设计及预制线形,可以得到预计的各种计算参数值,并提前进行预拱度及挠度的理论计算,得到各节段块制造与施工安装高程。节段预制完以后,需称重,比较实际质量与设计质量,确定梁体自重误差对悬拼线形的影响。在计算高程时,要注意连续梁一般是逐孔逐跨推进式施工,在确定后一节段的施工安装高程前,须考虑前一节段的高程,因其高程会受到相邻节段张拉合龙跨底板束等的影响,张拉底板束时,悬臂前端高程会减少。

7.2.3 正确测量,总结规律

在每一节段梁定位前后都要对线形(高程、中线)等进行精确测量,及时汇集监控数据并进行分析,总结规律,为下一节段悬拼控制提供参数,以便调整其控制高程。测量最好定时进行(以早晨为好),以减少温度影响。因为箱梁受日照影响,沿梁高或上、下游的温度梯度是非线性的,若不定时、适时测量,如测量时的温差太大,会引起悬臂的温差变形,测量数据可能会对施工产生误导作用。

7.2.4 控制 1 号块线形

悬拼法施工的 0 号块一般是在墩顶灌注。1 号块以后的节段是在地面上用长线法预制。1 号块位于悬臂的根部,其他块在其延长线上,它的安装精度对以后的悬拼线形影响极大。0 号块与 1 号块之间采用湿接头是十分必要的,有利于精确控制 1 号块的线形。安装中主要通过调整 1 号块的安装线形进行线形的调整,必须严格控制其高程、中线的位置,尽量减少悬拼时的纠偏工作。

7.2.5 线形调整

由于各种原因,实际线形总是偏离设计线形,要求安装时随时调整。调整分两种:一是根据已安装 T 构实测资料,修正 1 号块的安装高程;另一种是 1 号块以后的纠偏。纠偏工作必须及时进行,因为对采用长线法预制的拼装块只能作微量纠偏,且若不及时纠偏,线形误差会越来越大,造成纠偏困难,且不易保证接合面的质量。纠偏可采用以下措施:

(1)垫铜片或石棉网。使节段块向有利方向偏转。石棉网经环氧树脂净浆浸透,以便粘贴。宽度在 10cm 左右,以控制最大预留缝的胶量和厚度的均匀性;厚度可根据计算求得,一次调整石棉网厚度不宜大于 5mm。

(2)利用临时张拉束。临时张拉可采取张拉一部分力筋,或在箱梁内壁设置临时张拉齿块。在各临时张拉束上施加不同的力,挤出匹配面上多余的环氧树脂胶泥,也可以达到纠偏的目的。实践证明,其操作相对方便,效果也较明显。纠偏时,一次不宜太多,不仅要注意安装块的中心线与高程,更要注意其倾斜度,使纠偏工作顺利进行,避免反复纠偏,以确保合龙段的中心线与高程的精确性。

情境 7　圬工和钢筋混凝土拱桥施工

任务 1　石拱桥的施工材料

学习目标

1. 砌体材料的一般要求；
2. 小石子混凝土的技术要求。

任务描述

圬工拱桥的施工中，材料的选择应满足设计和施工有关规范的要求，以保证结构的质量。

学习引导

本任务按以下进程学习：

| 砌体材料的一般要求 | → | 小石子混凝土的技术要求 |

1　砌体材料的一般要求

拱桥材料的选择应满足设计和施工有关规范的要求。对于石拱桥，石料的准备（包括开采、加工和运输等）是决定施工进度的一个重要环节，也在很大程度上影响石拱桥的造价和质量。对石拱桥砌体材料（石料、砂浆、小石子混凝土）的质量要求如下：

1.1　石料的要求

（1）石料应符合设计规定的类别和强度，石质应均匀、不易风化、无裂纹。

（2）平均气温低于 -10℃的地区，除干旱地区不受冰冻部位或根据以往实践经验证明材料确有足够抗冻性者外，所用石料及混凝土材料须通过冻融试验证明符合抗冻性指标时，方可使用。

（3）片石。一般指用爆破或楔劈法开采的石块，厚度不应小于 150mm（卵形和薄片者不得采用）。用作镶面的片石，应选择表面较平整、尺寸较大者，并应稍加修整。

（4）块石。形状应大致方正，上下面大致平整，厚度 200～300mm，宽度为厚度的 1.0～1.5 倍，长度为厚度的 1.5～3.0 倍（如有锋棱锐角，应敲除）。块石用作镶面时，其加工形状及要求如图 7-1-1 所示。

（5）粗料石。是由岩层或大块石料开劈并经粗略修凿而成，外形应方正，成六面体，厚度 200～300mm，宽度为厚度的 1～1.5 倍，长度为厚度的 2.5～4 倍，表面凹陷深度不大于 20mm。加工镶面粗料石时，加工形状及要求如图 7-1-2 所示。

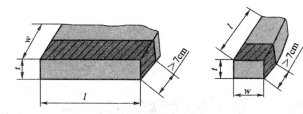

图 7-1-1 镶面块石
w-宽度;t-厚度;l-长度

(6)拱石。可根据设计采用粗料石、块石或片石;拱石应立纹破料,岩层面应与拱轴垂直,各排拱石沿拱圈内弧的厚度应一致。用粗料石砌筑曲线半径较小的拱圈,辐射缝上下宽度相差超过30%时,宜将粗料石加工成如图7-1-3所示的楔形,其具体尺寸可根据设计及施工条件确定,但应符合下列规定:

①厚度 t_1 不应小于200mm,t_2 按设计或施工放样确定;
②高度 h 应为最小厚度 t_1 的1.2~2.0倍;
③长度 l 应为最小厚度 t_1 的2.5~4.0倍。

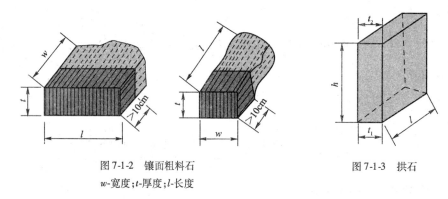

图 7-1-2 镶面粗料石　　　　　　　　图 7-1-3 拱石
w-宽度;t-厚度;l-长度

(7)桥涵附属工程采用卵石代替片石时,其石质及规格须符合片石规定。

1.2 砂浆的技术要求

(1)砌筑用砂浆的类别和强度等级应符合设计规定。

(2)砂浆中所用水泥、砂、水等材料的质量标准宜符合混凝土工程相应材料的质量标准。

(3)石灰水泥砂浆所用生石灰应成分纯正,煅烧均匀、透彻。生石灰及消石灰粉的技术指标应符合《建筑生石灰》(JC/T 479—2013)。

(4)砂浆的配合比可通过试验确定,可采用质量比或体积比,并应满足规范中技术条件的要求。当变更砂浆的组成材料时,其配合比应重新试验确定。

(5)砂浆必须具有良好的和易性,其稠度以标准圆锥体沉入度表示,用于石砌体时宜为50~70mm,气温较高时可适当增大。

(6)为改善水泥砂浆的和易性,可掺入无机塑化剂或以皂化松香为主要成分的微沫剂等有机塑化剂,其掺量可参照生产厂家的规定并通过试验确定,一般为水泥用量的0.5/10 000~1.0/10 000(微沫剂按100%纯度计)。

(7)砂浆配制应采用质量比,砂浆应随拌随用,保持适宜的稠度,一般宜在3~4h内使用完毕;气温超过30℃时,宜在2~3h内使用完毕。

2 小石子混凝土的技术要求

(1)小石子混凝土的配合比设计、材料规格和质量检验标准,应符合《公路桥涵施工技术规范》(JTG/T F50—2011)的有关规定。

(2)小石子混凝土的粗集料可采用细卵石或碎石,最大粒径不宜大于20mm。

(3)小石子混凝土拌和物应具有良好的和易性,坍落度宜为50~70mm(片石砌体)或70~100mm(块石砌体)。为改善小石子混凝土拌和物的和易性,节约水泥,可通过试验,在拌和物中掺入一定数量的减水剂等外加剂或粉煤灰等混合材料。

任务2 拱圈的砌筑方法和工艺

学习目标

1. 石拱桥拱圈放样及拱架构造;
2. 砌筑方法;
3. 砌筑工艺;
4. 拱圈合龙。

任务描述

拱圈的砌筑方法和施工工艺的选择,直接影响到拱桥的施工进度和施工质量,必须合理选择施工方法。采用有支架施工的石拱桥,其上部结构施工程序可分为拱圈放样、拱架搭设、拱圈和拱上建筑砌筑以及拱架卸落等工序。

学习引导

本任务按以下进程学习:

石拱桥拱圈放样及拱架构造 → 砌筑方法及工艺 → 拱圈合龙

1 石拱桥拱圈放样及拱架构造

1.1 拱圈放样

拱圈是拱桥的主要承重部分,它的各部尺寸必须和设计图纸严密吻合。为了做到这一点,最可靠的方法是按照设计图纸先在地上放出1:1的拱圈大样,然后按照大样制作拱架、制作拱块样片。

1.1.1 放样台制作

放样工作必须在平整、不积水(有3%~5%的单向坡)且坚实的样台上进行,才能准确。

1.1.2 放样方法

1.1.2.1 圆弧拱圈放样方法——圆心推磨法(图7-2-1)

(1)在样台上用经纬仪放出 x-x、y-y 坐标系轴线;

(2)用校正好的钢尺在 y 轴上方量出 f_0,在 y 轴下方量出 $R-f_0$ 得 O' 点;

(3)以 O' 点为圆心,R 为半径画弧交 x 轴于 a、b 两点,则 ab 弧即为圆弧拱之拱腹线,并用钢尺校核 ab 弧是否与 L_0 值相等;

(4)以 O' 点为圆心,$R+d$ 为半径画弧交 $O'a$、$O'b$ 延长线于 c、d 两点,则 cd 弧即为圆弧拱之拱背线,如图 7-2-1 所示。

1.1.2.2 悬链线拱圈放样方法——直角坐标法

(1)在样台上,以拱顶为坐标原点,用经纬仪放出 x-x 和 y-y 两轴线和 AA、BB、CC、DD 等辅助线,并校核诸四边形对角线是否相等;

(2)沿 x 轴方向将半跨进行 12 等分,画出 12 个大小一致的矩形;

(3)在矩形的 y 轴方向量出拱腹、拱轴、拱背坐标,用铁钉或油漆标出;

(4)用 $\phi 6 \sim \phi 8$ 钢筋将拱腹、拱轴、拱背各点圆滑地连接成弧线,如图 7-2-2 所示。

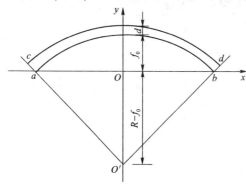

图 7-2-1 圆心推磨法

图 7-2-2 直角坐标法

1.2 拱石放样与编号

1.2.1 正拱石放样与编号

拱圈的弧线画好后,可划分拱石。拱石宽度通常以 300～400mm 较为合适。

灰缝宽度一般在 10～20mm 之间,灰缝过宽,将降低砌体强度,增加灰浆用量;灰缝过窄,灰浆不易灌注饱满,影响砌体质量。

根据确定的拱石宽度和灰缝宽度,即可沿拱圈内弧用钢尺定出每一灰缝中点,再经此点顺相应的内弧半径方向画线,即可定出外弧线上的灰缝中点。连内外弧灰缝中点,垂直此线向两边各量出缝宽一半画线,即得灰缝边线。然后根据要求的高度和错缝长度可划分全部拱石。

拱石划分后应立即编号,如图 7-2-3a)所示。拱石编号后,还要依样台上的拱石尺寸作成样板,如图 7-2-3b)所示,写明各边尺寸、号码、长度、块数。样板可用木板或镀锌铁皮制成。

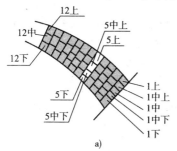

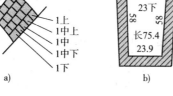

当用片石、块石砌筑时,石料的加工程序大为简化,无须制作样板和按样板加工,只需对所开采的石料进行挑选,将较好的留作砌筑拱圈,并在安砌时稍加修凿。

1.2.2 斜拱石放样与编号

拱圈的弧线画好后,可划分拱石,确定斜拱石尺寸,其步骤如图 7-2-4 所示。斜拱石见图 7-2-5。

图 7-2-3 正拱石编号及样板
a)拱石编号;b)拱石样板

1.3 拱架

拱架是拱桥在施工期间用来支承拱圈,保

证拱圈能符合设计形状的临时构造物。因此,拱架不仅应具有足够的强度、刚度和稳定性,同时还应符合构造简单、施工方便的要求。

拱架按所用材料不同可分为木拱架、钢拱架和土牛拱胎,按形式不同又可分为满布式拱架、拱式拱架等。

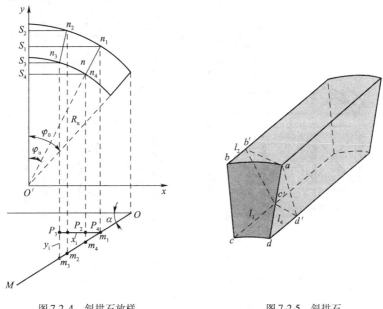

图 7-2-4 斜拱石放样　　　　　　图 7-2-5 斜拱石

1.3.1 木拱架

木拱架目前在木材产地或木材供应充足地区的中小跨径拱桥施工中应用也很普遍,这是因为它一次性投资少,制作和安装方便。木拱架的缺点是需要耗费大量木材。

1.3.1.1 满布式拱架

满布式拱架是由拱架上部、拱架下部和卸架设备(木楔或砂筒)三部分组成。

拱架上部包括模板、横梁、弓形木、斜撑、立柱和大梁等。并由弓形木、斜撑、立柱和大梁组成拱形桁架,其形式有柱式、斜撑式和小扇形式等。拱架下部(或称支架)一般由帽木、立柱、夹木和基础组成。根据支架形式的不同,满布式拱架可分为排架式和斜撑式两种。

(1)排架式满布拱架是由立柱组成排架作支架。立柱支于桁架结点下面,柱间用纵横水平夹木和斜夹木连接。支架的基础要求坚实牢靠,常采用地枕木或桩基。如图 7-2-6 所示。

排架式满布拱架的优点是刚度大、稳定可靠、构造简单、制作容易,在跨中设置支撑不困难的情况下,应用较普遍。其缺点是木料用量较多,在水深、流急、漂浮物多及在施工期间需要通航的河流上不能采用这种拱架。

(2)斜撑式满布拱架是由相邻几组立柱支架组成框式支架作为中间支点,在两框式支架间用八字斜撑(或人字撑)支撑拱架上部。框架可支于桩木或临时墩上如图 7-2-7 所示。

斜撑式满布拱架的优点是适用于高大桥孔,与排架式拱架比较,不仅节省木料,而且能在桥孔下留出较大的净空排洪和通航。其缺点是支架构造复杂,高度较大,稳定性较差,除纵横联系外,还要设置抗风缆索。

1.3.1.2 拱式拱架

拱式拱架常用的形式有夹合木拱架和三铰桁式木拱架等。拱式拱架跨中一般不设支架,适用于墩高、水深、流急和在施工期间需要维持通航的河流。

(1)夹合木拱架。夹合木拱架是用多层木板叠合后用夹具夹紧制成,每块木板的长度为3～4m,厚度为20～40mm。上下层拼接点要互相错开,使每一截面只有一层拼接。板面不要刨光,以增加木板间的摩擦力。夹具用两块角钢($\angle 60\times 6$)和两根螺栓。

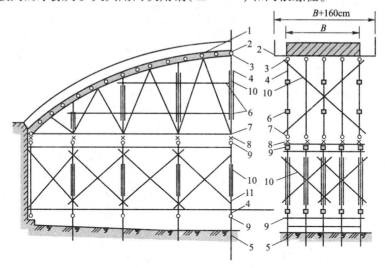

图 7-2-6 排架式满布拱架
1-模板;2-横梁;3-弓形木;4-立柱;5-桩;6-水平夹木;7-大梁;8-卸架设备;9-帽木;10-横向夹木;11-纵向夹木

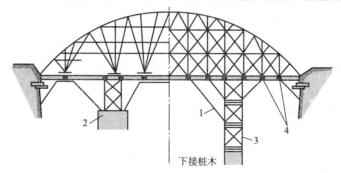

图 7-2-7 斜撑式满布拱架
1-斜撑;2-临时墩;3-框式支架;4-卸架设备

(2)三铰桁式木拱架。三铰桁式木拱架是用两片对称弓形桁架在拱顶拼接而成,两端直接支承在墩台所挑出的牛腿上或紧贴墩台的临时排架上。结构形式按腹杆的布置有 N 形、V 形,如图 7-2-8 所示。

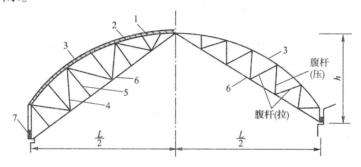

图 7-2-8 三铰式拱架
1-模板;2-横梁;3-上弦;4-斜杆;5-竖杆;6-下弦;7-垫块

1.3.2 钢拱架

钢拱架有多种类型,使用广泛。其优点是不仅能节约大量木材,而且装拆及运输都很方便。虽然用钢量多,一次投资费用大,但能多次重复使用,每次使用的折旧率低,因此,钢拱架仍比木拱架经济得多。钢拱架的主要缺点是弹性变形和由温度引起的变形都比木拱架大,且钢拱架和拱圈的线膨胀系数不相等,若拱圈分段的空缝位置设置不当,当温度变化较大时,容易使拱圈发生裂缝。

1.3.2.1 工字梁钢拱架

工字梁钢拱架分为中间有木支架的钢木组合拱架和中间无木支架的活用钢拱架两种。

(1)钢木组合拱架。钢木组合拱架是在木支架上用工字钢代替木斜梁,上垫弓形木形成拱模弧线。但在工字梁接头处应适当留出间隙,以防拱架沉落时顶死,如图7-2-9所示。

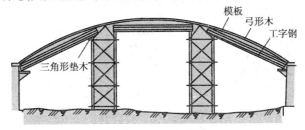

图 7-2-9 钢木组合拱架

(2)活用钢拱架。工字梁活用钢拱架是由几根直线形的工字钢连接而成的折线形拱架。它是由基本节、楔形插节、拱顶铰及拱脚铰等基本构件组成。接头采用铆接、栓接或焊接。

1.3.2.2 钢桁架拱架

当跨径很大时,可做成拼装式桁架型钢拱架,它是由标准节段、拱顶段、拱脚段和连接杆等以钢销或螺栓连接而成。其优点是可采用常备式构件(又称万能杆件),在现场拼装,适应性强,运输安装方便。

1.3.3 土牛拱胎

土牛拱胎是在桥下用土或砂、卵石填筑一个土胎(俗称土牛),并将其顶面做成与拱圈腹面相适应的曲面,然后在上面砌筑拱圈,待砌筑完成后将填土清除。土牛拱胎的优点是施工方法简单,可就地取材,节约木料。其缺点是耗费劳力较多;施工期间妨碍泄洪;水土流失,不利于环境保护。土牛适用于缺乏木材和钢材及少雨地区。

1.4 卸架设备

为了使拱圈在卸架时能够逐渐地、均匀地受力,在拱架上部和下部之间需设置卸架设备。常用的卸架设备有木楔和砂筒两种。

1.4.1 木楔

木楔有简单木楔和组合木楔等不同构造,如图7-2-10所示。

简单木楔是用两块斜面为1:6~1:10的硬木楔内涂以润滑剂制成。它的构造简单,但降落不均匀,常用于跨径小于10m的满布式拱架如图7-2-10a)所示。也可用两块斜面为1:4的硬楔和装在正交方向上斜面为1:20的两片小木楔组成。以控制楔块向下滑动的速度。常用于跨径在30m以下的满布式拱架如图7-2-10b)所示。组合木楔是用三块楔木和螺栓组成如图7-2-10c)所示。它是一个既简单又完善的木楔。常用于跨径在40m以下的满布式拱架和20m以下的拱式拱架。当楔块斜角α大于楔块间的摩擦角φ时,拧松螺栓,可使拱架逐渐下落。

1.4.2 砂筒

砂筒是用金属制成,筒内装干砂(粒径不得大于2mm),要求干燥、均匀、洁净,如图7-2-11所示。拔出泄砂孔木塞,砂即流出。

砂筒直径应比顶心木直径大10~20mm。为防止雨水渗入砂中,顶部应用沥青填塞。砂筒是一个较完善、简便、降落均匀的卸架设备,承载能力较大,常用于50m以上的满布式拱架和30m以上的拱式拱架。

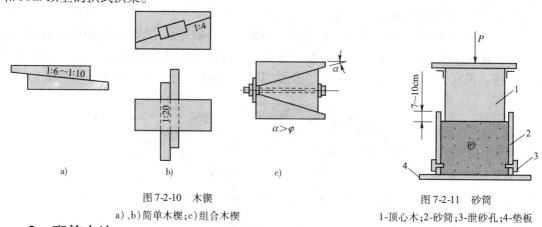

图7-2-10 木锲
a)、b)简单木楔;c)组合木楔

图7-2-11 砂筒
1-顶心木;2-砂筒;3-泄砂孔;4-垫板

2 砌筑方法

在拱架上砌筑拱圈时,拱架将随荷载的增加而不断变形,有可能使已砌部分拱圈砌缝开裂。为了保证在整个砌筑过程中拱架受力均匀、变形最小,使拱圈质量符合设计要求,一般可根据跨径大小采用下列不同的砌筑方法。

2.1 连续砌筑法

跨径16m以下的拱圈,当采用满布式拱架施工时,按拱圈的全厚和全宽,同时由拱脚两端开始连续对称地向拱顶砌筑,并在拱顶合龙;当采用拱式拱架时,对跨径10m以下的拱圈,应在砌筑拱脚的同时,预压拱顶以及拱跨1/4部位,以保持平衡。

2.2 分段砌筑法

采用满布式拱架砌筑跨径在16m以上25m以下的拱圈和采用拱式拱架砌筑跨径在10m以上25m以下的拱圈,可采取每半跨分成三段的分段对称砌法。每段长度不宜超过6m,分段位置一般在拱跨1/4点及拱顶(3/8点)附近。当为满布式拱架时,分段位置宜在拱架节点上。如图7-2-12所示,先对称地砌Ⅰ段和Ⅱ段,后砌Ⅲ段,或各段同时向拱顶方向对称砌筑,最后砌筑拱顶合龙。

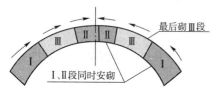

图7-2-12 拱圈分段砌筑程序

2.3 分环砌筑法

较大跨径石拱桥的拱圈,当拱圈较厚,由三层以上拱石组成时,可将全部拱圈分成几环砌筑,砌一环合龙一环。当下环砌完并养护数日后,砌缝砂浆达到一定强度时,再砌筑上环。

2.4 分阶段砌筑法

不分环砌筑拱圈的分阶段方法,通常是先砌拱脚几排,然后同时砌筑拱顶、拱脚及拱跨1/4点等拱段,上述三个拱段砌到一定程度后,再均匀地砌筑其余拱段。图7-2-13所示为一孔跨径

30m、矢跨比为 1/5 的单层(不分环)拱圈分阶段砌筑示例,其中在第二阶段砌筑时应在跨径 1/4 点下方压两排拱石。

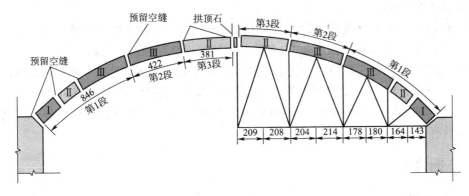

图 7-2-13　单层拱圈分段砌筑(尺寸单位:cm)

2.5　多孔桥砌筑法

在多跨连拱拱桥的施工中,应考虑与邻孔的对称均衡问题,以防桥墩承受过大的单向推力。因此,当为拱式拱架时,应适当安排各孔砌筑程序,当为满布式拱架时,应适当安排各孔拱架的卸落程序。图 7-2-14 为多孔拱圈砌筑程序示意图。每孔按两个阶段砌筑,第一阶段砌 1 段、3 段,第二阶段砌 2 段,然后合龙。

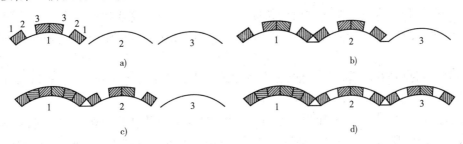

图 7-2-14　多孔拱圈砌筑程序示意图

3　砌筑工艺

3.1　块、料石拱圈砌筑

(1)坐浆法:适用于拱脚至拱跨 1/4 点附近段,或其余各段上下环的砌缝上。砌筑时,先在下层拱石面上铺上一层厚薄均匀的砂浆,然后将上层拱石压下,借石料的重力将其压紧,并在灰缝上加以必要的插捣和用木锤敲击拱石,使其完全稳定在砂浆层上,直至灰缝表面出现水膜为止。

(2)抹浆法:适用于拱跨 1/4 点附近,因拱架模板坡度已渐缓和,坐浆法不便使用,而改为抹浆法。先用抹灰板在下层拱石面上用力涂上一层砂浆,然后将上层拱石放下,用撬棍扒紧,并加以插捣和用木锤敲击使浆挤出。

(3)灌浆法:适用于拱跨 1/4 点至拱顶一段,因拱石受力面已近垂直,不便采用坐浆法和抹浆法,而改为灌浆法。先安砌拱石,然后在灰缝中灌以砂浆,并加以插捣,使之密实。

3.2　片石拱圈砌筑

(1)立砌面轴:砌筑时石块最好竖直,称为立砌。石块大面朝向拱轴方向,称为面轴。

(2)错缝咬马:当拱石高度不够时,将不同形状的石块经过适当的选配结合,彼此以最小空隙和间距相互衔接嵌挤成一整体,称为咬马。在咬马的同时,相邻石块间灰缝应互相交错,避免出现单纯的灰缝。

(3)嵌缺平脚:将大石块之间的空隙以适当大小的石块及砂浆填塞,称为嵌缺。在立砌时,拱石下端凸角可略加锤敲打平,并以砂浆及石块填满缺口,称为平脚。

(4)坐浆挤实:先铺砂浆,然后安放石块,称为坐浆。在垂直灰缝处抹砂浆至石块厚的1/4～1/3处,然后靠紧石块,并在缝中灌砂浆(如灰缝过大应填塞石块)捣实,称为挤实。

(5)宁高勿低:用片石砌拱圈,拱圈厚度不易掌握,因此,砌筑时拱石可略高于拱背线,以保证拱圈的有效截面。

4 拱圈合龙

4.1 合龙温度

为防止拱圈因温度变化而产生过大的附加应力,拱圈合龙应在设计规定的温度下进行。设计无规定时,宜选择在接近当地年平均温度或昼夜平均温度(一般为10～15℃)时进行。

4.2 合龙方法

可在拱顶缺口内直接用拱顶石及砂浆砌筑。也可以采用刹尖封拱和预施压力封顶进行合龙(这两种方法都可以稍微调整拱圈截面的内力)。

(1)安砌拱顶石合龙是在各拱段砌筑完成后,安砌拱顶石完成拱圈合龙。对分段较多的拱圈和分环砌筑的拱圈,为使拱架受力对称和均匀,可在拱圈两半跨的1/4处或在几处同时砌筑合龙。

(2)刹尖封拱是在砌筑拱顶石前,先在拱顶缺口中打入若干组木楔,使拱圈挤紧、拱起,然后嵌入拱顶石合龙,如图7-2-15所示。

(3)预施压力封顶是将千斤顶按事先计算好的位置安装在拱顶缺口内(其偏差不大于10mm),然后按计算的推力对拱圈加压,此时拱顶缺口因受千斤顶推力而张大,拱圈微向上拱起脱离拱架。待千斤顶所需推力达到计算数值,即将拱顶石安放在缺口没有千斤顶的位置,用快凝水泥砂浆填封砌缝。待砂浆达到一定强度后(一般为填塞7天后),将千斤顶取出。见图7-2-16。

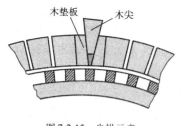

图7-2-15 尖拱示意

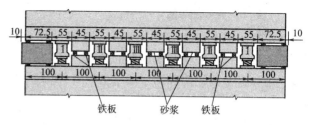

图7-2-16 拱顶平面图(尺寸单位:cm)

5 拱上建筑浇筑

主拱圈拱背以上的结构物称为拱上建筑,它主要有横墙座、横墙、横墙帽或立柱座、立柱、盖梁、腹拱圈或梁(板)、侧墙、拱上结构伸缩缝及变形缝、护拱、拱上防水层、拱腔填料、泄水管、桥面铺装、栏杆系等。拱上建筑浇筑程序如图7-2-17所示。

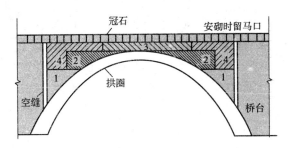

图 7-2-17 拱上建筑浇筑程序(图中数字为浇筑顺序)

5.1 伸缩缝及变形缝的施工

伸缩缝缝宽 1.5~2cm,要求笔直,两侧对应贯通。如为圬工砌体,缝壁要清凿到粗料石规格,外露照口要挂线砌筑;如为现浇混凝土侧墙,须预先安设塑料泡沫板,将侧墙与墩台分开,缝内采用锯末沥青,按 1:1(质量比)配合制成填料填塞。

变形缝不留缝宽,设缝处可以干砌或用低强度等级砂浆砌筑,现浇混凝土时用油毛毡隔断,以适应主拱圈变形。

当护拱、缘石、人行道、栏杆和混凝土桥面跨越伸缩缝或变形缝时,在相应位置要设置贯通桥面的伸缩缝或变形缝(栏杆扶手一端做成活动的)。

5.2 拱上防水设施

5.2.1 拱圈混凝土自防水

采用优良品质的粗、细集料和优质粉煤灰或硅灰制作高耐久性的混凝土;同时采用优良的施工方法。

5.2.2 拱背防水层

小跨径拱桥可采用石灰土防水层。对于具有腹拱的拱腔防水可采用砂浆或小石子混凝土防水层。大型拱桥及冰冻地区的砖石拱桥一般设沥青油毛毡防水层,其做法常为三油两毡或二油一毡。

当防水层经过拱上结构物伸缩缝或变形缝时,要作特殊处理。一般采用"U"形防腐白铁皮过缝,或"U"形防水土工布过缝,或橡胶止水带过缝。泄水管处的防水层,要紧贴泄水管漏斗之下铺设,防止漏水。在拱腔填料填充前,要在防水层上填筑一层砂性细粒土,以保证防水层完好。

5.3 拱圈排水处理

拱桥的台后要设排水设施,集中于盲沟或暗沟排出路基外。拱桥的桥面纵向、横向均设坡度,以利顺畅排水,桥面两侧与护轮带交接处隔 15~20m 设泄水管。拱桥除桥面和台后应设排水设施外,对渗入到拱腹内的水应通过防水层汇积于预埋在拱腹内的泄水管排出。泄水管可采用铸铁管混凝土管或陶管。泄水管内径一般为 6~10cm,严寒地区须适当增大,但不宜大于 15cm。宜尽量避免采用长管和弯管。泄水管进口处周围防水层应作积水坡度,并以大块碎石作成倒滤层,以防堵塞。

5.4 拱背填充

拱背填充应采用透水性强和内摩擦角较大的材料,一般可用天然砂砾、片石、碎石夹砂混合料以及矿渣等材料。填充时应按拱上建筑的顺序和时间,对称而均匀地分层填充并碾压密实,但须防止损坏防水层、排水管和变形缝。

任务3　拱桥的悬臂浇筑施工

1. 塔架斜拉索法；
2. 斜吊式悬浇法。

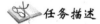

塔架斜拉索法的要点是：在拱脚墩、台处安装临时的钢塔架或钢筋混凝土塔架，用斜拉索（或斜拉粗钢筋）将拱圈（或拱肋）用挂篮浇筑一段系吊一段，从拱脚开始，逐段向拱顶悬臂浇筑，直至拱顶合龙。斜吊式悬浇法是借助于专用挂篮，结合使用斜吊钢筋将拱圈、拱上立柱和预应力混凝土桥面板等齐头并进地、边浇筑边构成桁架的悬臂浇筑方法。

学习引导

本任务按以下进程学习：

塔架斜拉索法 → 斜吊式悬浇法

1　塔架、斜拉索及挂篮浇筑拱圈

这是国外采用最早、最多的大跨径钢筋混凝土拱桥无支架施工的方法。这种方法的要点是：在拱脚墩、台处安装临时的钢塔架或钢筋混凝土塔架，用斜拉索（或斜拉粗钢筋）将拱圈（或拱肋）用挂篮浇筑一段系吊一段，从拱脚开始，逐段向拱顶悬臂浇筑，直至拱顶合龙。如图7-3-1所示为塔架、斜拉索及挂篮浇筑拱圈的施工示意图。

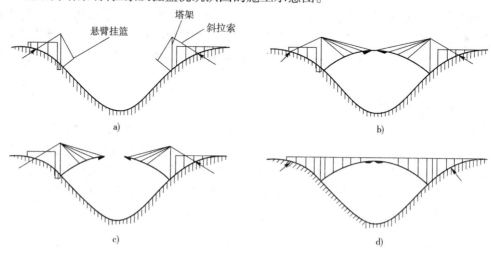

图7-3-1　塔架斜拉索及挂篮浇筑拱圈

2　斜吊式悬臂浇筑拱圈

它是借助于专用挂篮，结合使用斜吊钢筋将拱圈、拱上立柱和预应力混凝土桥面板等齐头并进地、边浇筑边构成桁架的悬臂浇筑方法。施工时,用预应力钢筋临时作为桁架的斜吊杆和桥面板的临时拉杆,将桁架锚固在后面的桥台(或桥墩)上。过程中作用于斜吊杆的力是通过布置在桥面板上的临时拉杆传至岸边的地锚上(也可利用岸边桥墩作地锚)。用这种方法修建大跨径拱桥时,个别的施工误差对整体工程质量的影响很大。对施工测量、材料规格和强度及混凝土的浇筑等必须进行严格检查和控制。施工技术管理方面值得重视的问题有斜吊钢筋的拉力控制、斜吊钢筋的锚固和地锚地基反力的控制、预拱度的控制、混凝土应力的控制等几项。其施工程序如图 7-3-2 所示。

图 7-3-2a)为在边孔完成后,在桥面板上设置临时拉杆(明索),在吊架上浇筑第一段拱圈,待此段混凝土达到要求强度后,在其上设置临时预应力拉杆,并撤去吊架,直接系吊于斜吊杆上,然后在其前端安装悬臂挂篮。

图 7-3-2d)为用挂篮逐段悬臂浇筑拱圈。当挂篮通过拱上立柱 P_2 位置后,须立即浇筑立柱 P_2 及 P_1 至 P_2 间的桥面板,然后,用挂篮继续向前悬臂浇筑,直至通过下一个立柱后,再安装 P_1 至 P_2 间桥面板的临时拉杆及斜吊杆 T_2,并浇筑下一个立柱及之间的桥面板。每当挂篮前进一步,必须将桥面板拉杆收紧一次。这样,一面用斜吊钢筋构成桁架,一面向前悬臂浇筑,直至拱顶附近,撤去挂篮,再用吊架浇筑拱顶合龙混凝土。

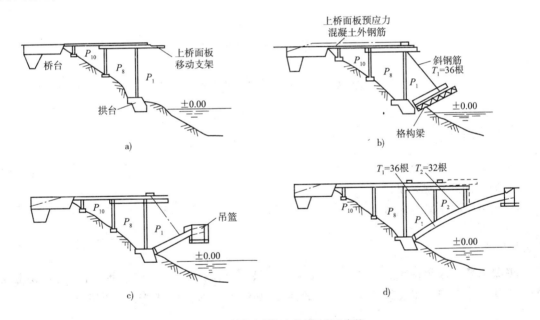

图 7-3-2 斜吊式现浇法的主要施工步骤

当拱圈为箱形截面时,每段拱圈施工应按箱形截面拱圈的施工程序进行浇筑。

为加快施工进度,拱上桥面板混凝土宜用活动支架逐孔浇筑。

采用斜吊式浇筑的大跨径拱桥时,个别施工误差对整体工程的影响很大。对施工质量、材料规格和强度及混凝土的浇筑等必须进行严格的检查和控制。尤其应重视斜吊杆预应力钢筋的拉力控制、斜吊钢筋的锚固和地锚的地基反力的稳定、预拱度以及混凝土应力的控制等。

图 7-3-3 是借助于专用挂篮、结合使用斜吊钢筋的斜吊式悬臂施工,其主要架设步骤:拱肋除第一段用斜吊支架现浇混凝土外,其余各段均用挂篮现浇施工。斜吊杆可以用钢丝束或预应力粗钢筋,架设过程中作用于斜吊杆的力是通过布置在桥面板上的临时拉杆传至岸边的地锚上(也可利用岸边桥墩作地锚)。

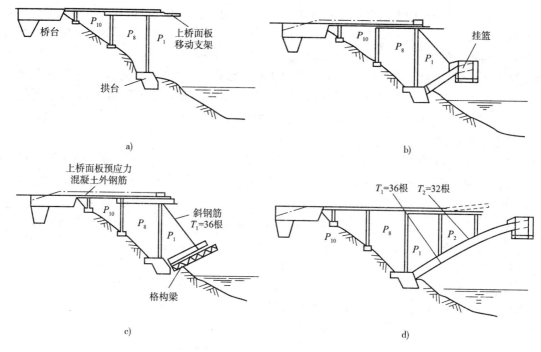

图 7-3-3 斜吊式桁架悬浇法施工示意图

任务 4　拱桥的装配式施工

 学习目标

1. 缆索吊装施工；
2. 桁架拱桥与刚架拱桥安装；
3. 钢筋混凝土箱形拱桥。

 任务描述

混凝土装配式拱桥主要包括肋拱、组合箱形拱、悬砌拱、桁架拱、钢管拱、刚构拱和扁壳拱等。也适用于采用预制安装的其他类型的桥梁，如简支 T 形梁桥、T 形刚构的吊装等。

 学习引导

本任务按以下进程学习：

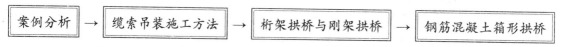

1　施工案例

背景材料：福建省宁德市宁屏公路岭兜特大桥，全长 329.5m，桥跨布置为 (3×30+1×160+2×30)m。其中主跨为 160m 悬链线钢筋混凝土箱型拱，净高 2.5m，宽 8.0m，拱箱顶板厚 0.25m（其中预制 0.1m），底板厚 0.2m，中腹板 0.41m（其中预制 0.05m×2m），横向四片拱箱，

每片拱箱分为七段预制吊装,最大吊重70t。岭兜特大桥主拱圈采用无支架缆索吊装工艺,单基肋合龙成拱。

1.1 缆索吊装系统组成及施工

缆索系统主要由塔架、缆索(主索、起重索、牵引索、扣索及风缆)、起吊设备、地锚及驱动装置等组成。

1.1.1 地锚

本桥地锚分为主地锚、风缆地锚、临时地锚等。其中主地锚主要承受主索、起重索、牵引索、扣索以及塔架后风缆的拉力。宁德岸主地锚设在0号台后,宽12.0m、长12.0m、高4.0m。屏南岸的主地锚结合6号台明挖扩大基础布置,基础开挖深度8.0m,地锚宽12.0m、长10.0m、深4.5m。主地锚均采用C20混凝土重力式地锚,底部间距0.5m布设抗滑锚杆,以提高其稳定性。风缆地锚用于锚固缆风以保证塔架和已吊装拱箱的横向稳定,临时地锚用于临时固定卷扬机。风缆地锚、临时地锚均采用卧式地锚,根据地形和用途分别设置于上下游合理位置。

1.1.2 塔架安装

塔架利用3号、4号交界墩C30钢筋混凝土盖梁为基础,盖梁施工时预埋塔架铰接支座连接螺栓。

塔身高30.0m,宽12.0m,采用西乙型万能杆件拼装,立柱为4-N2,斜撑为2-N3,水平撑为4-N4。塔顶由配套的过载梁、运载梁、索鞍组拼而成。主索及其他工作索的支承主要由塔顶索鞍来承担,索道的横向移动通过手拉葫芦牵引连接于索鞍的运载梁来完成,而构件及索道的重力主要由塔顶的过载梁通过各铰接点传递给塔架。运载梁上设索鞍3组,分别为主索鞍、扣索鞍和工作索鞍。索鞍与索鞍座、索鞍座与运载梁均采用螺栓连接。

每座塔架布置16根稳定风缆,其中前后风缆各6根,主要用于平衡纵向水平力,采用$\phi 28$钢丝绳。前风缆分别锚固于两交界墩拱座处外侧预埋锚环,后缆风分别锚固于两岸主地锚。侧风缆4根,主要用于平衡吊装横移时产生的侧向水平力,采用$\phi 26$钢丝绳,分别锚固于塔架左右两侧的风缆地锚。塔架风缆采用链条滑车收紧。

1.1.3 缆索安装

1.1.3.1 主索架设

根据桥梁结构和地形条件,索跨设计为$1\times 110m+1\times 170.5m+1\times 72.0m$,如图7-4-1所示。主索采用两组$4-\phi 52(6\times 37+1)$型号钢丝绳。架设时,单根绳展开并由卷扬机导索牵引过本岸塔顶,架立于索鞍上,再由预先架好的工作索牵引至对岸塔顶穿过索鞍,然后在对岸地锚通过平衡轮转向,再重复架设步骤,把8根主索串连在一起使之受力均匀。在调整好主索空载时的设计垂度后,把主索用绳夹锚于地锚卧木。两组主索既有独立功能,又可组合使用,每组主索均具有独立的起重和牵引功能。

1.1.3.2 工作索架设

工作索和工作吊篮是专门为缆索吊起重索、牵引索、起重小车和运送人员以及吊运工具的安装而设。它还可在吊装拱箱时运送绳头或扣索到位。工作索为双线(走2),穿索方法同主索。工作吊篮为2门4线矩形简易起重小车。工作索、牵引索和升降索由1台50kN双筒卷扬机牵引,完成吊篮的起吊和运行工作。

1.1.3.3 起重索安装

起重索安装利用工作吊篮将定滑轮组提升到塔顶工作平台上,分片套在承重索(主索)上,并用螺栓组合在一起;动滑轮组放在地面上,与上吊点对中。起重索采用$\phi 21.5mm$钢丝绳,安装时将起重索由岸上起重卷扬机拉出,经导向轮牵引上塔顶,过索鞍,穿入套在主索上的定滑轮,然后利用工作吊篮将起重索绳头带下,穿入地面动滑轮组,如此反复、上下穿行8次,完成起重小车的穿索工作。另一起重小车驱动卷扬机设在对岸,穿索方法相同。

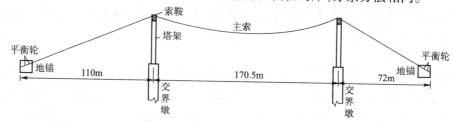

图 7-4-1 索跨设计示意图

1.1.3.4 牵引索安装

牵引端段就位时,牵引索拉力最大为440kN左右,因此牵引索采用双线牵引,能确保端段拱箱准确就位。牵引索采用柔性好的 $\phi 26$ 钢丝绳,一端固定于天车上,另一端与卷扬机相连。穿索时利用"临时工作索"和工作吊篮牵引到位,牵引索安装方法同主索。为使牵引索受力均匀,构件纵向运输进退同步,牵引索采用闭合循环回路布置,由两台分别设在两岸的150kN卷扬机牵引,一台前进用,一台后退用。

1.1.3.5 扣索安装

此桥端段扣索拉力62kN,采用一组2-ϕ47.5mm钢丝绳;中(一)段扣索拉力900kN,采用一组2-ϕ52.0mm钢丝绳;中二段扣索拉力1080kN,采用一组4ϕ47.5mm钢丝绳。其中端段、中(一)段为墩扣,扣索通过架于3号、4号交界墩墩顶的索鞍转向至地垅锚固,中(二)段为塔扣,扣索通过安装在塔顶的索鞍转向锚于主地锚锚固。

1.1.3.6 工作索架设

工作索和工作吊篮是专门为缆索吊起重索、牵引索、起重小车和运送人员以及吊运工具的安装而设。它还可在吊装拱箱时运送绳头或扣索到位。工作索为双线(走2),穿索方法同主索。工作吊篮为2门4线矩形简易起重小车。工作索、牵引索和升降索由1台50kN双筒卷扬机牵引,完成吊篮的起吊和运行工作。

1.1.3.7 墩台拱座尺寸检查

墩台拱座混凝土面要修平,水平顶面高程略低于设计值,在拱座面上标出拱肋安装位置的台口线及中线,用全站仪复核跨径,施工误差可以在拱座处垫铸铁板来调整。

1.1.4 拱肋吊装

按照对称原则和施工需要,吊装顺序为:3号拱肋→2号拱肋→4号拱肋→1号拱肋。箱段吊装按照图示顺序。

1.1.4.1 端段吊装

按照对称原则,首先吊装3号拱肋的端段(图7-4-2中1号、2号段),用仪器辅助调整轴线与高程使端段的上端头比设计高程高出20cm,随后绑好扣索及横向缆风。扣索采用墩扣,由安放在地锚处的卷扬机收紧,符合高程后锚固于地垅上。横向缆风上、下游对称布置,同时徐徐收紧,以确保拱顶轴线位置符合要求。为防止端段接头发生上冒变形,在接头下方设置下拉索(采用$\phi 26$钢丝绳)来控制变形,待拱上构造施工完毕后解除。

1.1.4.2 中(一)段吊装

拱箱的中(一)段(图7-4-2中3号、4号段)吊装就位后,调整扣索及横向缆风使拱箱上端头比设计高程高出20cm,轴线符合设计要求。联结下端头底板与端段的螺栓并拧紧,顶板螺栓松连,使接头处形成上开口。

1.1.4.3 中(二)段吊装

安装3号拱箱的中(二)段(图7-4-2中5号、6号段),调整扣索及横向缆风使轴线符合设计要求,上端头高程比设计高程高约40cm,联结下端头底板与中(二)段的螺栓并拧紧,顶板螺栓松连。

1.1.4.4 拱顶段吊装

安装3号拱箱的拱顶段(图7-4-2中7号段),拱顶段在吊运过程中应保持水平位置,在顶段基本就位但不松吊的情况下,按照1:1:2的比例,先端段,再中(一)段,后中(二)段的顺序两侧对称,缓慢均匀地放松扣索,每次各接头点高程降低不超过1cm,在放松扣索的同时要均匀对称收紧各段的横向缆风,用三台水准仪同时观测6个接头处高程变化情况,防止反对称变形。松索时按端段、中(一)段、中(二)段、起重索的先后顺序,反复循环,在水平及轴线的控制下,及时调整接头高程和拱箱轴线,直至中(二)段与拱顶段接头完全吻合使其连成拱,逐渐减小扣索、起重索受力至约为顶段吊重的30%,使顶段二端逐渐承受轴向推力,此时3号拱箱基本合龙。在各接头顶板角钢之间继续垫填和嵌紧钢楔木以进一步减少扣索、吊索受力,逐渐使全肋成拱。

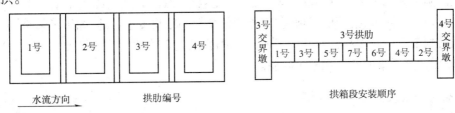

图7-4-2 拱肋编号及拱箱段安装顺序示意图

1.1.4.5 拱脚及拱箱接头施工

全肋成拱后,拧紧各接头处螺栓,焊接接头处垫板和底板角钢的连接板。安装横系梁钢筋及各接头处的横隔板模板,浇筑空心拱脚内混凝土及封闭拱座,同时用同标号混凝土由中间向两边依次对称浇筑各段间横系梁,待混凝土强度达到100%后,再卸除扣索、起重索,保留横向缆风。

1.1.4.6 其他拱肋吊装

横向移动索鞍使主索中线与要吊装拱箱的轴线重合,再重复以上顺序进行2号箱、4号箱、1号拱箱的安装。安装后三肋拱箱时每段拱箱吊装就位后还要增加和先前已经安装好的拱箱之间的横向临时联结,以增加施工安全性。

1.2 监控量测

1.2.1 应力、应变监控

1.2.1.1 塔架和交界墩监测

在试吊、拱箱吊装过程中,通过安装在塔架和交界墩根部的DH3818静态应变测试仪,对塔架、交界墩应力、应变进行监测,收集吊装各工况下塔架、交界墩受力情况,并与计算应力值进行比较,掌握塔架、交界墩的安全状况。

1.2.1.2 主拱圈监测

主拱圈的应力、应变监测,采用钢弦频率振弦仪,拱箱预制时在主拱圈各典型截面处预埋,单肋合龙阶段和主拱圈全部合龙后分别进行监测,比较实际应力应变值与理论计算值,验证单拱肋和主拱圈的稳定性和安全状态。

1.2.1.3 索力监测

在吊装过程中,运用Cras振动及动态信号采集分析系统连续监测主索、牵引索、起重索和风缆的索力,实时比对实测应力与理论计算值,掌握吊装系统各工况的受力状况和安全性。

1.2.2 位移观测

在吊装过程中连续观测主索垂度、塔顶位移、墩顶位移、地锚位移,比对实测位移值与理论计算值,及时反馈,指导施工,确保大桥的施工安全和工程质量。主索垂度、塔顶位移、墩顶位移均采用全站仪观测主索中点及墩顶、塔顶安装的反射片采集数据,地锚位移用两台千分表观测。

1.2.3 拱箱观测

在整个大桥拱箱的安装过程中,高程和轴线观测始终控制着整个拱肋合龙的全过程,观测结果及变化情况观测人员应认真细致分析并实时地把汇报给指挥者,及时调整,直至符合设计要求,确保拱箱安装质量。

采用单基肋缆索吊装技术充分发挥了缆索跨越能力大、水平和垂直运输机动灵活的特点,不仅安全准确地完成了全桥拱箱的吊装任务,还比双基肋缆索吊装,缩短工期1个月,节约资金约170万余元。同时,拱箱桥下预制、交界墩作塔架基础减少了占地,缩短了索跨,节约了资金。从试吊到最后一肋顺利合龙共用了四十天时间,质量符合设计和规范要求,没有发生安全事故,为以后同类桥梁的施工积累了经验。

2 缆索吊装施工技术综述

2.1 概述

在峡谷或水深流急的河段上,或在通航的河流上需要满足船只的顺利通行,缆索吊装由于具有跨越能力大,水平和垂直运输机动灵活,适应性广,施工比较稳妥方便等优点,使缆索吊装成为拱桥施工中使用最为广泛的方案。

采用缆索吊机吊装拱肋时,为使在起重索的偏角不超过15°的限度内主索减少横向移动次数,可采用两组主索或加高主索塔架高度的方法施工。

在采用缆索吊装的拱桥上,为了充分发挥缆索的作用,拱上建筑也可以采用预制装配施工。缆索吊装对于加快桥梁施工速度,降低桥梁造价等方面起到很大作用。如图7-4-3所示为缆索吊装布置示意。

2.2 构件的预制、堆放与运输

2.2.1 预制方法

2.2.1.1 拱肋构件坐标放样

装配式混凝土拱桥,拱肋坐标放样与有支架施工拱肋坐标放样相同。

2.2.1.2 拱肋立式预制

采用立式浇筑方法预制拱肋,具有起吊方便、节省木材的优点。常用的预制方法有:

(1)土牛拱胎立式预制;

(2)木架立式预制;

(3)条石台座立式预制,条石台座由数个条石支墩、底模支架和底模等组成,如图7-4-4

所示。

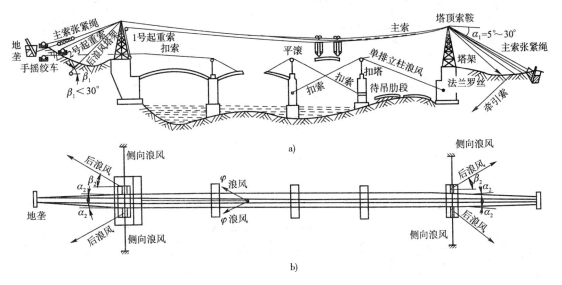

图 7-4-3 缆索吊装布置示意图

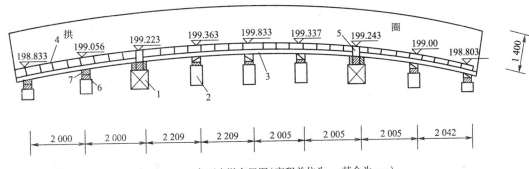

图 7-4-4 条石支墩布置图（高程单位为 m；其余为 mm）
1-滑道支墩；2-条石支墩；3-底模支架；4-底模；5-滑板；6-木楔；7-混凝土帽梁

2.2.1.3 拱肋卧式预制

卧式预制一般有下列几种方法：

（1）木模卧式预制，预制拱肋数量较多时，宜采用木模，如图 7-4-5a)所示。浇筑截面为 L 形或倒 T 形（双曲拱拱肋），拱肋的缺口部分可用黏土砖或其他材料垫砌；

（2）土模卧式预制，如图 7-4-5b)所示，在平整好的土地上，根据放样尺寸，挖出与拱肋尺寸大小相同的土槽，然后将土槽壁仔细抹平、拍实，铺上油毛毡或水泥袋，便可浇筑拱肋；

（3）卧式叠浇，如图 7-4-6 所示，采用卧式预制的拱肋混凝土强度达到设计强度的 30%以后，在其上安装侧模，浇筑下一片拱肋，如此连续浇筑称为卧式叠浇。

2.2.2 拱肋分段与接头

2.2.2.1 拱肋的分段

拱肋跨径在 30m 以内时，可不分段或仅分 2 段；在 30～80m 范围时，可分 3 段；大于 80m 时一般分 5 段。拱肋分段吊装时，理论上接头宜选择在拱肋自重弯矩最小的位置及其附近，但一般为等分，这样各段重力基本相同，吊装设备较省。

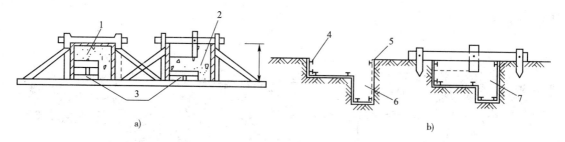

图 7-4-5 拱肋卧式预制
a)木模卧式预制拱肋;b)土模卧式预制拱肋
1、6-边肋;2、7-中肋;3-砖砌垫块;4-圆钉;5-油毛毡

2.2.2.2 拱肋的接头形式

(1)对接。

拱肋分 2 段吊装时多采用对接形式,如图 7-4-7a)、b)所示。

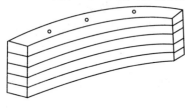

图 7-4-6 拱肋卧式叠浇

对接接头在连接处为全截面通缝,要求接头的连接材料强度高,一般采用螺栓或电焊钢板等。

(2)搭接。

分三段吊装的拱肋,因接头处在自重弯矩较小的部位,一般宜采用搭接形式,如图 7-4-7c)所示。分 5 段安装的拱肋,边段与次边段拱肋的接头也可采用搭接形式。

搭接接头受力较好,但构造复杂,预制也较困难,须用样板校对、修凿,以确保拱肋的安装质量。

(3)现浇接头。

用简易排架施工的拱肋,可采用主筋焊接或主筋环状套接的现浇接头,如图 7-4-7d)所示。

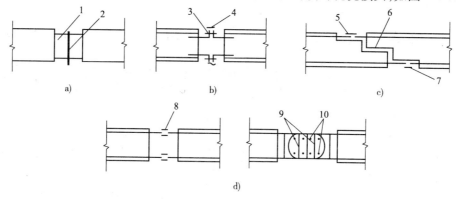

图 7-4-7 拱肋接头形式
a)电焊钢板或型钢对接接头;b)法兰盘螺栓对接接头;c)环氧树脂黏结及电焊主筋搭接接头;d)主筋焊接或主筋环状套接绑扎现浇接头
1-预埋钢板或型钢;2-电焊缝;3-螺栓;4、5、7-电焊;6-环氧树脂;8-主筋对接和绑扎;9-箍筋;10-横向插销

2.2.2.3 接头连接方法及要求

用于拱肋接头的连接材料,有型钢电焊、钢板(或型钢)、螺栓、电焊拱肋钢筋、环氧树脂水泥胶等,其优缺点见表 7-4-1。

接头处的混凝土强度等级应比拱肋混凝土强度等级高一级。对连接钢筋、钢板(或型钢)的截面要求,应按计算确定。钢筋的焊缝长度,应满足《公路钢筋混凝土及预应力混凝土桥涵设计规范》(JTG D62—2004)有关规定。

连接材料优缺点　　　　　　　　　　表 7-4-1

联结材料	优　点	缺　点
电焊型钢	接头基本固结,强度高	钢材用量多,高空焊接量大,焊固后不能调整高程
螺栓连接	拱肋合龙时不需要电焊,安装方便,可反复调整,接头能承受部分弯矩	拱肋预制是,精度要求高
电焊拱肋钢筋	拱肋受力具有连续性,钢材用量少,施工方便	拱肋钢筋未电焊前,接头不能承受拉力
环氧树脂水泥胶	加强接头混凝土接触面的黏结,填补钢结构的空隙	硬化时间不能受力,应严格控制配比,不能单独作连接措施

2.2.3 拱座

拱肋与墩台的连接,称为拱座。拱座主要有如图 7-4-8 所示的几种形式,其中插入式及方形拱座因其构造简单、钢材用量少、嵌固性能好采用较为普遍。

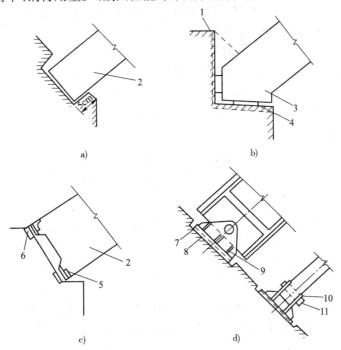

图 7-4-8　拱座形式
a) 插入式; b) 预埋钢板法; c) 方形肋座; d) 钢铰连接
1-预留槽;2-拱肋;3-肋座;4-铸铁垫板;5-预埋角钢;6-预埋钢板;7-铰座底板;8-预埋钢板;9-加劲钢板;
10-铰轴支撑;11-钢铰轴

2.2.4　拱肋起吊、运输及堆放

2.2.4.1　拱肋脱模、运输、起吊时间的确定

装配式拱桥构件在脱模、移运、堆放、吊装时,混凝土的强度不应低于设计所要求的吊装强度,若无设计要求,一般不得低于设计强度的 75%,为加快施工进度,可掺入适量早强剂。在低温环境下,可用蒸汽养护。

2.2.4.2　场内起吊

拱肋移运起吊时的吊点位置应按设计图上设计位置进行,如图上无要求应结合拱肋的形状、拱肋截面内的钢筋布置以及吊运、搁置过程中的受力情况综合考虑确定,以保证移运过程中的稳定安全。当采用两点吊时,吊点位置应设在拱肋弯曲平面重心轴之上,一般可设在离拱肋端头$(0.22\sim0.24)L$处(L为拱肋长度)。当拱肋较长或曲率较大时,应采用3点吊或4点吊,以保持拱肋受力均匀和稳定。除跨中设一吊点外,其余两吊点可设在离拱肋端头$0.2L$处。采用4点吊时,外吊点一般设在离拱肋两端头$0.17L$处,内吊点可设在离拱肋两端头$0.37L$处,4个吊点应左右对称布置。

大跨径拱桥拱肋构件的脱模起吊一般采用龙门架,小跨径拱桥拱肋及小型构件可采用三角扒杆、马凳、吊车等机具进行。

2.2.4.3 场内运输(包括纵横移)

场内运输可采用龙门架、胶轮平板挂车、汽车平板车、轨道平车或船只等机具进行。

2.2.4.4 构件堆放

拱肋堆放时应尽可能卧放,特别是矢跨比小的构件(拱肋、拱块),卧放时应垫三点,垫木位置应在拱肋中央及离两端$0.15L$处。三个垫点应同高度。如必须立放时,应搁放在符合拱肋曲度的弧形支架上,如无此种支架,则应垫搁三个支点,其位置在中央及距两端$0.2L$处,各支点高度应符合拱肋曲度,以免拱肋折断。

堆放构件的场地应平整夯实,不致积水,当因场地有限而采用堆垛时,应设置垫木。堆放高度按构件强度、地面承载力、垫木强度以及堆放的稳定性而定,一般以2层为宜,不应超过3层。

构件应按吊运及安装次序顺序堆放,并留适当通道,防止越堆吊运。

2.3 吊装程序

根据拱桥的吊装特点,其一般吊装程序为:边段拱肋吊装及悬挂,次边段拱肋吊装及悬挂(对五段吊装),中段拱肋吊装及拱肋合龙,拱上构件的吊装或砌筑安装等。

全桥拱肋的安装可按下列原则进行。

(1)单孔桥吊装拱肋顺序常由拱肋合龙的横向稳定方案决定;多孔桥吊装应尽可能在每孔合龙几片拱肋后再推进,一般不少于两片拱肋。对于肋拱桥,在吊装拱肋时应尽早安装横系梁,为加强拱肋的稳定性,需设横向临时连接系,加快施工进度。但合龙的拱肋片数所产生单向推力应不超过桥墩的承受能力。

(2)对于高墩,应以桥墩的墩顶位移值控制单向推力,位移值应小于$L/400\sim L/600$。

(3)设有制动墩的桥跨,可以制动墩为界分孔吊装,先合龙的拱肋可提前进行拱肋接头、横系梁及拱波等的安装工作。

(4)采用缆索吊装时,为减少主索的横向移动次数,可将每个主索位置下的拱肋全部吊装完毕后再移动主索。一般将起吊拱肋的桥孔安排在最后吊装,必要时该孔最后几段拱肋可在肋之间用"穿孔"方法起吊。

(5)为减少扣索往返拖拉次数,可按吊装推进方向,顺序地进行吊装。缆索吊装施工工序为:在预制场预制拱肋(箱)和拱上结构,将预制拱肋和拱上结构通过平车等运输设备移运至缆索吊装位置,将分段预制的拱肋吊运至安装位置,利用扣索对分段拱肋进行临时固定,吊装合龙段拱肋,对各段拱肋进行轴线调整,主拱圈合龙,拱上结构安装。

2.4 吊装准备工作

2.4.1 预制构件质量检查

预制构件起吊安装前必须进行质量检查,不符合质量标准和设计要求的不准使用,有缺陷的应预先予以修补。

拱肋接头和端头应用样板校验,突出部分应予以凿除,凹陷部分应用环氧树脂砂浆抹平。接头混凝土接触面应凿毛,钢筋应除锈。螺栓孔应用样板套孔,如不合适应适当扩孔。拱肋接头及端头应标出中线。

应仔细检测拱肋上下弦长,如与设计不符者,应将长度大的弧长凿短。拱肋在安装后如发生接合面张口现象,可在拱座和接头处垫塞钢板。

2.4.2 墩台拱座尺寸检查

墩台拱座混凝土面要修平,水平顶面高程应略低于设计值,预留孔长度应不小于计算值,拱座后端面应与水平顶面相垂直,并与桥墩中线平行。在拱座面上应标出拱肋安装位置的台口线及中线。用红外线测距仪或钢尺(装拉力计)复核跨径,每个拱座在肋宽范围内左右均应至少测量两次。用装有拉力计的钢尺测量时,测量结果要进行温度和拉力的修正。

2.4.3 跨径与拱肋的误差调整

每段拱肋预制时拱背弧长宜小于设计弧长 0.5~10cm,使拱肋合龙时接合面保留上缘张口,便于嵌塞钢片,调整拱轴线。通过丈量和计算所得的拱肋长度和墩台之间净跨的施工误差,可以用拱座处垫铸铁板来调整,如图 7-4-9 所示。背垫板的厚度一般比计算值增加 1~2cm,以缩短跨径。合龙后,应再次复核接头高程以修正计算中一些未考虑的因素和测量误差。

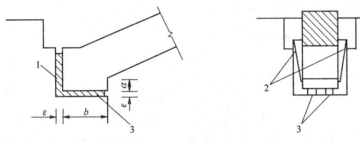

图 7-4-9 拱肋施工误差的调整
1-背调整垫板;2-左、右木楔;3-调整垫板

2.5 缆索设备的检查与试吊

缆索吊装设备在使用前必须进行试拉和试吊。

2.5.1 地锚试拉

一般每一类地锚取一个进行试拉。缆风索的土质地锚要求位移小,因此在有条件时宜全部试拉,使其预先完成一部分位移。可利用地锚相互试拉,受拉值一般为设计荷载的 1.3~1.5 倍。

2.5.2 扣索对拉

扣索是悬挂拱肋的主要设备,因此必须通过试拉来确保其可靠性。可将两岸的扣索用卸甲连在一起,将收紧索收紧进行对拉,这样可全面检查扣索、扣索收紧索、扣索地锚和动力装置等是否达到了要求。

2.5.3 主索系统试吊

主索系统试吊一般分跑车空载反复运转、静载试吊和吊重运行三个步骤。必须待每一步骤检查、观测工作完成并无异常现象后,方可进行下一步骤。试吊重物可以利用钢筋混凝土预制构件、钢轨和钢梁等,一般按设计吊重的 60%、100%、130%,分几次进行。

试吊后应综合各种观测数据和检查情况,对设备的技术状况进行分析和鉴定,然后提出改进措施,确定能否进行正式吊装。

2.6 拱肋缆索起吊

拱肋由预制场运到主索下后,一般用起重索直接起吊,当不能直接起吊时,可采用下列方法进行。

2.6.1 翻身

卧式预制拱肋在吊装前,需要"翻身"成立式,常用就地翻身和空中翻身两种方法。

(1)就地翻身。如图7-4-10a)所示。先用枕木垛将平卧拱肋架至一定高度,使其在翻身后两端头不至碰到地面,然后用一根短千斤将拱肋吊点与吊钩相连,边起重拱肋边翻身直立。

(2)空中翻身。如图7-4-10b)所示。在拱肋的吊点处用一根串有手链滑车的短千斤,穿过拱肋吊环,将拱肋兜住,挂在主索吊钩上,然后收紧起重索起吊拱肋,当拱肋起吊至一定高度时,缓慢放松手链滑车,使拱肋翻身为立式。

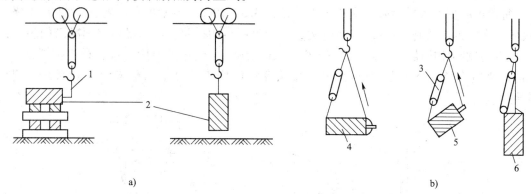

图 7-4-10 拱肋翻身
a)就地翻身;b)空中翻身
1-短千斤;2-拱肋;3-手链滑车;4-平放;5-放松;6-翻身完成

2.6.2 调头

为方便拱肋预制,边段拱肋有时采用同一方向预制,这样部分拱肋在安装时,调头方法常因设备不同而异。

(1)在河中起吊时,可利用装载拱肋的船进行调头;

(2)在平坦场地采用胶轮平车运输时,可将跑车与平车配合起吊将拱肋调头;

(3)用一个跑车吊钩将拱肋吊离地面约50cm,再用人工拉动麻绳使拱肋旋转180°。调头放下,当一个跑车承载力不够时,可在两个跑车下另加一钢扁担起吊,旋转调头。

2.6.3 吊鱼

如图7-4-11所示,当拱肋从塔架下面通过后,在塔架前起吊而塔架前场地不足时,可先用一个跑车吊起一个吊点并向前牵出一段距离后,再用另一个跑车吊起第二个吊点。

2.6.4 穿孔

肋拱在桥孔中起吊时,最后几段拱肋常须在该孔已合龙的拱肋之间穿过,俗称穿孔。穿孔前应将穿孔范围内的拱肋横夹木暂时拆除。在拱肋两端另加稳定缆风索,穿孔时应防止碰撞已合龙的拱肋,故主索宜布置在两拱肋中间。

2.6.5 横移起吊

当主索布置在对中拱肋位置,不宜采用穿孔工艺起吊时,可以用横移索帮助拱肋横移起吊。

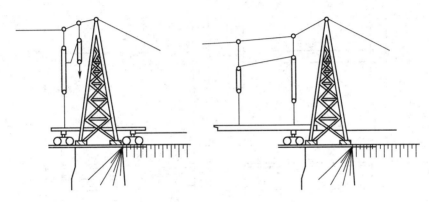

图 7-4-11 吊鱼

2.7 拱肋缆索吊装合龙方式

边段拱肋悬挂固定后,就可以吊运中段拱肋进行合龙。拱肋合龙后,通过接头、拱座的连接处理,使拱肋由铰接状态逐步成为无铰拱,因此,拱肋合龙是拱桥无支架吊装中一项关键工作。拱肋合龙的方式比较多,主要根据拱肋自身的纵向与横向稳定性、跨径大小、分段多少、地形和机具设备条件等不同情况,选用不同的合龙方式。

2.7.1 单基肋合龙

拱肋整根预制吊装或分两段预制吊装的中小跨径拱桥,当拱肋高度大于 $(0.009 \sim 0.012)L$ (L 为跨径),拱肋底面宽度为肋高的 $0.6 \sim 1.0$ 倍,且横向稳定系数不小于 4 时,可以进行单基肋合龙,嵌紧拱脚后,松索成拱,如图 7-4-12a)所示。这时其横向稳定性主要依靠拱肋接头附近所设的缆风索来加强,因此缆风索必须十分可靠。

单基肋合龙的最大优点是所需要的扣索设备少,相互干扰也少,因此也可用在扣索设备不足的多孔桥跨中。

2.7.2 悬挂多段拱脚段或次拱脚段拱肋后单基肋合龙

拱肋分三段或五段预制吊装的大、中跨径拱桥,当拱肋高度不小于跨径的 1/100 且其单肋合龙横向稳定安全系数不小于 4 时,可采用悬扣边段或次边段拱肋,用木夹板临时联结两拱肋后,单根拱肋合龙,设置稳定缆风索,成为基肋。待第二根拱肋合龙后,立即安装两肋拱顶段及次边段的横夹木,并拉好第二根拱肋的风缆。如横系梁采用预制安装,应将横系梁逐根安上,使两肋及早形成稳定、牢固的基肋。其余拱肋的安装,可依靠与"基肋"的横向联结,达到稳定,如图 7-4-12b)、c)所示。

2.7.3 双基肋同时合龙

当拱肋跨径大于等于 80m,或虽小于 80m 但单肋合龙横向稳定安全系数小于 4 时,应采用"双基肋"合龙的方法。即当第一根拱肋合龙并调整轴线,楔紧拱脚及接头缝后,松索压紧接头缝,但不卸掉扣索和起重索,然后将第二根拱肋合龙,并使两根拱肋横向联结固定。拉好风缆后,再同时松卸两根拱肋的扣索和起重索,这种方法需要两组主索设备。

2.7.4 留索单肋合龙

在采用两组主索设备吊装而扣索和卷扬机设备不足时,可以先用单肋合龙方式吊装一片拱肋合龙。待合龙的拱肋松索成拱后,将第一组主索设备中的牵引索、起重索用卡子固定,抽出卷扬机和扣索移到第二组主索中使用。等第二片拱肋合龙并将两片拱肋用木夹板横向联结、固定后,再松起重索并将扣索移到第一组主索中使用。

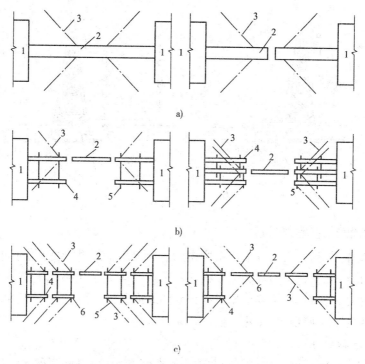

图 7-4-12 拱肋合龙示意图
a)单基肋合龙;b)3 段吊装单肋合龙;c)5 段吊装单肋合龙
1-墩台;2-基肋;3-风揽;4-拱铰段;5-横尖木;6-次拱铰段

2.8 拱上构件吊装

主拱圈以上的结构部分,均称为拱上构件。拱上构件的砌筑同样应按规定的施工程序对称均衡地进行,以免产生过大的拱圈应力。为了能充分发挥缆索吊装设备的作用,可将拱上件中的立柱、盖梁、行车道板、腹拱圈等做成预制构件,用缆索吊装施工,以加快施工进度,但因这些构件尺寸小、质量轻、数量多,其吊装方法与吊装拱肋有所不同。常用的吊装方法有以下几种。

2.8.1 运入主索下起吊

这种方法适用于主索跨度范围内有起吊场地时的起吊,它是将构件从预制场运到主索下由跑车直接起吊安装。

2.8.1.1 墩、台上起吊

预制构件只能运到墩、台两旁,先利用辅助机械设备,如摇头扒杆、履带吊车等,将构件吊到墩、台上,然后由跑车进行起吊安装。

2.8.1.2 横移起吊

当地形和设备都受到限制时,必须在横移索的辅助下将跑车起吊设备横移到桥跨外侧的构件位置上起吊。这种起吊方式对腹拱圈可以直接起吊安装;对其他构件,则须先吊到墩、台上,然后再起吊安装。

2.8.2 "横扁担"吊装法

由于拱上构件数目多,横向安装范围广,为减少构件横移就位工作,加快施工进度,可采用"横扁担"装置进行吊装。

2.8.2.1 构造形式

"横扁担"装置可以就地取材,采用圆木或型钢等制作,其构造形式如图 7-4-13 所示。

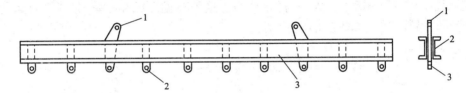

图 7-4-13 "横扁担"构造图
1-起吊板;2-构件吊装点;3-槽钢扁担梁

2.8.2.2 主索布置

根据拱上构件的吊装特点,主索一般有以下三种布置形式。

(1)将主索布置在桥的中线位置上,跑车前后布置,并用千斤绳联结。每个跑车的吊点上安装一副"横扁担",如图 7-4-14 所示。这种布置比较简单,但吊装的稳定性较差,起吊构件须左右对称、质量相等。多用在一组主索的桅杆式塔架的吊装方案中。

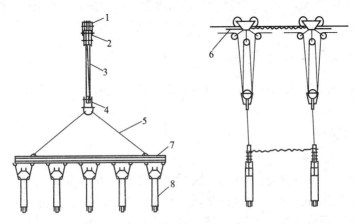

图 7-4-14 一组主梁吊装
1-跑车;2-主索;3-起重索;4-吊点;5-千斤索;6-牵引索;7-"横扁担";8-构件

(2)将一根主索分开成两组布置,每组主索上安置一个跑车,横向并联起来。"横扁担"装置直接挂在两跑车的吊点上,如图 7-4-15 所示。这种吊装的稳定性好,吊装构件不一定要求均衡对称、灵活性大,但主索布置工作量稍大,且只能安装一副"横扁担"。

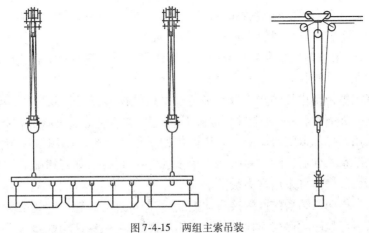

图 7-4-15 两组主索吊装

(3)在双跨缆索吊装中,将两跑车拆开,每一跨缆索中安装一个,用一根长钢丝绳联系起来(钢丝绳长度相当于两跨中较大一跨的长度)。这种布置,由于两跑车只能平行运行,因此两跨不能同时吊装构件,如图7-4-16所示。

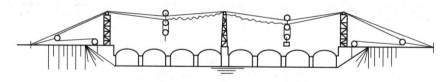

图7-4-16 双跨主索单跑车吊运

2.8.3 吊装

用"横扁担"吊装时,应根据构件的不同形状和大小,采取不同的吊装方法。对于短立柱可直接直立吊运。对于长立柱,因受到吊装高度的限制,常须先进行卧式吊运,待运到安装位置后,再竖立起来,放下立柱的下端进行安装。对于盖梁,一般可直接采用卧式吊运和安装的方法。对腹拱圈、行车道板的吊装,为减小立柱所承受的单向推力,应在横桥方向上分组,沿桥跨方向逐次安装。

3 桁架拱桥与刚架拱桥安装

桁架拱桥与刚架拱桥,由于构件预制装配,具有构件质量轻、安装方便、造价低等优点,因此在全国各地被广泛应用。

3.1 桁架拱桥安装

3.1.1 施工安装要点

桁架拱桥的施工吊装过程包括:吊运桁架拱片的预制段构件至桥孔,使之就位合龙,处理接头,与此同时随时安装桁架拱片之间的横向联结系构件,使各片桁架拱片联成整体。然后在其上铺设预制的微弯板或桥面板,安装人行道悬臂梁和人行道板。

桁架拱片的桁架段预制构件一般采用卧式预制,实腹段构件采用立式预制,故桁架段构件在离预制底座出坑之后和安装之前,需在某一阶段由平卧状态翻身转换到竖立状态。

安装工作分为有支架安装和无支架安装。前者适用于桥梁跨径较小和具有河床较平坦、安装时桥下水浅等有利条件的情况;后者适用于跨越深水和山谷或多跨、大跨的桥梁。

3.1.2 有支架安装

有支架安装时,需在桥孔下设置临时排架。桁架拱片的预制构件由运输工具运到桥孔后,用浮吊或龙门吊机等安装就位,然后进行接头和横向联结。

吊装时,构件上吊点的位置和数目与吊装的操作步骤应合理地确定和正确地规定,以保证安装工作安全和顺利地进行。

排架的位置根据桁架拱片的接头位置确定。每处的排架一般为双排架,以便分别支承两个相连接构件的相邻两端,并在其上进行接头混凝土的浇筑或接头钢板的焊接等。第一片就位的预制段常采用斜撑加以临时固定。以后就位的平行各片构件则用横撑与前片暂时联系,直到安上横向联结系构件后拆除。斜撑系支承于墩台和排架上,如斜撑能兼作压杆和拉杆,则仅用单边斜撑即可。横撑可采用木夹板的形式。

当桁架拱片和横向联结系构件的接头均完成后,即可进行卸架。卸架设备有木楔、木马或砂筒等。卸架按一定顺序对称均匀地进行。如用木楔卸架,为保证均衡卸落,最好在每一支承处增设一套木楔,两套木楔轮流交替卸落。一般采用一次卸架。卸架后桁架拱片即完全受力。为保证卸架安全成功,在卸架过程中,要对桁架拱片进行仔细地观测,发现问题及时停下处理。卸架的时间宜安排在气温较高时进行,这样较易卸落。

在施工跨径不大、桁架拱片分段数少的情况下,可用固定龙门架安装。这时在桁架拱片预制段的每个支承端设一龙门架。河中的龙门架就设在排架上。龙门架可为木结构或钢木混合结构,配以倒链葫芦。龙门架的高度和跨度,应能满足桁架拱片运输和吊装的净空要求。安装时,桁架拱片构件由运输工具运至固定龙门架下,然后由固定龙门架起吊、横移和下落就位。其他操作与浮吊安装同。

当桥的孔数较多,河床上又便于沿桥纵向铺设跨墩的轨道时,可采用轨道龙门架安装。龙门架的跨度和高度,应按桁架拱片运输和吊装的要求确定。桁架拱片构件在运输时如从墩、台一侧通过,或从墩顶通过,则龙门架的跨度或高度就要相应增大。龙门架可采用单龙门架或双龙门架,根据桁架拱片预制段的质量和起吊设备的能力等条件确定。施工时,构件由运输工具或由龙门架本身运至桥孔,然后由龙门吊机起吊、横移和就位。跨间在相应于桁架拱片构件接头的部位,设有排架,以临时支承构件重力。

对多孔桁架拱桥,一般每孔内同时设支承排架,安装时则逐孔进行。但卸架须在各孔的桁架拱片都合龙后进行。卸架程序和各孔施工(加恒载)进度安排必须根据桥墩所能承受的最大不平衡推力的条件考虑。总的说来,桁架拱桥的加载和卸架程序不如其他拱桥要求严格。

3.1.3 无支架安装

无支架安装,是指桁架拱片预制段在用吊机悬吊着的状态下进行接头和合龙的安装过程。常采用的有塔架斜缆安装、多机安装、缆索吊机安装和悬臂拼装等。

塔架斜缆安装,就是在墩台顶部设一塔架,桁架拱片边段吊起后用斜向缆索(亦称扣索)和风缆稳住再安中段。一般合龙后即松去斜缆,接着移动塔架,进行下一片的安装。塔架可用 A 字形钢塔架,也可用圆木或钢管组成的人字扒杆。塔架的结构尺寸,应通过计算确定。斜缆是安装过程中的承重索,一般用钢丝绳,钢丝绳的直径根据受力大小选定。斜缆的数量和与桁架拱片联结的部位,应根据桁架拱片的长度和质量来确定。一般说来,长度和质量不大的桁架拱片,只需用一道斜缆在一个结点部位联结即可;如果长度和质量比较大,可用两道斜缆在两个结点部位联结。联结斜缆时,须注意不要左右偏位,以保证桁架拱片悬吊时的竖直。可利用斜缆和风缆调整桁架预制段的高程和平面位置,待两个桁架预制段都如法吊装就位并稳住后,再用浮吊等设备吊装实腹段合龙。待接头完成、横向稳住后,松去斜缆。用此法安装,所用吊装设备较少,并无需设置排架

多机安装就是一片桁架拱片的各个预制段各用一台吊机吊装,一起就位合龙。待接头完成后,吊机再松索离去,进行下一片的安装。这种安装方法,工序少,进度快,当吊机设备较多时可以采用。

用上述两种无支架安装方法时,须特别注意桁架拱片在施工过程中的稳定性。为此,应采取比有支架安装更可靠的临时固定措施,并及时安装横向联结系构件。第一片的临时固定,拱脚端可与有支架安装时一样用木斜撑固定,跨中端则用风缆固定。其余几片也可采用木夹板固定。木夹板除了在上弦杆之间布置外,下弦杆之间也应适当地设置几道。

对于多孔桁架拱桥,安装时须注意邻孔间施工的均衡性。吊装过程可用支架或不用支架,接头形式可为湿接头或干接头。

3.2 刚架拱桥安装

刚架拱桥上部结构的施工分有支架安装和无支架安装两种。安装方法在设计中确定内力图式时即已决定,施工时不得随便更改。采用无支架施工时(浮吊安装或缆索吊装),首先将主拱腿一端插入拱座的预留槽内,另一端悬挂,合龙实腹段,形成裸拱,电焊接头钢板;安装横系梁,组成拱形框架;再将次拱腿插入拱座预留槽内,安放次梁,焊接腹孔的所有接头钢筋和安装横系梁,立模浇接头混凝土,完成裸肋安装;将肋顶部分凿毛,安装微弯板及悬臂板,浇筑桥面混凝土,封填拱脚。

4 钢筋混凝土箱形拱桥

我国采用缆索吊装建造的上承式钢筋混凝土箱形拱桥数量较多,主要的施工步骤为:
(1)拱箱预制;
(2)吊装设备的布置;
(3)拱箱吊装。

4.1 拱箱预制

4.1.1 拱箱预制场布置

预制场地要求地势较平坦,为了便于施工操作,在同组中两箱间净距为1m,组与组之间净距为2m。拱箱在预制场由龙门架桁梁横移,由运输天线起吊,运输至安装位置就位安装。

4.1.2 拱箱预制

(1)均在混凝土地面上预制,用三脚扒杆起吊脱模,运走堆放备用。

(2)组装在拱胎上进行,拱胎系按拱箱分段放样坐标,将土夯实碾压筑成,其上浇筑一层8cm厚C10混凝土并抹平,即组成拼装拱箱的拱胎。在拱箱吊点处的拱胎上设置40cm×40cm槽沟,以砂填实,供作提出拱箱时安装吊具之用。在混凝土胎面上准确地放出拱箱底板中线及边线。为便于脱模,在胎上铺油毛毡一层,其宽度不超过底板边线,同时在油毛毡与胎面之间撒上滑石粉。铺设拱箱底板钢筋,但暂不绑扎,将侧板运至组装位置。将侧板和横隔板准确就位,将底板钢筋与侧板及横隔板钢筋绑扎,并垫好底板钢筋保护层,点焊牢固。

(3)两段拱箱的联结是通过每段拱箱端部上下缘的预埋角钢用螺栓连接的,因此拱箱端头的准确程度是关系到吊装时两段拱箱接头能否将上下角钢的螺栓准确栓上的关键。端模采用厚度10mm钢板制成,在钢板上按端头联结角钢螺栓眼孔设计位置准确钻孔。将端头角钢螺栓装在端头模板上,仔细校正端面平整度及端头的倾斜度,并使端面与拱箱中线垂直,然后与顶板和底板主筋点焊连接,再次检查、校正,最后分段对称电焊。

(4)拱箱组装成型后,仔细地对拱箱的长度、宽度、中线及端头钢模位置和倾角进行检查,检查符合要求后,浇筑底板及各接头混凝土形成槽形箱。

(5)在槽形箱内安装可拆卸的简易顶板模板。顶板模板在顶板混凝土浇筑完毕后,从横隔板的空洞中拿出拱箱。

(6)绑扎顶板钢筋和吊点及扣点牛腿钢筋,浇筑顶板混凝土。$\phi 6$钢筋构成7cm网格,先分块平浇预制,然后与横隔板组装连接,浇筑底板及接头,再浇顶板,组合成闭合箱。

4.2 吊装设备布置

(1)塔顶索鞍布置。

(2)索塔风缆布置。
(3)扣索布置:拱箱端段扣索;拱箱中间段扣索。
(4)拱圈风缆布置。
(5)锚碇。

4.3 拱箱吊装

4.3.1 吊装前的准备工作

对拱箱尺寸进行检查和修凿,使其符合设计尺寸。对拱座表面清凿,放出起拱线和拱箱中线及边线。在起拱线处焊以角钢(∠50×5),用以临时支承端段拱箱,进行拱箱预顶,以消除拱箱底板与混凝土胎面间的黏着力,以免因吊点受力不均拉坏箱体。认真检查吊装设施、动力电路是否符合要求,并进行空载运转。对拱箱进行原地试吊,固定跑马牵引绳,用人力晃动拱箱增加冲力。同时观测锚碇、索塔、各卷扬机地锚、运输天线、钢丝绳接头索卡等重要部位有无不正常现象,如有不正常现象应及时分析处理。

4.3.2 拱箱吊装

利用上游组运输天线吊装第Ⅰ片拱箱,下游组则吊装第Ⅱ片拱箱,将Ⅰ和Ⅱ两片吊装完成后,进行横向连接和接头处理。然后拆除Ⅰ片拱箱吊点,将运输天线向上游移动,吊装第Ⅲ片。

4.3.2.1 中拱箱吊装

(1)吊装端段。当端段就位后,将拱箱两侧预埋的角钢点焊于拱座钢板上,以固定端头位置。拉好八字风缆并调整拱箱中线位置,固定八字风缆,安装好扣具并转换由扣索受力。先收紧扣索并暂时固定,以水平仪观测下接头的(端段与中间段接头处)高程。当下接头开始上升时,表示扣索初步受力,停止收紧扣索,缓缓放松吊点,控制端头高程升降在10cm范围。按上述步骤反复进行,直至全部转换到扣索受力,端头预抬高度20cm。

(2)吊运中间段。以吊点控制中间段上接头(中间段与中段接头处)的预抬高量为30cm至40cm与端段接头相接,装上接头螺栓。将下缘螺栓稍紧,上缘螺栓旋上螺帽,预留螺杆空隙1~2cm这主要是使两构件暂时联结,使合龙后拱轴线调整时,构件端头不受损伤。安装好扣具,穿好扣索,拉好八字风缆,进行扣索和吊点的受力移交。在移交转换中必须严格控制上接头高程在5cm范围内变动,并随时调整端段和中间段的拱箱中线。上接头预抬高量视下接头实际高度确定,其高度大致为下接头抬高量的两倍。

(3)拱箱合龙后应进行松索及中线调整,施工中松索调整与中线调整同时进行。松索由水平观测资料通知各卷扬机采用定长松索方法进行。中线调整则由专人指挥各组人员同时松紧八字风缆使拱箱段至设计高程。这样可加快安装进度,亦可确保拱圈稳定。松索程序仍按端段扣索、中间段扣索、中段吊点的顺序往返进行。松索时力求相对接头高程一致,每次松索接头高程下降不超过2cm。当接头达到设计高程后,在各接头处填塞钢板,拧紧接头螺栓。仍按上述松索程序再次松索,使各接头钢板抵紧,直至各接头高程不再发生变化为止。最后松吊,使吊点受力至30%即开始电焊接头。电焊接头从跨中向两岸对称同时进行,最后焊拱座;同时保证拱箱合龙时的稳定安全系数不小于4。

4.3.2.2 两片拱箱横联

当Ⅰ和Ⅱ两片拱箱完成合龙、调整、接头处理后,首先将两片拱箱的顶部和底部预埋横向联系件电焊联结,安装侧板螺栓,接头灌注环氧树脂,然后将上接头和下接头及拱座接头混凝土灌满。同时在顶板每一横联处将两箱间纵缝现浇C40混凝土60cm,以加强两箱的稳定。待所浇混凝土达到一定强度后,将上游组运输天线吊点和扣点全部松掉,并向上游移动索鞍,进行第Ⅲ片拱箱吊装。

4.3.2.3 边拱箱吊装

边拱箱吊装程序与中拱箱相同。边拱箱吊装完成后,拱箱吊装工作即全部完成。

4.4 桁式组合拱桥

桁式组合拱桥是由两个悬臂桁架支承一个桁架拱组成,它除保持桁式拱结构的用料省、跨越能力大、竖向刚度大等特点外,更具有桁梁的特性和可以采用无支架悬臂安装的方法施工使桁式组合拱桥具有一定的竞争能力。

4.4.1 桁式组合拱桥构造特点

为了减轻自重,保证截面的强度和整体刚度,桁式组合拱桥的上下弦杆和腹杆及实腹段的截面,一般均采用闭合箱形截面,并按照吊装顺序,分次拼装组合而成。为了增强构件的整体性,在所有箱形杆件内均设有隔板加强,隔板间距为 4~5m。

4.4.2 桁式组合拱桥施工

桁式组合拱桥能迅速得到发展,除结构受力的合理性带来材料的节省外,其主要原因是它可采用无支架悬臂安装进行施工,这是最突出的优点。安装时常采用钢桁构人字桅杆吊机作为吊运工具,避免了缆索和塔架等安装设备,给施工带来方便。

4.4.2.1 上部构件预制

主孔片构件分段,主要根据起重能力和起重臂的有效伸臂范围确定。分段名称按拱脚至拱顶称为脚段、二段、三段、四段、实腹段。

4.4.2.2 人字桅杆吊机

人字桅杆吊机其特点是设备简单,制作与安装容易,操作方便,起重能力大,适应性强,工作速度低,振动小,吊装运转安全可靠。但因桅杆较高,整体移动不灵活。

(1)起重系统由起重臂、卷扬机、滑轮组成。由两支主弦组成人字桅杆,主弦杆采用 4 支角钢组成。底部设特制的连接段和底座,用 M100 螺栓与底座连接,使桅杆可以灵活俯仰。每侧底座设多个螺孔,使桅杆能可靠地与安装点构筑物牢固连接。

(2)稳定和变幅系统由背索、侧浪风、前浪风、地锚组成。背索、地锚与桅杆安装点的距离,由桅杆受力分析决定。当桅杆吊装质量大,前倾角小时,背索受力很大,地锚需要很强固。一般在桥台和中墩上埋放锚环,利用构件自锚。浪风索地锚一般受力不大,在两侧挖坑埋设即可。前浪风索可锚固在对岸预埋设的锚环上。

4.4.3 悬拼施工

(1)构件就位与稳定,构件吊运至安装位置,其平面位置一律用横浪风索控制。横浪风索电动慢速卷扬机牵引,使用卷扬机上的点动微调装置进行平面位置控制,高程一律用起重绳微动控制。单杆拼装就位后的稳定,各段下弦杆的纵向和高程用专设的临时钢丝束张拉固定,待斜杆就位及预应力束张拉后即可撤除。横向用一组浪风索稳定,待两边下弦及斜杆就位,安装横向联结系后撤除竖杆,按计算的支撑点高度设刚性连杆与斜杆联结,构成临时稳定体系,待上弦杆全部就位、张拉预应力束和横向联结系安装完成后撤除。一般上弦杆只设一组横向浪风索。

(2)构件安装精度控制

对中精度以拼接时不影响预应力钢筋的连接为准,一般定为 5mm。安装高程除按设计计算的包括预拱度值在内的施工安装高程控制以外,考虑到非弹性挠度的影响,将安装高程略为提高,其值一般定为 10mm。设计预拱度,拱顶为 150mm,其余各段按直线分配。

任务5 钢管混凝土拱桥施工

学习目标

1. 中承式、下承式钢管混凝土拱桥；
2. 中承式和下承式系杆施工；
3. 钢管混凝土劲性骨架；
4. 拱桥的转体施工。

任务描述

钢管混凝土拱桥是以钢管为拱圈外壁，在钢管内浇筑混凝土，使其形成由钢管和混凝土组成的拱圈结构。由于管壁内填满混凝土，提高了钢管壁受压的稳定性，钢管内的混凝土受钢管的约束，提高了混凝土的抗压强度和延性。在施工上，由于钢管的质量轻，刚度大，吊装方便，钢管的较大刚度可以作为拱圈施工的劲性骨架，钢管本身就是模板，这些优点给大跨度拱桥施工创造了十分有利的条件。钢管混凝土拱桥断面尺寸较小，使结构感到很轻巧，钢管外壁涂以色彩美丽的油漆，使拱桥建筑造型极佳。特别近年来大跨度钢筋混凝土拱桥施工中常采用钢管混凝土结构作为拱圈施工的劲性骨架，已被广泛应用。

学习引导

本任务按以下进程学习：

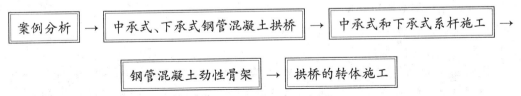

1 工程案例

背景材料：

京杭运河特大桥主桥结构体系为中承式钢管混凝土系杆提篮拱桥，大桥主孔跨径为235m，主拱肋向桥轴中心线倾斜，倾斜角度为80.066°。主拱肋每肋为4-φ850mm钢管混凝土构件，钢管管壁厚14mm，四根钢管组成平行四边形截面(钢管中心尺寸为3 700×2 000，单位：mm)，用缀板、缀条连接，平联缀条钢板厚度为12mm，两主拱肋在主桥中心处净距为16m，拱脚处拱肋中心净距为36.579m，拱肋间设置9道横撑联系，其中两侧为"K"形横撑，每道横撑为空钢管构成的格桁式梁(钢管中心尺寸为3 000×2 850，单位：mm)，四角钢管采用φ550×10，腹杆钢管采用φ350×10。

1.1 主拱肋拼装

1.1.1 主拱肋拼装主要工程量

本工程采用初步设计图招标，因工程施工过程中设计变更较多，如：拱脚处设置转动铰；拱肋间横撑进行了长度修正；肋间混凝土横梁变为钢横梁等，因此主要工程量与投标时有了较大的变化。京杭运河特大桥主拱肋拼装主要工程量见表7-5-1。

主拱肋拼装主要工程量表　　　　　　　　　　　表7-5-1

序号	项　目	单位	数量	备　注
1	主拱肋桁架节段	t	900	含转动铰
2	主拱肋永久横撑	t	260	长度修正后的质量
3	主拱肋临时横撑	t	60	成桥后拆除
4	主拱肋间钢横梁	t	70	每边1片，共2片
5	拼装工程量合计	t	1290	未计施工用反力架质量

1.1.2　主拱肋拼装工艺流程

主拱肋拼装施工程序见图7-5-1京杭运河特大桥主拱肋拼装工艺流程图。

1.1.3　主拱肋拼装关键技术

1.1.3.1　主拱肋拼装节段划分

通过对主桥竖转施工方案全局的考虑，结合桥址处的实际地形地貌，在平衡运河水道通航要求和施工设备吊装能力矛盾的基础上，设计了10道组拼支架用于拱肋整体拼装，具体布置见图7-5-2京杭运河特大桥主拱肋组拼支架总体布置图。

含1m合龙段、两侧拱座预埋段、两侧拱脚接头管在内，总共划分成30个长度不等的桁架节段进行工厂内预制，其中20个预制桁架节段需要在组拼支架上完成拼装工作。主拱肋桁架节段的水上最大组拼安装质量设计为92t，陆上最大组拼安装质量设计为50t，分别采用JDL-110T形浮吊和ZYH-26H44W-55T形龙门吊机进行安装调位。

主拱肋预制桁架节段组拼施工主要设备，见图7-5-3京杭运河特大桥主拱肋组拼浮吊结构示意图和图7-5-4京杭运河特大桥主拱肋组拼龙门结构示意图。

主拱肋预制桁架节段尺寸见表7-5-2。

主拱肋拼装永久横撑结构尺寸见表7-5-3。

1.1.3.2　主拱肋拼装施工

主拱肋节段的组拼采用先在21号墩和22号墩之间根据设计位置搭设支架平台，然后用浮吊（水中）和龙门（徐州岸）将各拱肋节段吊至支架平台上，并对各拱肋节段进行调整，使之符合设计线形位置，之后利用支架平台提供的操作空间对各拱肋节段接头施焊连接形成整体。平台支架的搭设和各拱肋节段（包括各类横撑及C横梁）吊装均应按照吊装顺序进行。

21号、22号墩转体活动铰支座安装

（1）活动铰支座安装基本情况。

活动铰支座系活动铰与拱座间的连接构件，在竖转过程中，此处的受力较为复杂，根据主拱肋竖转施工的要求，活动铰支座的定位精度要求很高。活动铰的外形尺寸为：长2.60m，宽0.76m，高0.46m，重约4t，采用全站仪放点，油压千斤顶配合，定位镙杆精调就位的方法进行活动铰支座的安装施工。

（2）活动铰支座构件进场验收。

活动铰支座进场后需对其外形尺寸，支座弧形板的光洁度，椭圆度，平整度及构件中各部位间的相对位置等进行测量验收，以便在安装定位中将加工误差考虑进去，尽量避免误差累积。

（3）活动铰支座安装方案。

活动铰支座的定位按全站仪放点，油压千斤顶配合定位镙杆精调就位的方案施工，整个过程按以下步骤进行。

①施工场地的清理及工作平台的搭设。
②清理 N2-5 预埋定位钢板表面铁锈及 N2-2 锚杆预埋管内的积水杂物。

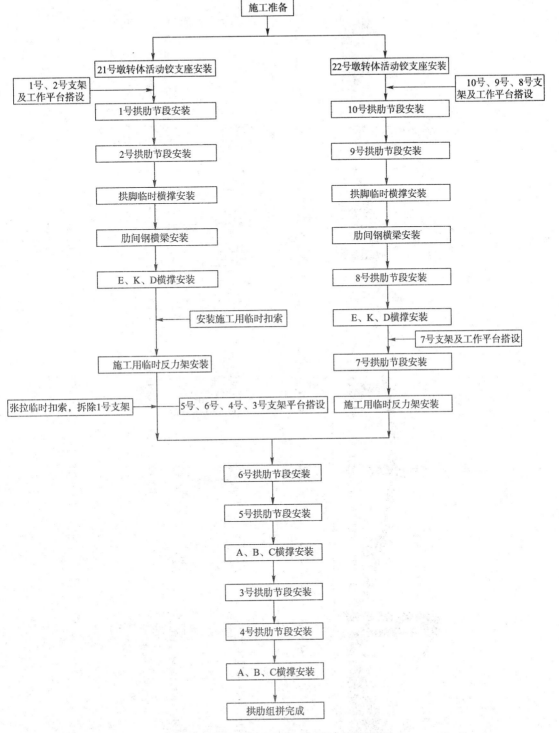

图 7-5-1 京杭运河特大桥主拱肋拼装工艺流程图

③依据活动铰支座底板尺寸在预埋钢板上焊接限位挡板,预留的调节间隙为 1cm。
④安装活动铰支座之前先将地脚螺栓穿入预埋管内,并依据管口中心将螺栓定位固定。

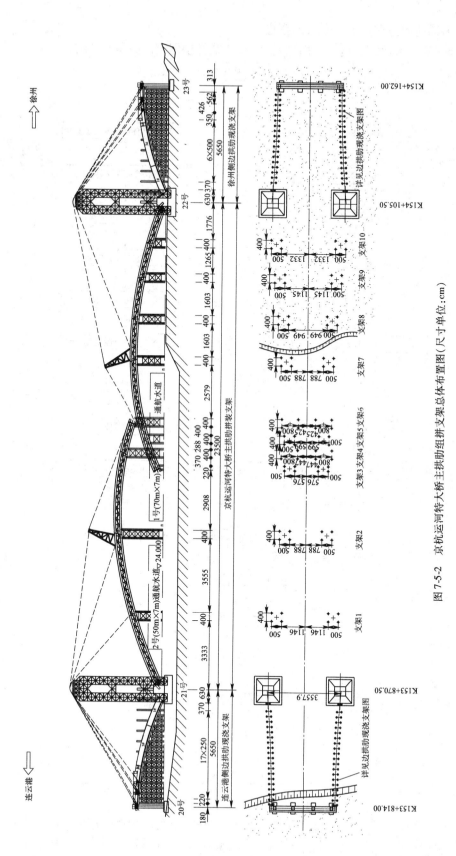

图 7-5-2 京杭运河特大桥主拱肋组拼支架总体布置图（尺寸单位：cm）

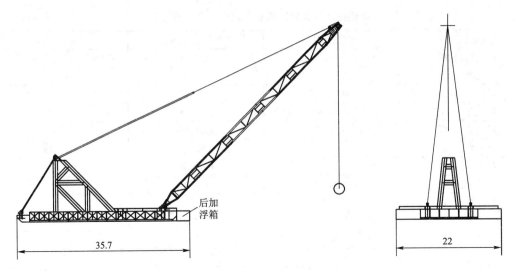

图 7-5-3 京杭运河特大桥主拱肋组拼浮吊结构示意图(尺寸单位:m)

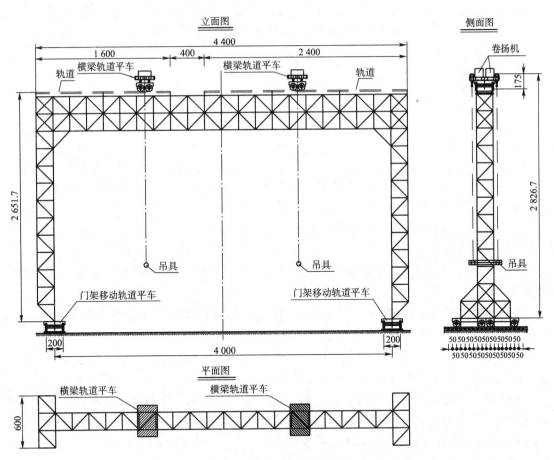

图 7-5-4 京杭运河特大桥主拱肋组拼龙门结构示意图(尺寸单位:cm)

⑤在活动铰上焊接吊点,安装定位镙杆。活动铰上设四个吊点,吊点的位置按吊起后底板与水平面的角约为60°,稍大于支座安装倾角。定位螺杆总共6个,在底板两侧边及底边各布置两个,以便在安装支座时能在前后,上下两个方向对支座都能进行精确的定位调节。活动铰支座的左右方向可用油压千斤顶调节。

京杭运河特大桥主拱肋预制桁架节段尺寸表　　　　　　　　　　　　表 7-5-2

主拱肋节段编号	上弦管长度(cm)	下弦管长度(cm)	备　注
1(上游、下游)	259.31	207.26	预埋入拱座
2(上游、下游)	3547.31	3411.41	
3(上游、下游)	4083.98	4031.67	
4(上游、下游)	3962.60	3887.58	
5(上游、下游)	1621.43	1561.86	
6(上游、下游)	99.74	100.43	合龙段
7(上游、下游)	1547.23	1686.64	
8(上游、下游)	3958.25	3883.04	
9(上游、下游)	2058.36	1965.97	
10(上游、下游)	2016.35	2056.35	
11(上游、下游)	1744.24	1707.18	
12(上游、下游)	1792.21	1693.64	
13(上游、下游)	259.88	205.91	预埋入拱座
14(上游、下游)	20.15	84.29	拱脚处接头管

京杭运河特大桥主拱肋预制永久横撑结构尺寸表　　　　　　　　　　表 7-5-3

横撑类型	长度(m)	备　注
横撑 A	12.942	共1件,分2片加工
横撑 B	13.596	共2件
横撑 C	15.374	共2件
横撑 D	17.905	共2件
横撑 E	21.352	共2件
横撑 K	6.349	共4件,根据实测数据现场修正

⑥加工外层面。将厚50mm,直径404mm的圆形钢板安装于支座弧形钢板两侧,以便引出活动支座的定位点。

⑦用浮吊将活动铰支座吊至预留钢板上并穿入螺栓内。

⑧测量组将控制点放出。

⑨在支座底板两侧面焊接垂直向上的倒"L"形支架,支架竖杆长40cm,横杆长20cm,用型钢焊接制作。

⑩用油压千斤顶依据控制点对支座进行初步定位,此时的定位误差保证在3mm内。初步定位可能有几个反复顶卸千斤顶的过程。

⑪初步定位结束后,再用定位调节镙杆对活动铰支座进行精调就位,在调节过程中因每个镙杆的调节对三个定位点的三向坐标均有影响,故需按"整体考虑,同步调节"的方法进行。

⑫精确定位的误差在合格范围内后,测量人员需对其进行复测,复测结果若满足要求即可对活动铰定位点进行加固,加固时按先点焊后满焊的方法进行。加固完成后对支座还需进行一次复测,复测结果若不能满足要求就要查出原因后再进行调节。转体活动铰支座必须精确定位,定位误差单个承台不超过1mm,上下游承台之间误差不超过2mm。

1.1.3.2.1　搭设连云港岸1号、2号支架、承台顶支架和徐州岸10号、9号、8号支架,同时安装定位楔形块并进行徐州岸龙门的拼装

支架均由四根 $\phi 850 \times 8mm$ 钢管桩作承重立柱(承台顶支架除外),通过型钢连接组成单元格构,格构尺寸为4m×5m,桩顶设1号桁架梁两根,桁架梁设计跨径5m,设计荷载值为80t。

支架顶设工作平台,以提供吊装调整及焊接时的操作空间。平台根据现场情况用型钢及木板加工,木板表面应铺薄钢板,防止割焊作业时引燃木板。平台设计荷载应按 2.0kN/m 考虑。为增加整个支架的稳定性,可将原设计中 1 号、2 号支架的横向联系(即剪刀撑)起始位置由离原设计最高水位 1m 距离开始,调整到从实际常水位开始,从而减小支架的自由高度。另外,在 1 号拱肋节段放置在支架上后,应在 1 号支架上拉结两根风缆至 21 号承台,以防止支架产生纵桥向的水平位移。抗风缆只设在 1 号支架上,其余支架上不设。承台顶支架采用两根 $\phi 850 \times 8mm$ 短钢管桩支撑,并用槽钢与拱座预埋件连接固定。钢管底部铺钢板后直接支撑于承台上,顶面设分配梁。支架搭设完毕吊装拱肋前应根据设计坐标安装好拱肋定位楔形支座,支座实际位置应根据设计位置在高程和宽度方向预留 2~3cm 调节余地,支座与桁架梁焊接固定。

徐州岸龙门支架采用甲型万能杆件拼装,支架宽 4m、高 27m,拼装要求依据钢脚手架施工手册要求。注意轨道及平车的安装,在拼装龙门立柱时应斜向布设八字抗风缆绳。

1.1.3.2.2　1 号拱肋节段安装及调节

(1)拱肋节段到达现场后首先组织有关技术人员进行检查,特别是拱脚竖转活动铰部位应详细检查,看其是否在航运中有损坏,是否满足设计要求。另外还应检查吊点位置及测量观测点布设是否正确,测量点应有醒目标记及编号,以免施工时弄混出错。其次在吊装前应完成浮吊的试吊和调整完善工作,使浮吊始终处于良好的工作状态,确保施工安全。

(2)载运钢管拱肋节段驳船的定位作业。定位时先做粗略定位,将驳船大致停在钢管拱肋吊装位置的附近,然后由拖轮顶推船体转向,使船体长度方向与桥轴线方向一致并靠近 1 号支架后挂好拉缆,最后通过绞锚和调整拉缆等予以精确定位与固定。驳船定位于 1 号支架钢管的外侧,定位时应防止碰撞支架钢管。固定后浮吊就位,开始起吊拱肋节段。在起吊前应对吊点、吊钩、扁担梁、钢丝绳、脚手及其他工具等方面予以检查,合乎要求后方可起吊。拱肋节段吊点在工厂安装,由吊耳及劲板组成并焊于两上弦管顶面,两吊点间距为 20.117m。考虑到拱肋节段在卧拼状态下拱脚处低,1 号支架端高,因此在起吊前应通过计算确定起吊钢丝绳的长短,使拱肋节段吊起后基本呈就位后的角度,起吊钢丝绳长度的计算可根据吊点定位布置图中吊点位置、拱肋卧拼状态及保证吊起后钢丝绳与两吊点间连线的最小夹角不小于 60°来确定。

(3)起吊拱肋节段时,先吊离支承面 10~20cm 后停止,检查无误再继续起吊,起吊应保持平稳、均匀、缓慢及对称进行。拱肋吊起一定高度后驳船立即离开。继续起吊直到高出支架顶楔形块高度后(高出 40~50cm 为宜),通过收紧浮吊上的拉缆使之吊住拱肋段向定位处慢慢靠近,当拱肋节段处于两端支架顶楔形块正上方时固定住浮吊位置,之后徐徐下吊钩将拱肋节段置于楔形块内。考虑到 1 号拱肋节段倾角及重量较大且受到 N3 件的影响重心偏于拱脚端,极易造成浮吊偏载,因此在吊装 1 号节段前于拱脚处塔架上预先设置滑车组配合浮吊安装。拱肋节段与楔形块的相对位置根据在工厂预拼时焊于拱肋下弦管的包板确定。安装时包板中心线与楔形块几何中心线应基本重合。初步定位完成后为防止拱肋节段发生滑移及失稳倾覆,在松吊钩之前应在支架上拱肋节段内侧安装焊接支撑架,外侧用葫芦拉结并在楔形块位置拱肋钢管上焊接限位钢板。

(4)上、下游 1 号拱肋节段均吊放至支架上后开始精调定位。调节前先计算出各拱肋节段上测量定位点在卧拼状态下的理论坐标值,然后现场通过全站仪测量拱肋节段上靠近两端头的四个定位点坐标(1 号拱肋节段上为 38 号和 46 号点)并与理论值比较,根据在 X、Y、Z 三个方向的差值进行移动调节。调节直接采用浮吊。将临时支撑拆除后吊起拱肋节段(连同 N3 件一起)稍稍脱离开支架上的楔形块,通过葫芦及千斤顶在左右和前后方向移动拱肋节段直至定位点坐标值满足误差要求,这个过程可能需要多次反复进行。定位完成后应及时在支架上用葫芦及斜撑拉结撑顶并焊接限位钢板将拱肋节段固定。

(5)1号拱肋节段调节完后将 N3 件顶入活动铰支座内,使 N3 件的转轴与活动铰支座的弧形板密合,同时应尽量保证 N3 件的分力底板与拱肋轴线垂直。就位后用码板在侧面将 N3 和 N2 件固定,防止在焊接过程中由于温度的影响产生变形移位。

另外在转轴及弧形板内应预先涂一层黄油和四氟粉并用防火布覆盖,防止施工中进入杂质。

1.1.3.2.3　2号拱肋节段吊装及调节

2号拱肋节段按照 1 号拱肋节段吊装及调节方法和要求安装定位至 1 号、2 号支架上,吊装时应注意避免碰撞 1 号拱肋节段,调节完毕后对 1 号、2 号节段进行整体坐标及线形测量并检查拱肋接头错边量是否符合要求,合格后将拱肋固定并用码板连接两段接头钢管。

另外还应对已调好的节段保持观测直至稳定为止,测量坐标时需记下相应的温度值。

1.1.3.2.4　安装及调节连云港岸临时横撑,C 类钢横梁和 D、E、K 横撑

同样在吊装前应对构件进行全面仔细地检查并作出定位标记,测量组应对拱肋上横撑短接管位置进行量测调整,同时测出对应两短管间的实际距离以便将横撑节段主管预留量切除。吊装时将装有横撑的驳船定位到横撑就位位置的正下方使横撑起吊时仅作垂直升降。由于横撑吊装未设支架,从起吊到焊接固定必须由浮吊配合完成,所以要求吊装前准备充分,定位时迅速准确。横撑起吊前应根据横撑与水平面的设计倾角确定起吊钢丝绳的长度。横撑吊点取距两端头 1/4 横撑长度附近主、腹杆相交位置处,吊点采用对角布置(即布置在横撑四根主管中对角连线的两根上)钢丝绳捆绑,钢丝绳直径宜为 $\phi 26 \sim 31.5$,捆绕 3~5 圈,捆绕前应先用麻袋包缠该处钢管以防损伤构件。徐徐吊起横撑后,利用设置在吊点与起吊钢丝绳之间的 10t 葫芦调节横撑到设计倾角,只需粗略调整,然后起吊横撑至拱肋上短管接头处(起吊过程中横撑两端应用麻绳牵拉,防止横撑碰撞摇晃),利用葫芦等调节横撑与短管对接定位,符合要求后用码板将接头连接并进行焊接加固。

C 类横梁也应按此方法进行,所不同的是 C 横梁重量较横撑重,且 C 横梁嵌入拱肋内,因此吊装时应将横梁一头先插入拱肋,然后再插入另一头就位。吊点捆绑处应垫麻袋及方木,并对钢丝绳进行限位,以防吊装过程中产生向内滑动,擦伤构件。就位后应立即对 C 横梁进行加固并设临时支撑。

1.1.3.2.5　安装、张拉 3 号扣索和临时扣索并拆除 1 号支架

为进行下一步河中 3 号、4 号、5 号和 6 号支架平台的搭设及相应拱肋节段的吊装,并满足京杭运河通航要求,必须先拆除 1 号支架,将通航水道改至 1 号支架处。而拆除 1 号支架前须用临时扣索(替代 1 号支架)拉住 1 号、2 号拱肋节段(已连成整体)。上、下游临时扣索均采用 $\phi 34$ 钢丝绳,利用定、动滑车组(4 轮)各 2 个导向,走 16 线钢丝绳,出绳由 5t 卷扬机拉紧,并利用 10t 葫芦收放、调节拱肋轴线线形。临时扣索前锚点由 $\phi 56$ 钢丝绳捆绑于 1 号支架处拱肋上弦管,后锚点位于塔架顶部通过特殊节点板引出的连接框架上。临时扣索拉紧前应先安装3 号扣索并提前预拉。3 号扣索前端锚于边拱肋,后端锚于塔架顶部的连接框架上,采用钢绞线束,上下游各两束。前锚点为 OVM 普通锚,后锚点锚固形式采用 P 型锚。钢绞线下料好后,先将一头进行 P 锚挤压,挤压时应注意以下几点:

①挤压模内腔要保持清洁,每次挤压后都需清理一次,并涂抹石墨油;
②钢绞线衬套各圈钢丝应并拢,不得有间隙;
③P锚挤压头挤压后,钢绞线端头宜外露1.0cm以上。

挤压完毕后用吊至塔架顶,将钢绞线由上至下穿过锚梁并牵拉至前锚点,套上锚垫板及夹片后即可进行预张拉,张拉时以控制拉力进行控制。临时扣索收紧刚好使楔形块松动后停止,测量组进行复测,若拱肋线形没有发生变化则可用铁锤敲掉楔形块完成张拉。

临时扣索锚固后就可以拆除1号支架,并进行3号、4号、5号、6号支架平台的搭设。

1.1.3.2.6 徐州岸8号、9号、10号拱肋节段及临时横撑、C类钢横梁和D、E、K横撑安装

在吊装2号拱肋节段的同时,徐州岸可进行10号、9号、8号拱肋节段吊装以及C类横梁,临时横撑,D、E、K横撑等的安装,安装时采用龙门吊。拱肋节段由船运至现场后,先由浮吊转运至岸上后再由龙门吊运并安装调节,吊装方法及要求与水中拱肋吊装基本相同,所不同的是由于龙门高度的限制及稳定性的要求,拱肋节段吊点设置与水中吊装有所不同,吊点位置应按龙门施工设计图中的吊点布置图设置,吊点采用φ34.5钢丝绳捆绑。另外,龙门吊装前也应进行试吊及行走检查,确认无误后才可正式起吊。拱肋节段吊运时应缓慢对称的进行,不允许在龙门跨中附近起吊构件,以保证龙门的稳定与安全。拱肋节段吊运到位后直接用龙门作为调节支架按前述方法调整拱肋节段及各类横梁和横撑的位置,使之满足设计要求。

1.1.3.2.7 搭设7号拼装支架并安装7号拱肋节段

支架搭设与拱肋节段吊装同前,节段吊装由浮吊及龙门共同完成。

1.1.3.2.8 吊装河中6号、5号拱肋节段及A、B、C横撑

A、B、C类横撑长度较短,所在位置的高度较低,所以不需要将驳船定位于安装位置下,可由浮吊从上、下游拱肋两侧起吊并安装就位。施工过程中注意浮吊臂杆的倾角设置,防止其与卧拼的拱肋桁架节段相撞。

1.1.3.2.9 安装3号、4号拱肋节段及连云港岸A、B、C横撑

3号、4号拱肋节段安放在支架上后,浮吊无法通过预留的通航水道,所以应当综合考虑施工设备的施工安排,充分利用现有施工设备。

所有节段安装就位并满足设计要求后应立即加固焊接,以保证整体性及不影响下道工序的进行。另外,还应进行全面反复地检查量测,以确保安装位置正确无误。

1.2 主拱肋组拼精度控制要求

通过对拱桥施工相关资料的检索和国家桥梁施工规范的查阅,我部会同设计单位、监理单位、工程建设指挥部制定了严格的施工精度控制指标。具体数值如下:

(1)拱肋桁架节段拼装误差≤5mm;
(2)拱肋轴线偏位<5mm;
(3)拱顶、拱脚偏差<10mm;
(4)拱肋间相对偏差<5mm。

1.3 施工安全措施

主拱肋吊装施工系高空和水上作业,且拱肋节段为多弦管桁架结构并向内侧倾斜,截面尺寸大,节段长度长,吊装吨位大,加上拱轴精度标准高,对接安装又受到水域封航时间的限制,使得施工难度大,施工工艺、工序复杂,技术要求高等,所以在施工之前必须进行充分准备。所有参加现场施工的技术人员、工班长对每一个工序、每一个工作环节都需要进行细致的安排、

筹划,并严格按施工设计图、施工工艺要求、桥梁施工规范的要求进行作业操作,以确保主拱肋拼装施工有条不紊,万无一失,同时在施工时还应按照安全技术规程操作,杜绝安全事故发生。京杭运河特大桥主拱肋拼装施工安全保障措施细则共18条,内容如下:

(1)严格制度和程序,上下一致,政令畅通,赏罚分明,责任到人。

(2)统一指挥,信号明确,各部操作人员在未得到指令或指令不清的情况下严禁进行操作。各部人员在工作中对所发现的问题或自己不清楚的东西要及时向上级部门和指挥台清楚明确地报告和反馈,以消除不安全因素。

(3)高空作业人员应进行体格检查,不宜高空作业的坚决不作安排。水上作业人员应穿救生衣。凡参加吊装作业的人员应持证上岗,挂牌作业。

(4)备交通船一艘,船上应备齐救生衣、救生圈等救生物品。

(5)交通船不得超员,船到位后,应靠稳拴牢,方可上下,非驾驶人员严禁私自开船。

(6)高空作业面工作平台应装栏杆扶手,必要时应挂设安全网,上下梯子应挂牢放稳,并防滑,作业人员应穿防滑鞋。

(7)钢管桁架节段上弦和下弦顶面缀板曲面应布设爬行防滑软梯。

(8)高空作业应挂好安全带,上层作业面不得向下层作业面抛投物品和掉东西,以免伤人。

(9)钢管拱肋节段拼装时,应注意对点准确,调正;严禁强拉硬顶,以免伤及结构。

(10)节段垂直起吊时,拼装作业人员应备齐工具,带足配件并放置好,以免起吊上升时坠落或伤人。

(11)节段起吊时,吊点位置应正确并捆绑好,平衡索等结构应装牢放妥,严防发生意外。

(12)节段起吊时宜先试吊一次,确认可行后再正式起吊,起吊上升应平稳、对中,严禁动作过大引起晃动和摆动。

(13)扣索张拉时,扣点及锚点设置及千斤顶放置应牢固可靠,施力时,千斤顶正对方向严禁站人。

(14)由于是冬季施工,气温较低所以必须穿防寒服,施工现场随时有专人值班,夜间应有足够照明,且宜尽量避开夜间作业。

(15)节段吊装时,应注意遵守航运部门规定要求,防止碰撞钢管支架及过往船只。

(16)扣索投入使用后,应派人保护,电焊与氧割作业应远离扣索,严防火星伤及。塔吊起吊作业时,应防止撞击扣索。

(17)钢管拱肋节段吊装捆绑用钢丝绳,应经常检查,发现问题及时更换。

(18)搞好现场管理,抓好文明生产,做到文明施工。

1.4 主拱肋组拼实施效果

2000年12月至2001年6月组拼完成京杭运河特大桥用于竖转施工的总计1290t两个半拱拱肋桁架,在施工过程中充分结合施工环境的变化,对既定施工技术方案做细节上的修改和补充。根据京杭运河水位的涨落和拱肋节段的吨位区别,调配使用不同的施工设备进行拱肋节段的组拼,充分利用设备的优势,减小了施工的难度,保证施工过程的安全。在经济效益方面,缩短了施工工期,降低了施工工程成本,为工程的顺利展开奠定了基础。

2 中承式、下承式钢管混凝土拱桥施工

图7-5-5为中承式钢管混凝土拱桥。

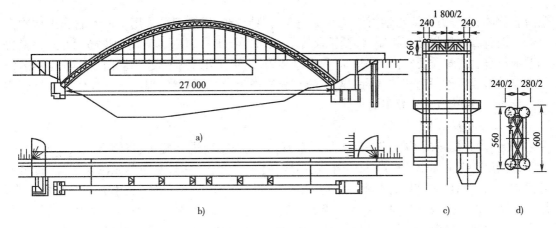

图 7-5-5 中承式钢管混凝土拱桥(尺寸单位:cm)
a)立面图;b)平面图;c)横截面;d)拱肋截面

2.1 施工程序及要点

2.1.1 施工程序

首先分段制作钢管及加工腹杆、横撑等,然后,在样台上拼接钢管拱肋,应先端段,后顶段逐段进行;接着吊装钢管拱肋就位,合龙,从拱顶向拱脚对称施焊,封拱脚使钢管拱肋转为无铰拱,同时,从拱顶向拱脚对称安装肋间横梁、X 撑及 K 撑等结构;然后可按设计程序浇筑钢管内混凝土;最后,安装吊杆、拱上立柱及纵横梁和桥面板,浇筑桥面混凝土。

2.1.2 施工要点

(1)用钢板制作钢管时,下料要准确,成管直径误差应控制在±2mm 范围内;

(2)拱肋拼接应在 1:1 大样的样台上进行。焊接时应采取措施减少焊接变形,并严格保证焊接质量;

(3)由于钢管直径大,一次浇筑混凝土数量多,为避免浇筑过程中钢管混凝土出现过大的拉应力及保证管内混凝土的浇筑质量,每根钢管混凝土的浇筑应连续进行,上下钢管、相邻钢管内混凝土按一定程序或设计要求进行;

(4)为保证空间桁架拱肋在施工中的纵横向稳定性,拱肋间应设置横梁、X 撑、K 撑、八字浪风,调整管内混凝土的浇筑程序等措施;

(5)钢管的防锈和柔性吊杆的防护和更换应有一定的措施;

(6)必须在钢管混凝土达到设计强度后才能进行桥面系的安装。

2.2 钢管拱肋制作

钢管混凝土拱桥所用的钢管直径大,材料一般采用 Q235 钢和 16Mn 钢,钢管由钢板卷制成型,管节长度由钢板宽度确定,一般为 120~180cm。采用桁式截面时,上下弦之间的腹杆由于直径较小,可以直接采用无缝钢管。在条件的情况下,优先选用符合国家标准系列的成品焊接管。拱肋制作的关键在于拱肋在放样平台上的精确放样和严格控制焊接质量,应尽量减少高空焊接。严格控制钢管拱肋的制作质量,为拱肋的安装和拱肋内混凝土浇筑,提供了安全保证。

2.2.1 钢管卷制和焊接

钢板利用焰割机切割,但应将热力影响宽度 3~5mm 去掉。拱肋及横撑结构外表面均应先喷砂除锈,按一级表面清理。钢板卷制前,应根据要求将板端开好坡口,将钢板送入卷板机卷成直筒体,卷管方向应与钢板压延方向一致。钢板卷制焊接管可采用工厂卷制和工地冷弯卷制。前者卷制质量便于控制,检测手段齐全,为推荐方法。轧制的管筒的失圆度和对口错边偏差应符合施工规程要求。根据不同的板厚和管径,可采用螺旋焊缝和纵向直焊缝将卷成的钢管缝焊接成直管。由于钢管对混凝土的起套箍作用,宜采用螺旋焊缝。对焊成的直钢管应进行检查和校正,以确保卷制的精度。

2.2.2 拱肋放样

卷制后的成品管通常为 8~12m 长的直管,一般在工地进行接头、弯制、组装,形成拱肋。首先根据设计图的要求绘制施工详图(包括零件图、单元构件图、节段单元图及组焊、拼装工艺流程图),然后将半跨拱肋在现场平台上按 1:1 进行放样,注意考虑温度和焊接变形的影响,放样的精度需达到设计和规范要求。沿放样的拱肋轴线设置胎架,在大样上放出吊杆位置及段间接头位置以及混凝土灌注孔、位置。拱肋分段的长度应考虑从工厂到工地的运输能力。分段的长度可以适当变化,主要分段接头应避开吊杆孔和混凝土灌注孔位置。按拱肋加工段长度进行钢管接长。首先应对两管对接端进行校圆,除成品管按相应的国家标准外,失圆度一般不大于 $3D/1\,000$(D 为钢管直径),达不到要求必须进行调校。接下来进行坡口处理,包括对接端不平度的检查,然后焊接。工地弯管宜采用加热预压方式,加热温度不得超过 800℃。钢管的对接焊缝可采用有衬管的单面坡口焊和无衬管的双面熔透焊。两对接环焊缝的间距,应符合设计要求,设计无规定时,直缝焊接管不小于管的直径,螺旋焊接管不小于 3m。对接径向偏差不得超过壁厚的 0.2 倍。纵向焊缝各管节应相错,施工时应严格进行控制;而且将纵向焊缝全部置于两肋板中间,以免外表面焊缝影响美观。焊接完成后严格按照设计要求对管缝焊接质量进行超声探伤和 X 光拍片检查。

2.2.3 拱肋段的拼装

(1)精确放样和下料。

(2)对管段涂刷油漆作防锈(喷砂)防护处理。

(3)在 1:1 放样台上组拼拱肋。先进行组拼,然后作固定性点固焊接,在拱肋初步形成后,详细检查,调校尺寸。

(4)精度控制。精度控制着眼于节段的制作精度。

(5)防护。钢管防护的好坏直接影响钢管混凝土拱桥的使用寿命。首先对所有外露面作喷砂除锈处理,然后作防护处理,目前一般采用热喷涂,其喷涂工艺以及厚度均应符合设计要求。

2.3 拱肋安装和拱肋混凝土浇筑

2.3.1 拱肋安装

钢管拱肋的安装,我国已建成的钢管混凝土拱桥中采用最多的施工方法为少支架或无支架缆索吊装、转体施工或斜拉扣索悬拼法施工。转体施工方法将在以后章节给予详细叙述,缆索吊装方法在以前章节装配式拱桥施工中详细叙述,在此不作赘述。图 7-5-6 为钢管拱肋拼装流程示意图。

钢管拱肋成拱过程中,应同时安装横向联结系,未安装联结系的不得多余一个节段,否则应采取临时横向稳定措施;节段间环焊缝应对称进行,施焊前需保证节段间有可靠的临时连接并用定位板控制焊缝间隙,不得堆焊。

2.3.2 拱肋混凝土浇筑

根据钢管拱肋的截面形式及施工设备,钢管混凝土的浇筑可采用以下两种浇筑方法。

(1)人工浇筑法。这种方法是用索道吊点悬吊活动平台,在钢管拱肋顶部每隔4m开孔作为灌注孔和振捣孔。混凝土由吊斗运至拱肋灌注孔,混凝土由人工铲进,插入式和附着式振捣。

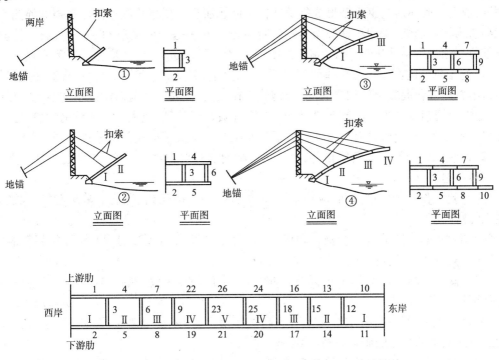

图 7-5-6 钢管拱肋拼装流程示意图

注:图中阿拉伯数字表示吊装就位顺序;罗马数字表示钢骨架分段。

(2)泵送顶升浇筑法。这种方法适用于桁架式钢管拱肋内混凝土的浇筑,也可用于单管、哑铃形等实体形拱肋截面的混凝土浇筑。一般输送泵设于两岸拱脚,对称均衡地一次压注混凝土。在钢管上应每隔一定距离开设气孔,以减少管内空气压力,泵送之前,应先用压力水冲洗钢管内壁,再用水泥砂浆通过,然后连续泵送混凝土,见图7-5-7。

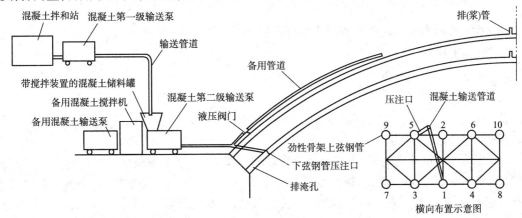

图 7-5-7 采用泵送混凝土浇筑管内混凝土

灌注混凝土的配合比除满足强度指标外,尚应注意混凝土坍落度的选择。对于泵送顶升浇灌法粗集料粒径可采用 0.5~3.0cm,水灰比不大于 0.45,坍落度不小于 15cm;对于吊斗浇捣法粗集料粒径可采用 1~4cm。为满足上述坍落度的要求,应掺入适量减水剂。为减少收缩量,可掺入适量的混凝土微膨胀剂。

2.3.3 浇筑混凝土注意事项

钢管混凝土填充的密实度是保证钢管混凝土拱桥承载能力的关键问题。钢管内混凝土是否灌满,混凝土收缩后与钢管壁形成空隙往往是问题所在。质量检测办法以超声波检测为主,人工敲击为辅。当然,采用小铁锤敲击钢管听声音的方法是十分简单和有效的,通过检测,有空隙部位必须进行钻孔压浆补强。施工中除应按设计要求进行外,还应注意以下几点:

(1)每根钢管的混凝土须由拱脚至拱顶一次连续浇筑完成,不得中断,且浇筑完成时间不宜超过第一盘入管混凝土的初凝时间,当钢管直径较大,混凝土初凝时间内不能浇完一根钢管时,可设隔板把钢管分为3段或5段、分段灌注。隔板钢板厚度应大于1.5倍钢管壁厚。下一段开口应紧靠隔板,使两段混凝土通过隔板严密结合。隔板周边应与钢管内壁焊接。

(2)浇筑入口应设在浇筑段根部,应从两拱脚向拱顶对称浇筑。用顶升法浇筑时,严禁从中部或顶部抛灌。

(3)浇筑混凝土的前进方向,应每隔30m左右设一个排气孔,有助于排出空气,加强管内混凝土的密实度。

(4)桁式钢管拱肋混凝土的浇筑顺序,一般为先下管、后上管或上、下管和相邻管的混凝土浇筑按一定程序交错进行或按设计要求进行。

(5)浇筑时环境气温应高于5℃,当环境气温高于40℃,钢管温度高于60℃时,应采取措施降低钢管温度。

(6)因浇筑管道较小,要求混凝土有较高的和易性,为减小混凝土凝结时收缩,施工时应加入适量的减水剂和微膨胀剂,并注意振捣密实。

(7)管内混凝土的配合比及外掺剂等,应通过设计、试验来确定。施工中须严格管理,以确保钢管混凝土的质量。

大跨径钢管混凝土拱桥,混凝土灌注可以分环或分段浇筑,灌注时应从拱脚向拱顶对称进行。大跨径拱肋灌注混凝土时应对拱肋变形和应力进行观测,并在拱顶附近配置压重,以保证施工安全。

3 中承式和下承式系杆施工

图7-5-8所示为中承式钢管混凝土系杆拱桥。

3.1 施工程序

(1)搭架浇筑两边跨半拱;

(2)拱肋制作,吊装;

(3)杆安装。拱肋合龙后安装横撑,穿系杆钢绞线,安装张拉设备,张拉部分系杆,以平衡钢管拱肋产生的水平推力;

(4)浇筑拱肋钢管内混凝土,安装桥面系(吊杆、横梁、纵梁及桥面板)并同步张拉系杆,要求按设计程序浇筑管内混凝土,同时按增加的水平推力张拉系杆,以达到推力平衡。按一定的加载程序安装横梁、桥面板、吊杆及桥面系其他部分,同步张拉系杆,最后封固系杆,形成系杆拱桥;

(5)拆除边跨支架,安装边跨支座。

3.2 施工时注意事项

(1)钢管拱肋合龙时,系杆因无法马上张拉,因此主墩必须能承受空钢管拱肋产生水平推力或采取临时措施使主墩能承受此水平推力;如为单跨系杆拱桥,则在钢管拱肋吊装合龙且安装好横撑后,在封拱脚同时,浇筑拱脚两端的系杆锚墩,完成主拱拱脚固结。

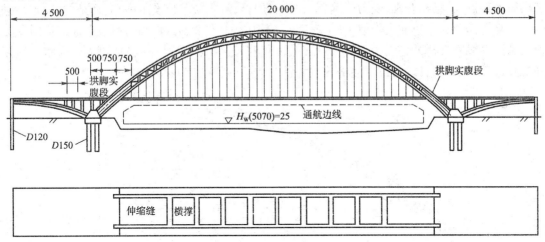

图7-5-8 中承式钢管混凝土系杆拱桥(尺寸单位:cm)

(2)对拱肋加载应与系杆张拉同步进行。施工中应严格控制主墩(或锚墩)的水平位移以确保施工安全。

(3)桥面系施工、吊杆安装程序等应按设计程序对称、均衡施工。

(4)加载程序为先灌注拱肋钢管内混凝土,然后施工桥面系,张拉竖向吊杆及水平向系杆钢束。

(5)钢管内混凝土浇筑可通过压浆、微膨胀混凝土、泵送连续浇筑等措施保证管内混凝土的密实性及与管壁的紧密结合,完成后,要检查其质量及密实度。

(6)应采取措施使吊杆与后浇筑的系杆混凝土隔离。

4 钢管混凝土劲性骨架施工

钢管混凝土结构,由于钢管吊装质量轻,钢管内灌注混凝土后刚度大,钢管对混凝土的约束作用提高了混凝土的强度和变形能力。这些突出的优点使钢管混凝土结构适宜作为大跨径钢筋混凝土拱桥的施工劲性骨架。

此法采用不同形状的钢管(如单管形、哑铃形、矩形、三角形或集束形),或者以无缝钢管作弦杆,以槽钢、角钢等作为腹杆组成空间桁架结构,先分段制作成钢骨架,然后吊装合龙成拱,再利用钢骨架作支架,浇筑钢管内混凝土,待钢管内混凝土达到一定强度后,形成钢管混凝土劲性骨架,然后在其上悬挂模板,按一定的浇筑程序分环(层)分段浇筑拱圈混凝土直至形成设计拱圈截面。先浇的混凝土凝结成形后可作为承重结构的一部分与劲性骨架共同承受后浇各部分混凝土的重力;同时,钢管中混凝土也参与钢骨架共同承受钢骨架外包混凝土的重力,从而降低了钢骨架的用钢量,减少了钢骨架的变形。故利用钢管混凝土作为劲性骨架浇筑拱圈的方法比劲性骨架法更具优越性。如图7-5-9为某钢管混凝土劲性骨架构造及浇筑顺序图。

5 拱桥的转体施工方法

转体施工法一般适用于单孔或三孔拱桥的施工。其基本原理是:将拱圈或整个上部结构分为两个半跨,分别在河流两岸利用地形或简单支架现浇或预制装配半拱,然后利用一些机具设备和动力装置将其两半跨拱体转动至桥轴线位置(或设计高程)合龙成拱。采用转体法施工拱桥的特点是:结构合理,受力明确,节省施工用材,减少安装架设工序,变复杂的、技术性强的水上高空作业为岸边陆上作业,施工速度快,不但施工安全、质量可靠,而且在通航河道或车辆频繁的跨线立交桥的施工中可不干扰交通、不间断通航、减少对环境的损害、减少施工费用和机具设备,是具有良好的技术经济效益和社会效益的桥梁施工方法之一。

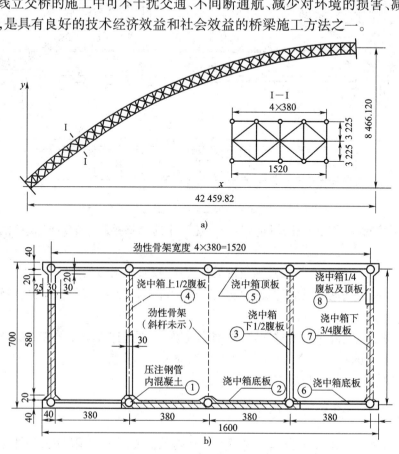

图 7-5-9 其钢管混凝土劲性骨架构造及浇筑顺序示意图(尺寸单位:cm)

转体的方法可以采用平面转体、竖向转体或平竖结合转体,目前已应用在拱桥、桁架拱、T形刚构、斜拉桥、斜腿刚构等不同桥型上部结构的施工中。

5.1 平面转体

该方法适用于深谷、河岸较陡峭、预制场地狭窄或无法采用现浇或吊装的施工现场。在桥墩、台的上、下游两侧利用山坡地形的拱脚向河岸方向与桥轴线成一定角度搭设拱架,在拱架上现浇拱(肋)箱或组拼箱段以完成二分之一跨拱,其拱顶高程与设计高程相同(应设置预留高度)。利用转动体系,将两岸拱箱相继旋转合龙就位,要使得拱箱平衡稳定旋转就位,拱箱的平衡是平转法的关键,使拱箱旋转平衡的方法有:

(1)有平衡重转体:拱箱(肋)在平转中是利用扣索,悬扣于桥台上,在桥台后(或拱体的另一端)要加平衡重,用以平衡拱箱(肋)的重力,以达到平稳转体,平衡重一般是通过计算利用桥台圬工或在桥台配置一定重力(条块石或其他重物),待拱箱(肋)合龙,转动体系封固后再拆除平衡重,如图 7-5-10 所示。

(2)无平衡重转体:由锚旋、尾管、水平撑、锚梁、斜锚索组成的锚固体系来取代转体所需的平衡重,这种转体方法不需利用(或少利用)墩、台坍工或配重。

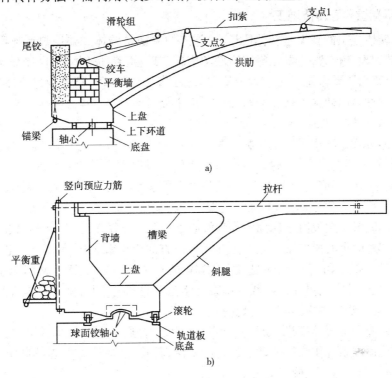

图 7-5-10 转动体系的一般构造
a)四氟滑板环道转体;b)球面转轴辅以滚轮转体

5.2 竖向转体

该方法适用于桥址地势平坦,桥孔下无水或水浅,在一孔中的两端桥墩、台从拱座开始顺桥向各搭设半孔拱架(或土拱胎),在其上现浇或组拼拱箱(肋或钢管肋),利用敷设在两岸桥台(或墩)上的扣索[扣索一端系在拱顶端,另一端通过桥台(或墩)顶入卷扬机],先收紧一端扣索,拱箱(肋)即以拱座铰为中心,竖直旋转,使拱顶达设计高程,同法收紧另一端扣索,合龙。

竖向转体视拱箱(肋)预制(或现浇)的方式不同分为:

(1)俯卧预制后向上转体(如上述)。

(2)竖直向上预制后再向下转体就位:在桥孔或墩、台上、下游侧均无搭设拱架进行拱箱现浇、组拼的施工现场,多采用此种方法。其主要原理是:从拱座(在拱座与拱箱用铰连接),向上现浇或组拼拱箱(肋),每现浇或组拼一定长度节段后用临时扣索和风缆将其稳定,直至拱箱(肋)完成二分之一跨。在拱顶设置转体用扣索(其另一面设拉索)及在拱箱(肋)的两侧设顶缆,将二分之一跨拱箱(肋)稳定,拆除临时扣索及I临时风缆,收紧拉索,放松扣索及风缆,使拱箱(肋)徐徐向下转体,本法适用于钢管劲性骨架拱桁的预制安装。

5.3 平竖结合转体

由于受到河岸地形条件的限制,拱桥采用转体施工时,可能遇到既不能按设计高程处预制半拱,也不可能在桥位竖平面内预制半拱的情况(如在平原区的中承式拱桥)。此时,拱体只能在适当位置预制后既需平转、又需竖转才能就位。这种平竖结合转体基本方法与前述相似,但其转轴构造较为复杂。当地形、施工条件适合时,混凝土肋拱、刚架拱、钢管混凝土拱可选用此法施工。

5.4 有平衡重平面转体施工

有平衡重转体施工的特点是转体质量大，施工的关键是转体。要把数百吨重的转动体系顺利、稳妥地转到设计位置，主要依靠以下两项措施实现：正确的转体设计；制作灵活可靠的转体装置，并布设牵引驱动系统。目前国内使用的转体装置有两种，都是通过转体实践考验，行之有效的。第一种是以四氟乙烯作为滑板的环道平面承重转体；第二种是以球面转轴支承辅以滚轮的轴心承重转体，如图7-5-10所示。

第一种转体装置是利用了四氟材料摩擦系数特别小的物理特性，使转体成为可能。根据试验资料，四氟板之间的静摩擦系数为 0.035～0.055，动摩擦系数为 0.025～0.032，四氟板与不锈钢板或镀铬钢板之间的摩擦系数比四氟板间的摩擦系数要小，一般静摩擦系数为 0.032～0.051，动摩擦系数为 0.021～0.032，而且随着正压力的增大而减小。

第二种转体装置是用混凝土球面铰作为轴心承受转动体系重力，四周设保险滚轮，转体设计时要求转动体系的重心落在轴心上。这种装置一方面由于铰顶面涂了二硫化钼润滑剂，减小了牵引阻力，另一方面由于牵引转盘直径比球铰的直径大许多倍，而且又用了牵引增力滑轮组，因而转体也是十分方便可靠的。我国桥梁转体施工的实践证明：桥梁转体施工不但理论上是可行的，而且实际施工中也是容易实现的。

牵引驱动系统通常由卷扬机（绞车）、倒链、滑轮组、普通千斤顶等机具组成。近来又出现了采用自动连续顶推系统作为转体动力设备的实例，其特点是：转体能连续同步、匀速、平稳、一次到位、结构紧凑、占地少、施工方便。

从图7-5-10中可知，转动体系主要由底盘、上盘、背墙、桥体上部构造、锚扣系统、拉杆（或拉索）组成。

5.4.1 拱体预制

拱体预制应按设计桥型、两岸地形情况，设置适当的支架和模板（或土胎模），预制应按《公路桥涵施工技术规范》(JTG/T F50—2011) 有关规定进行。

5.4.2 转体拱桥的施工

有平衡重平面转体拱桥的主要施工程序如下：

制作底盘→制作上转盘→试转上转盘到预制轴线位置→浇筑背墙→浇筑主拱圈上部结构→张拉拉杆，使上部结构脱离支架，并且和上转盘、背墙形成一个转动体系，通过配重基本把重心调到磨心处→牵引转动体系，使半拱平面转动合龙→封上下盘，夯填桥台背土，封拱顶，松拉杆，实现体系转换。

5.4.2.1 制作底盘（以钢球面铰为例）

底盘没有轴心（磨心）和环形轨道板，轴心起定位和承重作用。磨心顶面上的球面形钢铰上盖要加工精细，使接触面达70%以上。钢铰与钢管焊接时，焊缝要交错间断并辅以降温，防止变形。轴心定位要反复核对，轨道板要求高差为 ±1mm。注意板底与混凝土接触密实，不能有缝隙。

5.4.2.2 制作上转盘

在轨道板上按设计位置放好承重滚轮，滚轮下面垫有 2～3mm 厚的小薄铁片，此铁片当上盘一旦转动后即可取出，这样便可在滚轮与轨道板间形成一个 2～3mm 的间隙。这个间隙是保证转动体系的重力压在磨心上而不压在滚轮上的一个重要措施。它还可用来判断滚轮与轨道板接触松紧程度，调整重心。滚轮通过小木盒保护定位后，可用砂模或木模作底模，在滚轮支架顶板面涂以黄油,在钢球铰上涂以二硫化钼作润滑剂,盖好上铰盖并焊上锚筋,绑扎上盘钢筋,预留灌封盘混凝土的孔洞,即可浇上盘混凝土。

5.4.2.3 布置牵引系统的锚碇及滑轮,试转上盘

要求主牵引索基本在一个平面内。上转盘混凝土强度达到设计要求后,在上转盘前方或后方配临时平衡重,把上盘重心调到轴心处,最后牵引上转盘到预制拼装上部构造的轴线位置。这是一次试转,一方面它可检查、试验整个转动牵引系统,另一方面也是正式开始预制拼装上部结构前的一道工序。为了使牵引系统能够供正式转体时使用,布置转向轮时,应使其连线通过轴心且与轴心距离相等,这样求得正式转体时牵引力也是一对平行力偶。此问题在施工设计中还要作进一步介绍。

5.4.2.4 浇筑背墙

上转盘试转到上部构造预制轴线位置后即可准备浇筑背墙。背墙往往是一个重力很大的实体,为了使新浇背墙与原来的上转盘形成一个整体,必须有一个坚固的背墙模板支架。为了保证墙上部截面的抗剪强度(主要指台帽处背墙的横截面),应尽量避免在此处留施工缝。如一定要留,也应使所留斜面往外倾斜。也可另用竖向预应力来确保该截面的抗剪安全。

5.4.2.5 浇筑主拱圈上部结构

可利用两岸地形作支架土模,也可采用扣件式钢管作为满堂支架,以求节约木材。扣件式钢管能方便地形成所需的拱底弧形,不必截断钢管,可以重复周转使用。为防止混凝土收缩和支架不均匀沉降产生的裂缝,浇半跨主拱圈时应按规范留施工缝。主拱圈也可采用简易支架,用预制构件组装的方法形成。

5.4.2.6 张拉脱架

当主拱圈混凝土达到设计强度后,即可进行安装拉杆钢筋,张拉脱架等工序。为了确保拉杆的安全可靠,要求每根拉杆钢筋都进行超荷载50%试拉。正式张拉前应先张拉背墙的竖向预应力筋,再张拉拉杆。在实际操作中,应反复张拉2~3次,使各根钢筋受力均匀。为了防止横向失稳,要求两台千斤顶的张拉合力应在拱桥轴线位置,不得有偏心。通过张拉,要求把支承在支架、滚轮、支墩上的上部结构与上转盘、背墙全部联结成一个转动体系,最后脱离其支承,形成一个悬空的平衡体系支承的轴心铰上。这是一个十分重要的工序,它将检验转体阶段的设计和施工质量。当拱圈全部脱离支架悬空后,上转盘背墙下的支承钢木楔也陆续松脱,根据楔子与滚轮的松紧程度加片石调整重心,或以千斤顶辅助拆除全部支承楔子,让转动体系悬空静置一天,观测各部变形有无异常并检查牵引体系等均确认无误后,即可开始转体。

5.4.2.7 转体合龙

把第一次试转时的牵引绳按相反的力向重新穿索、收紧,即可开始正式转体。为便于其平稳转体,控制角速度为0.5r/min。当快合龙时,为防止转体超过轴线位置,采用简易的反向收紧绳索系统,用手拉葫芦拉紧后慢慢放松,并在滚轮前微量松动木楔的方法徐徐就位。

轴线对中以后,接着进行拱顶高程调整,误差符合要求,合龙接口允许相对偏差为±1cm,在上下转盘之间用千斤顶能很方便地实现拱顶升降,只是应把前后方向的滚轮先拆除,并在上下转盘四周用混凝土预制块或钢楔等瞬时合龙措施将其楔紧、楔稳,以保证轴线位置不再变化。拱顶最后的合龙高程应该考虑桥面荷载以及混凝土收缩、徐变等因素产生的挠度,并留够预拱度。当合龙温度与设计要求偏差3℃或影响高程差±1cm时,应计算温度的影响。轴线与高程调整符合要求后,即可将拱顶钢筋用锅条焊接,以增加稳定性。

5.4.2.8 封上下盘、封拱顶、松拉杆

封盘混凝土的坍落度宜选用17~20cm,且各边应宽出20cm,要求灌注的混凝土应从四周溢流,上下盘间密实。封盘后接着浇筑桥台后座,当后座达到设计要求强度后即可选择夜间气温较低时浇封拱顶接头混凝土,待其达到设计要求后,分批、分级松扣,拆除扣、锚索,实现桥梁体系的转化,完成主拱圈的施工。主拱圈完成后,即是常规的拱上建筑施工和桥面铺装,不再赘述。

5.5 无平衡重的平面转体施工

采用有平衡重转体施工修建拱桥,转动体系中的平衡重一般选用桥台背墙,但随着桥梁跨径的增大,需要的平衡质量急剧增加,不但桥台不需如此巨大圬工,而且转体质量太大也增加了转体困难。与有平衡中转体相比,无平衡重转体施工是把有平衡重转体施工中的拱圈扣索拉力锚在两岸岩体中,从而节省了庞大的平衡重。锚碇拉力是由尾索预加应力传给引桥桥面板(或平撑、斜撑),以压力的形式储备。桥面板的压力随着拱箱转体的角度变化而变化,当转体到位时达到最小。这样一来,不仅使质量可大大减轻,而且设备简单,施工工艺得到简化;虽施工所需钢材略有增加,但全桥圬工数量大为减少。无平衡重转体施工需要有一个强大牢固的锚碇,因此宜在山区地质条件好或跨越深谷急流处建造大跨桥梁时选用。

根据桥位两岸的地形,无平衡重转体可以把半跨拱圈分为上、下游两个部件,同步对称转体;或在上、下游分别在不对称的位置上预制,转体时先转到对称位置,再对称同步转体,以使扣索产生的横向力互相平衡;或直接做成半跨拱体(桥全宽),一次转体合龙。

5.5.1 无平衡重转体一般构造

拱桥无平衡重转体施工是采用锚固体系代替平衡重平转法施工,利用了锚固、转动、位控三大体系构成平衡的转体系统,其一般构造如图7-5-11所示。

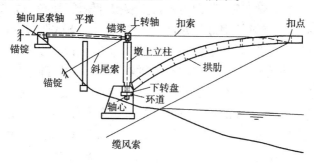

图7-5-11 拱桥无平衡重转体示意图

拱桥无平衡重转体施工的主要内容和工艺有以下各项。

5.5.2 转动体系施工

(1)安装下转轴、转盘及浇筑下环道;
(2)浇筑转盘混凝土;
(3)安装拱脚铰、浇筑铰脚混凝土;
(4)拼装拱体;
(5)设必要的支架、模板,设置立柱;
(6)安装扣索;
(7)安装锚梁、上转轴、轴套、环套。

这一部分的施工主要保证转轴、转盘、轴套、环套的制作安装精度及环道的水平高差的精度。转轴与轴套应转动灵活,其配合误差应控制在0.6~1.0mm,环道上的滑道采用固定式,其平整度应控制在±1cm以内;并要做好安装完毕到转体前的防护工作。

5.5.3 锚碇系统施工

(1)制作桥轴线上的开口地锚;
(2)设置斜向洞锚;
(3)安装轴向、斜向平撑;
(4)尾索张拉;
(5)扣索张拉。

这一部分的施工对锚碇部分应绝对可靠,以确保安全。尾索张拉是在锚块端进行,扣索张拉在拱顶段拱箱内进行。张拉时,要按设计张拉力分级、对称、均衡加力,要密切注意锚碇和拱箱的变形、位移和裂缝,发现异常现象应仔细分析研究,处理后再转入下一工序,直至拱箱张拉脱架。

5.5.4 转体施工

正式转体前应再次对桥体各部分进行系统、全面地检查,检查通过后方可转体。拱箱的转体是靠上、下转轴事先预留的偏心值形成的转动力矩来实现。启动时放松外缆风索,转到距桥轴线约60°开始收紧内缆风索,索力逐渐增大,但应控制在20kN以下,如转不动则应以千斤顶在桥台上顶推马蹄形下转盘。为了使缆风索受力角度合理,可设置两个转向滑轮。缆风索走速,启动时宜选用0.5~0.6m/min,一般行走时宜选用0.8~1.0m/min。

5.5.5 合龙卸扣施工

拱顶合龙后的高差,通过张紧扣索提升拱顶、放松扣索降低拱顶来调整到设计位置。封拱宜选择低温时进行。先用8对钢楔楔紧拱顶,焊接主筋、预埋铁件,然后先封桥台拱座混凝土,再浇封拱顶接头混凝土。当混凝土达到70%设计强度后,即可卸扣索,卸索应对称、均衡、分级进行。

情境 8　涵洞施工技术

任务 1　各类型涵洞施工方法

学习目标

1. 管涵(通常为圆管涵)施工方法；
2. 盖板涵施工方法；
3. 拱涵施工方法；
4. 箱涵施工方法；
5. 倒虹吸管施工方法。

任务描述

涵洞是公路工程中的小型构造物,虽然在总造价中,其所占比例很小,但涵洞施工质量的好坏,直接影响到公路工程的整体质量及其使用性能,以及周围农田的灌溉、排水等。因此,应在施工前做好充分准备,周密安排,施工过程中严格控制施工质量,确保其质量达到设计及规范要求。

学习引导

本任务按以下进程学习：

按构造形式的不同,涵洞可以分为管涵(通常为圆管涵)、盖板涵、拱涵、箱涵、倒虹管等。

1　管涵

公路工程中的管涵有混凝土管涵和钢筋混凝土管涵及金属波纹圆管涵,目前我国公路工程中多采用钢筋混凝土管涵和波纹圆管涵。

1.1　波纹管涵

波纹管涵(YTHG)如图 8-1-1 所示,是替代圆管涵、盖板涵、拱涵和小桥的优质公路建材。它是由波形金属板卷制成或由波形钢板拼接制成的波纹管。具有管节薄、重量轻、便于叠置捆扎、施工工艺简单、组装快速、工期短、耐久性好、工程造价低、抗变形能力较强、提高行车舒适

性、安全性、减少通车后养护成本等优点,尤其应用在高寒冻土地区、软土路基地带和深填土地带具有明显的经济效益。

图 8-1-1 波纹管涵

随着科学技术水平的不断提高和我国钢材工业的发展,空间钢结构越来越得到人们的青睐。空间结构是指结构的形态呈三维状态,在荷载作用下具有三维受力特性并呈空间工作的结构。平板网架、网壳以及悬索结构等空间结构在我国得到了广泛的应用,已为人们所熟悉。钢波纹管是一种典型的空间结构。

公路涵洞中,涵洞的不均匀沉降是其破坏的主要形式之一。从材料与结构和功能的本质关系上分析,采用柔性、高强度的钢波纹管涵洞,不仅具有适应地基与基础变形的能力,可以解决因地基基础不均匀沉降导致的涵洞破坏问题,而且钢波纹管涵洞由于轴向波纹的存在使其具有优良的受力特征,轴向和径向同时分布因荷载引起的应力应变,可以更大程度上分散荷载的应力集中,更好地发挥钢结构的优势。尤其在多年冻土、软土、膨胀土、湿陷性黄土等不良工程岩土地区,利用钢波纹管结构修筑涵洞更具有优势,也更具有广阔的应用前景。

1.1.1 钢波纹管涵洞优点

(1)工程实际造价比同类跨径的桥、涵洞低;
(2)施工工期短,主要为拼装施工;
(3)采用标准化设计、生产,设计简单,生产周期短;
(4)生产不受环境影响,进行集中工厂化生产,有利降低成本,控制质量;
(5)现场安装不需使用大型设备,安装方便;
(6)减少了水泥、块片石或碎石、砂等的用量,有利于环保;
(7)有利于改善软土、膨胀土、湿陷性黄土等特殊地基结构物处的不均匀沉降问题,提高了公路服务性能,减少了工后养护成本;
(8)解决北方寒冷地区(霜冻)对桥梁混凝土结构的破坏。

1.1.2 适用范围

(1)金属波纹管涵是一种柔性结构,波纹管在结构上具有横向补偿位移的优良特性,可充分发挥钢材抗拉性能强、变形性能优越的特点,具有较大的抗变形和抗沉降能力,特别适合于软土、膨胀土、湿陷性黄土等地基承载力较低地区和地震多发地区。
(2)由于金属波纹管涵施工简单且施工工期短(一般一道涵洞的施工时间在一个工作日以内),减短了多年冻土的裸露时间,冻融量小,故特别适用于多年冻土地区。
(3)金属波纹管涵施工时对环境的破坏小,适用于生态环境脆弱的地区。
(4)金属波纹管涵施工只需对基础和进出口进行处理,砂、石材料用量小,故适用于砂、石材料缺乏的地区。
(5)金属波纹管涵施工只需很少的人工,故适用于在劳动力缺乏地区。

(6)金属波纹管代替钢筋混凝土进行涵洞施工有利于解决北方寒冷地区冬季管涵混凝土结构的破坏问题,适用于高原地区。

(7)由于采用标准化设计、生产,设计简单,生产不受环境影响,进行集中工厂化生产,生产周期短,故适用于质量要求高、工期紧的工程项目。

1.1.3 国内外使用情况

波纹管最早诞生于英国(1784年),1896年美国率先进行波纹板通道、涵管的可行性研究,并首次应用于涵洞,1913年首条波纹板涵洞被应用于英国苏格兰爱丁堡近邻的农田灌溉,1923年美国铁路工程协会在伊利诺斯州中央铁路进行波纹板通道的测试,1929年加拿大首座波纹管涵用于一煤矿中。1931年澳大利亚首次建成8m汽车通道一座。随着波纹管在世界各地的安装使用,证明此种结构物在各种使用情况下的通用性,而且其寿命已超过了设计寿命。

解放前及解放初期我国也曾应用过波纹管涵,如20世纪50年代修建青藏公路不冻泉段时曾将波纹管涵应用于抢修工程,到70年代开挖出时发现其使用状况良好。1965年云南公路局在滇缅公路的大修中曾挖掘出一段钢质波纹管的过水涵管,被证实为第二次世界大战时期安装的(从美国进口)。改革开放后,深圳及大同煤矿均进口成品进行涵洞施工;1998年9月在上海浦东高桥地区挖掘出一段直径为1m的过水波纹管涵洞,被考证为1948年安装,用于当时的军事便道。由于诸多因素,波纹管涵未能广泛得到使用,到20世纪90年代末我国才逐步开展公路钢波纹管涵洞的应用及研究、生产。

1997~1999年,在青藏公路多年冻土地区成功地铺筑了多道金属波纹管涵洞,解决了多年冻土地区因融沉和冻胀而导致涵洞破坏的难题。2001~2002年青海省在青康公路(214国道)、宁党公路(227国道)上应用钢波纹管涵洞近200道。黑龙江在大兴安岭加漠公路(207省道)也应用100余道。上海在市政等工程中已经逐步研究应用椭圆形钢波纹管作为涵洞、通道。

为解决大兴安岭多年冻土地区涵洞基础稳定性问题,黑龙江省公路局及加漠公路建设指挥部采用波纹管涵洞,以适应因多年冻土退化而引起的变形和沉降。修建了100余道波纹管涵洞,无基础。使用1年后,黑龙江省交通科学研究所对波纹管涵洞进行了全面调查,除极少部分因施工原因、基础处理不当、防水处理不当发生不均匀沉降变形,涵身有积水和渗水现象外,大部分波纹管涵洞使用状态良好。目前尚未发现因构造原因产生的损坏。

青康公路(214国道)姜(路岭)清(水河)段,全长291km,地处青藏高原东部,需翻越姜路岭、长石头山、查拉坪和巴颜喀拉山,平均海拔4 300m,路线最高点海拔4 824m,年平均气温-4.2℃,极端最低气温-48.0℃,全年冰冻期在180天以上。为克服因冻融导致涵洞过早的破坏,青海省在2000年实施的G214线姜清段工程中试用了ϕ150cm(内径)的钢质镀锌波纹管,取得成功。于2001年、2002年推广到西(宁)久(治)公路大(武)至久(治)段、花(石峡)至达(日)公路、二(指哈拉山)至尕(海)等公路建设中,至今四个公路项目已累计使用波纹管涵洞8 231.19m,418道。直径从150cm至250cm,涵洞顶填土高度由100cm增加到1 700cm,波纹管壁厚由3mm增加到5mm。

1.1.4 施工方法

(1)涵洞施工前,准备相关材料、人员及设备进场,并做好施工时期的安全防护工作,对路基边坡进行围网防护,防止石块等物体下滑伤人。

(2)基础处理,可回填沙砾或砌筑片石混凝土。对基底进行平整,换填30~50cm厚的沙砾材料,密实度达到90%以上,选择适当的流水纵坡3%左右。定出每道涵的中线和边线。

(3)波纹涵管施工时,采用分段施工的方法,预先在原拱涵基底用角钢并排两根,长度根据涵长确定。作涵管推进时的滑轨,波纹涵管管径根据工程需要可有不同的规格,整装管管径为0.5~2.5m;每节管长度3m左右。采用内(外)法兰螺栓连接。拼装管管径为3~8m。每个圆周方向有4~15块板组成,板与板搭接高强螺栓紧固。

(4)如果涵长小于30m,波纹涵管两侧与原涵宽度大于80cm,可将整道波纹涵管在下游或上游向一端推进,就位以后,再进行一端挡墙的砌筑,四周的回填工作,可回填沙砾、碎石土,砌筑片石等,顶部采用浆砌片石或高压泵送膨胀水泥砂浆。

(5)如果涵长大于30m,波纹涵管两侧与原涵宽度小于80cm,可将3~6m长涵管在下游或上游向一端推进,就位以后,可以将其固定,砌筑顶端的片石端墙,波纹涵管的另一端与涵洞间的间距用沙袋或浆砌片石挡住,宽度50cm,然后开始回填。两侧可用粗沙水密法密实或浇注混凝土振动棒捣实;顶部采用高压泵送膨胀水泥砂浆。该节管四周填筑完毕以后,将第二节管运至,进行两管的连接,波纹涵管的连接方式为内法兰螺栓连接,工人可在管内连接。连接完毕后,以上述相同的方法进行回填。依此顺序,完成整道波纹涵管的修建工作。

1.2 钢筋混凝土管涵

1.2.1 涵管的预制和运输

预制混凝土圆管可采用振动制管法、离心法、悬辊法和立式挤压法。鉴于公路工程中涵管一般为外购,故对涵管预制不再进行详细说明,但涵管进场后必须对其质量进行检验。

管节成品的质量检验分为管节尺寸检验和管节强度检验。混凝土管涵质量要求及尺寸允许偏差见表8-1-1。

混凝土圆管节成品质量要求和尺寸允许偏差　　　表8-1-1

项　目		质量要求或允许偏差(mm)	检查方法和数量
1. 管节形状		端面平整并其轴线垂直,斜交管节端面符合设计要求	目测,用锤心吊线
2. 管节内外侧表面		平直圆滑,如有蜂窝,每处面积不得大于3cm×3cm,深度不得超过1cm,其总面积不得超过全部面积的1%,并不得露筋。应修补完善后方准使用	目测,用钢尺丈量
3. 管节尺寸允许偏差(mm)	管节长度	0~10	沿周边检查4处
	内(外)直径	±10	两端各检查4处
	管壁厚度	±5	两端各检查4处

涵管强度试验应按规范要求的方法进行,其抽样数量及合格要求为:

(1)涵管试验数量应为涵管总数的1%~2%,但每种孔径的涵管至少要试验1个。

(2)如首次抽样试验未能达到试验标准时,允许对其余同孔径管节再抽选2个重新试验。只有当2个重复试验的管节达到强度要求时,涵管才可验收。

(3)在进行大量涵管检验性试验时,是以试验荷载大于或等于裂缝荷载(0.2mm)时还没有出现裂缝者为达到标准。

在北方冬季寒冷冰冻地区的混凝土的涵管还应进行吸水率试验,要求钢筋混凝土和无筋混凝土涵管的吸水率不得超过干管质量的6%。

管节运输与装卸过程中,应注意下列问题:

(1)待运的管节其各项质量应符合前述的质量标准,应特别注意检查待运管节的顶填土高度是否符合设计要求,防止错装、错运。

(2)运输管节的工具,可根据道路情况和设备条件采用相应的运输工具。

(3)管节的装卸可根据工地条件,使用各种起重设备:龙门吊机、汽车吊和小型起重工具滑车、链滑车等。

(4)在装卸和运输过程中,应小心谨慎。运输途中每个管节底面宜铺以稻草,用木块圆木楔紧,并用绳索捆绑固定,防止管节滚动、相互碰撞破坏。固定方法可参考图8-1-2。

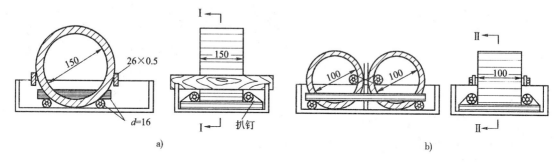

图8-1-2 管涵固定在车身内的方法(尺寸单位:cm)
a)断面Ⅰ-Ⅰ;b)断面Ⅱ-Ⅱ

(5)从车上卸下管节时,应采用起重设备。严禁由汽车上将管节滚下,造成管节破裂。

1.2.2 混凝土管涵施工程序

管涵可分为单孔、双孔的有圬工基础和单孔、双孔的无圬工基础管涵,现将其施工程序简介如下。

1.2.2.1 单孔有圬工基础管涵(见图8-1-3)

(1)挖基坑并准备修筑管涵基础的材料;

(2)砌筑圬工基础或浇筑混凝土基础;

(3)安装涵洞管节,修筑涵管出入口端墙、翼墙及涵底(端墙外涵底铺装);

(4)铺设管涵防水层及修整;

(5)铺设管涵顶部防水黏土(设计需要时),填筑涵洞缺口填土及修建加固工程。

对于双孔有圬工基础的管涵,可参考图8-1-3和图8-1-5的程序进行施工。

1.2.2.2 单孔无圬工基础管涵

洞身安装程序见图8-1-4所示。

(1)挖基与备料与图8-1-3同,图8-1-4中未示出。

(2)在捣固夯实的天然土表层或矿砂垫层上,修筑截面为圆弧状的管座,其深度等于管壁的厚度。

(3)在圆弧管座上铺设垫层的防水层,然后安装管节,管节间接缝宜留1cm宽。缝中填防水材料,详见任务二——防水层。

(4)在管节的下侧再用天然土或砂砾垫层材料作培填料,并捣实至设计高程,并切实保证培填料与管节密贴。再将防水层向上包裹管节,防水层外再铺设黏质土,水平径线以下的部分特别填土,应立即填筑,以免管节下面的砂垫层松散,并保证其与管节密贴。在严寒地区这部分特别填土必须填筑不冻胀土料。

(5)修筑管涵出入口端墙、翼墙及两端涵底和整修工作(图中未示出)。

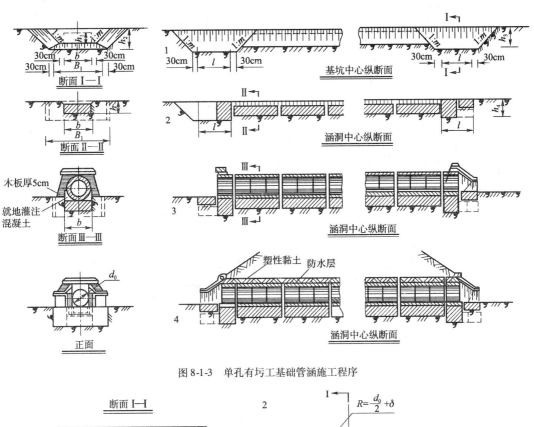

图 8-1-3 单孔有坞工基础管涵施工程序

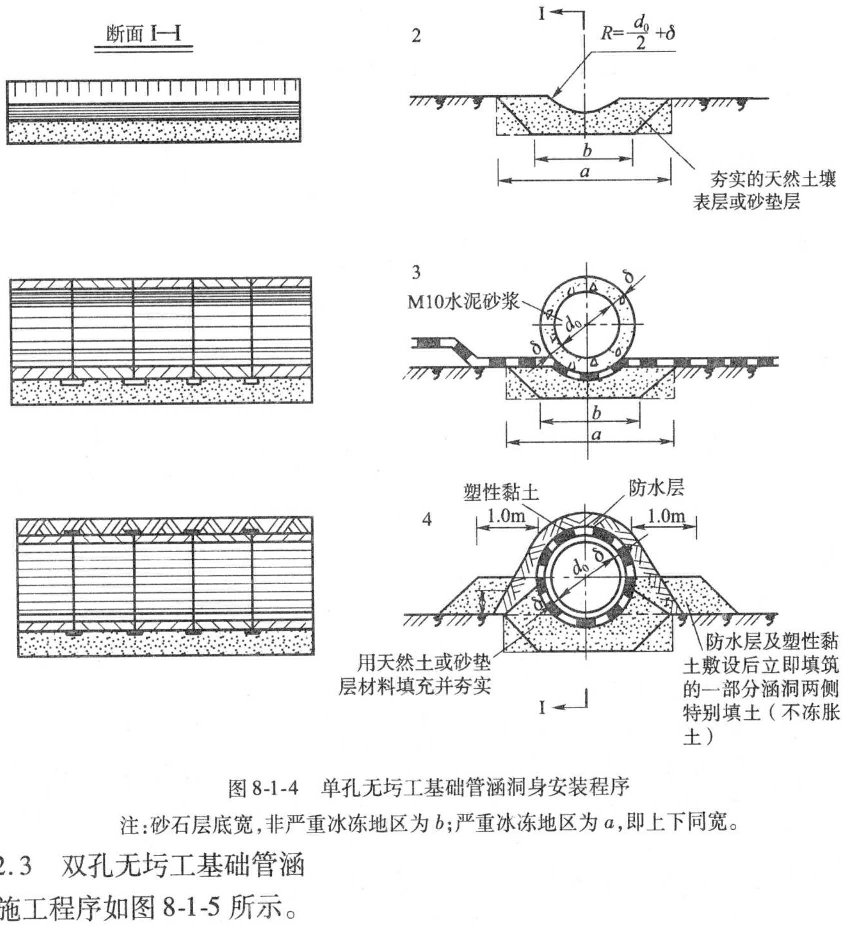

图 8-1-4 单孔无坞工基础管涵洞身安装程序

注：砂石层底宽，非严重冰冻地区为 b；严重冰冻地区为 a，即上下同宽。

1.2.2.3 双孔无坞工基础管涵

洞身施工程序如图 8-1-5 所示。

(1) 挖基、备料与前同,本图未示出。

(2) 在捣固夯实的天然土表层或矿砂垫层上修筑圆弧状管座,其深度等于管壁的厚度。

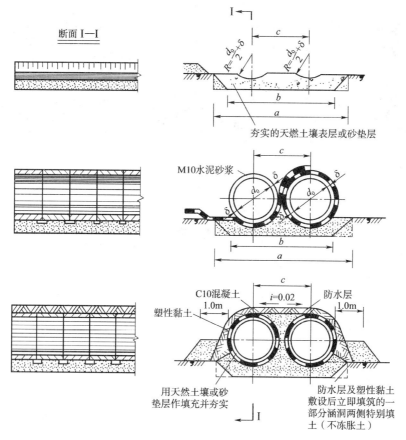

图 8-1-5 双孔无坞工基础管涵洞身施工程序

(3) 按图 8-1-4 的程序,先安装右边管并铺设防水层,在左边一孔管节未安装前,在砂垫层上先铺设垫底的防水层,然后按同样的方法安装管节。管节间接缝尽量抵紧,管节内外接缝均以 10MPa 水泥砂浆填塞。

(4) 在管节下侧用天然土或砂垫层材料作填料,夯实至设计高程处(如图 8-1-5 所示),并切实保证与管节密贴。左侧防水层铺设完后,用贫混凝土填充管节间的上部空腔,再铺设软塑状黏土。

防水层及黏土铺设后,涵管两侧水平直径线以下的一部分填土应立即填筑,以免管节下面砂垫层松散。在严寒地区此部分填土必须填筑不冻胀土料。

(5) 修筑管涵出入口两端端墙、翼墙及涵底和整修工作。

1.2.2.4 涵底陡坡台阶式基础管涵

沟底纵坡很陡时,为防止涵洞基础和管节向下滑移,可采用管节为台阶式的管涵,每段长度一般为 3~5m,台阶高差一般不超过相邻涵节最小壁厚的 3/4。如坡度较大,可按 2~3m 分段或加大台阶高度,但不应大于 0.7m,且台阶处的净空高度不应小于 1.0m。此时在低处的涵顶上应设挡墙,以掩盖可能产生的缝隙,见图 8-1-6。

无坞工基础的陡坡管涵,只可采用管节斜置的办法,斜置的坡度不得大于 5%。

1.3 管涵基础修筑

1.3.1 地基土为岩石

管节下采用无圬工基础,管节下挖去风化层或软层后,填筑 0.4m 厚砂垫层;出入口两端墙、翼墙下,在岩石层上用 C15 混凝土作基础,在埋置深度至风化层以下 0.15～0.25m 并最小等于管壁厚度加 5cm。风化层过深时,可改用片石圬工,最深不大于 1.0m。管节下为硬岩时,可用混凝土抹成与管节密贴的垫层。

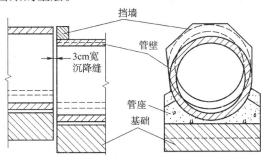

图 8-1-6 陡坡台阶管涵

1.3.2 地基土为砾石土、卵石土或砂砾、粗砂、中砂、细砂或匀质黏性土

管节下一般采用无圬工基础,对砾、卵石土先用砂填充地基土空隙并夯实,然后填筑 0.4m 厚砂垫层;对粗、中、细砂地基土表层应夯实;对匀质黏性地基土应做砂垫层;出入口两端端墙、翼墙的圬工基础埋置深度,设计无规定时为 1.0m,对于匀质黏性土,负温时的地下水位在冻结深度以上时,出入口两端端墙、翼墙圬工基础埋置深度为 1.0～1.5m,当冻结土深度不深时,基础埋深宜等于冻结深度的 0.7 倍,当此值大于 1.5m 时,可采用砂夹卵石在圬工基础下换填至冻结深度的 0.7 倍。

1.3.3 地基土为黏性土

管节下应采用 0.5m 厚的圬工基础,出入口两端端墙、翼墙基础埋置深度为 1.0～0.5m;当地下水冻结深度不深时,埋深应等于冻结深度;当冻结深度大于 1.5m 时,可在圬工基础下用砂夹卵石换填至冻结深度。

1.3.4 必须采用有圬工基础的管涵

(1)管顶填土高度超过 5m;
(2)最大洪水流量时,涵前壅水高度超过 2.5m;
(3)河沟经常流水;
(4)沼泽地区深度在 2.0m 以内;
(5)沼泽地区淤积物、泥炭等厚度超过 2.0m 时,应按特别设计的基础施工。

1.3.5 严寒地区的管涵基础施工

常年最冷月份平均气温低于 -15℃ 的地区称严寒地区。
(1)匀质黏性土和一般黏性土的基础均须采用圬工基础;
(2)出入口两端端墙、翼墙基础应埋置在冻结线下 0.25m;
(3)一般黏性土地区的地下水位在冻结深度以上时,管节下埋置深度应为 $H/8$(H 为涵底至路面填土高度),但不小于 0.5m,也不得超过 1.5m。

1.3.6 基础砂垫层材料

可采用砂、砾石或碎石,但必须注意清除基底植物层。为避免管节承受冒尖石料的集中应力,当使用碎石、卵石作垫层时,要有一定级配或掺入一定数量的砂,并夯捣密实。

1.3.7 软土地区管涵地基处理

管涵地基土如遇到软土,应按软土层厚度分别进行处理。当软土层厚度小于2.0m时,可采取换填土法处理,即将软土层全部挖除,换填当地碎石、卵石、砂夹石、土夹石、砾砂、粗砂、中砂等材料并碾压密实,压实度要求94%~97%。如采用灰土(石灰土、粉煤灰土)换填,压实度要求93%~95%,换填土的干密度宜用重型击实试验法确定。碎石或卵石的干密度可取2.2~2.4t/m³。换填层上面再砌筑0.5m厚的圬工基础。

当软土层超过2m时,应按软土层厚度、路堤高度、软土性质作特殊设计处理。

1.4 管节安装

管节安装应从下游开始,使接头面向上游;每节涵管应紧贴于垫层或基座上,使涵管受力均匀;所有管节应按正确的轴线和图纸所示坡度敷设。如管壁厚度不同,应使内壁齐平。在敷设过程中,要保持管内清洁无脏物、无多余的砂浆及其他杂物。

管节的安装方法通常有滚动安装法、滚木安装法、压绳下管法、龙门架安装法、吊车安装法等,可根据施工现场实际情况选用。

1.5 管涵施工注意事项

(1)有圬工基础的管座混凝土浇筑时应与管座紧密相贴,浆砌块石基础应加做一层混凝土管座,使圆管受力均匀,无圬工基础的圆管基底应夯填密实,并做好弧形管座。

(2)无企口的管节接头采用顶头接缝,应尽量顶紧,缝宽不得大于1.0cm,严禁因涵身长度不够,将所有接缝宽度加大来凑足涵身长度。管身周围无防水层设计的接缝,须用沥青麻絮或其他具有弹性的不透水材料从内、外侧仔细填塞。设计规定管身外围做防水层的,按前述施工工序施工。

(3)长度较大的管涵设计有沉降缝的,管身沉降缝应与圬工基础的沉降缝位置一致。缝宽为2~3cm,应用沥青麻絮或其他具有弹性的不透水材料,从内、外侧仔细填塞。

(4)长度较大、填土较高的管涵应设预拱度。预拱度大小应按设计规定设置。

(5)各管节设预拱度后,管内底面应成平顺圆滑曲线,不得有逆坡。相邻管节如因管壁厚度不一致(在允许偏差内)产生台阶时,应凿平后用水泥环氧砂浆抹补。

2 拱涵、盖板涵和箱涵

混凝土和钢筋混凝土拱涵、盖板涵、箱涵的施工分为现场浇筑和在工地预制安装两大类。

2.1 就地浇筑的拱涵、盖板涵和箱涵

2.1.1 拱涵基础

(1)整体式基础

两座涵台的下面和孔径中间使用整块的混凝土浇筑的基础称为整体式基础。其地基土的承载力应满足设计文件规定。若设计无规定,则填方高H在1~12m时,必须大于0.2MPa;H大于12m时必须大于0.3MPa。湿陷性黄土地基,不论其表面承载力多少,均不得使用整体式基础。

(2)非整体式基础

两座涵台的下面为独立的现浇混凝土或浆砌片石基础,两者之间不相连的称为非整体式基础。其地基土要求的容许承载力较上述的基础为高,当设计文件无规定时,一般应大于

0.5MPa。

(3)板凳式基础

两座涵台下面的混凝土基础之间用较薄的混凝土或钢筋混凝土板在顶部连接,一起浇筑,似同板凳式基础。其地基土容许承载力的要求处于前两者之间,设计文件无规定时,应为大于0.4MPa的砂类土或"中密"以上的碎石土。

上述地基土的承载力大小可用轻型动力触探仪进行测试。

根据当地材料情况,基础形式可采用C15片石混凝土或M5水泥砂浆砌片石。石料强度不得低于25MPa。

2.1.2 支架和拱架

(1)钢拱架和木拱架

钢拱架是用角钢、钢板和钢轨等材料在工厂(场)制成装配式构件,在工地拼装使用。木拱架主要是由木材组合而成,拆装比较方便,图8-1-7为跨径2.0~3.0m木拱架。但这种拱架浪费木材,应尽量避免使用。

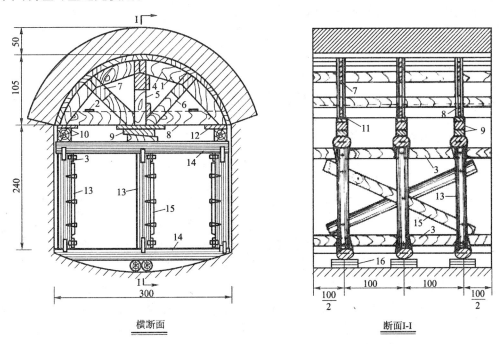

图8-1-7 跨径2.0~3.0m木拱架(尺寸单位:cm)

1-模型板;2、3-平联系木;4-弓形板;5、6-撑木;7-夹板;8-拉杆木;9、10-楔木;11、12-楔顶板;13-柱木;14-槛板;15-斜联系木;16-铋木

(2)土牛拱胎(土模)

在水流不大的情况下,小桥涵施工可以用土牛拱胎代替拱架,这种方法既能节省木料,又有经济、安全的特点。

2.1.3 拱涵与盖板涵基础、涵台、拱圈、盖板的施工

拱涵与盖板涵基础、涵台、拱圈、盖板构件施工时应按下列要求进行。

(1)涵洞基础

无论是圬工基础或砂垫层基础,施工前必须先对下卧层地基土进行检查验收。地基土承载力或密实度符合设计要求时,方可进行基础施工。对于软土地基应按照设计规定进行加固

处理,符合要求后,方可进行基础施工。

对孔径较宽的拱涵、盖板涵兼作行人和车辆通道时,其底面应按照设计用圬工加固以承受行人和车辆荷载及磨耗。

(2)圬工基础

圬工基础的施工工艺和技术要求可参照本书圬工结构部分有关要求进行。

(3)砂垫层基础

砂垫层基础的施工工艺和技术要求可参照本节管涵基础部分进行。

(4)涵洞台、墩

涵洞台、墩的施工工艺和技术要求可参照本书桥梁墩台部分的有关要求进行。

(5)涵洞拱圈和钢筋混凝土盖板

拱圈和盖板浇筑或砌筑施工应注意:拱圈和端墙的施工,应由两侧拱脚向拱顶同时对称进行;拱圈和盖板混凝土的现场浇筑施工,应连续进行,尽量避免施工缝;当涵身较长时,可沿涵长方向分段进行,每段应连续一次浇筑完成;施工缝应设在涵身沉降缝处。

2.1.4 拱架和支架的安装和拆卸

2.1.4.1 安装的一般要求

拱架和支架支立牢固,拆卸方便(可用木楔作支垫),纵向连接应稳定,拱架外弧应平顺。拱架不得超越拱模位置,拱模不得侵入圬工断面。

拱架和支架安装完毕后,应对其位置、顶部高程、节点联系纵横向稳定性进行检查,不符合要求者,立即进行纠正。

2.1.4.2 拆卸的一般要求

拱架和支架的拆除及拱顶填土,在具备下列条件之一时方可进行:

(1)拱圈圬工强度达到设计值的70%时,即可拆除拱架,但必须达到设计值后方可填土。

(2)当拱架未拆除,拱圈强度达到设计值的70%时,可进行拱顶填土,但应在拱圈达到强度设计值时,方可拆除。

(3)拱涵拆除拱架可用木楔,木楔用比较坚硬的木料斜角对剖制成,并将剖面刨光。两块木楔接触面的斜度为1:6~1:10。在垫楔时应使上面一块的楔尖各伸出下面一块楔尾以外,这样在拆架时敲击木楔比较方便。木楔垫好后将两端钉牢。

(4)拆卸拱架时应沿桥涵整个宽度上将拱架同时均匀降落,并从跨径中点开始,逐步向两边拆除。

2.1.5 就地浇筑的箱涵

箱涵又称矩形涵,施工一般采用现浇,在开挖好的沟槽内设置底层,浇筑一层混凝土垫层,再将加工好的钢筋现场绑扎,支内模和外模,较大的箱涵一般先浇筑底板和侧壁的下半部分,再绑扎侧壁上部和顶板钢筋,支好内外模,浇筑侧壁上半部分和顶板。待混凝土达到设计要求的强度拆模,在箱涵两侧同时回填土。

2.1.5.1 施工工序

测量放样→基坑开挖→基坑承载力检测→绑扎基础钢筋及涵身钢筋→预埋安装模板→分块浇筑底板混凝土→绑扎涵身钢筋、安装模板→分段浇筑涵身混凝土→安装满堂脚手架、盖板底模板→绑扎盖板钢筋、立模板→浇筑盖板混凝土→洞口堆砌及八字墙施工→填塞封闭盖板缝沉降缝沥青麻絮填塞及外侧沥青布封闭涵身外壁及盖板上表面刷沥青防水剂→涵台背回填。

2.1.5.2 箱涵基础
涵身基础分为有圬工基础和无圬工基础两种。

2.1.5.3 箱涵身和底板混凝土的浇筑
箱涵身的支架、模板可参照现浇混凝土拱涵和盖板涵的支架、模板制造安装。浇筑混凝土的注意事项与浇筑拱涵和盖板涵相同。

2.2 装配式拱涵、盖板涵和箱涵

2.2.1 预制构件结构的要求
（1）拱圈、盖板、箱涵节等构件预制长度，应根据起重设备和运输能力决定，但应保证结构的稳定性和刚性，一般不小于1m，但亦不宜太长。

（2）拱圈构件上应设吊装孔，以便起吊。吊孔应考虑平吊及立吊两种，安装后可用砂浆将吊孔填塞。箱涵节、盖板和半环节等构件，可设吊孔，也可于顶面设立吊环。吊环位置、孔径大小和制环用钢筋应符合设计要求，并要求吊钩伸入吊环内和吊装时吊环筋不断裂。安装完毕，吊环筋应锯掉或气割掉。

（3）若采用钢丝绳捆绑起吊可不设吊孔或吊环。

2.2.2 预制构件的模板
预制构件的模板有木模、土模、钢丝网水泥模板、拼装式模板等。无论采用何种模板都应保证满足规范要求，尤其是有预埋件时，应采取措施，确保预埋件的正确预埋位置。

2.2.3 构件运输
构件必须在达到设计强度后，经过检查质量和大小符合要求，才能进行搬运。搬运时应注意吊点或支承点的设置，务必使构件在搬运过程中保持平衡、受力合理，确保构件在搬运过程中的安全。

2.2.4 施工和安装

2.2.4.1 基础
根据地基土类别和基础类型与就地浇筑的涵洞基础施工方法相同。

2.2.4.2 拱涵和盖板涵的涵台身
涵台身大都采用砌筑结构，可按照就地浇筑的涵台身施工方法施工，如采用装配式结构时，可按照装配式墩台相关的要求施工。

2.2.4.3 上部构件的安装
拱圈、盖板、箱涵节的安装技术要求如下：

（1）安装之前应再检查构件尺寸、涵台尺寸和涵台间距离，并核对其高程，调整构件大小位置使与沉降缝重合。

（2）拱座接触面及拱圈两边均应凿毛（沉降缝处除外）并浇水湿润，用灰浆砌筑。灰浆坍落度宜小一些，以免流失。

（3）构件砌缝宽度一般为1cm，拼装每段的砌缝应与设计沉降缝重合。

（4）构件可用扒杆、链滑车或汽车吊进行吊装。

3 倒虹吸管

3.1 适用范围
当路线穿过沟渠，路堤高度很低或在浅挖方地段通过，填、挖高度不足，难以修建明涵时，

或因灌溉需要,必须提高渠底高程,建筑架空渡槽又不能满足路上净空要求时,常修建倒虹吸管。

3.2 工程实例

K43+323.98 倒虹吸管半径为 60cm,与线路交角 90°,全长 10.3m,进口为竖井,出口为竖井接排水沟。主要工程数量有:ϕ60 钢筋混凝土圆管 10.3m,C20 混凝土管座 4.95m^3,M7.5 浆砌片石竖井 28.72m^3,M7.5 浆砌片石水沟 17m^3。

3.2.1 基坑放样

(1)涵洞施工前,首先应准确定出涵洞中心及纵横轴线。
(2)基坑边坡坡度可依土质情况按《规范》所列基坑坑壁坡度适当放陡。如基坑较浅可考虑垂直开挖。
(3)基坑宽度:有水基坑考虑涵洞尺寸每边放宽 0.3~0.5m,无水的浅岩或岩石基底,可与涵洞基础尺寸相同。
(4)如遇地质不良,涵洞基底需换填土壤时,放边桩应考虑换填厚度,一次放够尺寸。

3.2.2 基坑开挖

采用人工配合机械开挖的办法,对开挖深度小,土质较好地段边坡可放陡甚至垂直开挖,对开挖深度较深,有水的地方,应以稳定边坡为主,依土质情况适当放坡,基坑遇岩石地段可用放小炮的方法进行开挖,弃土应注意弃堆坡脚离开挖基坑上口边缘至少 1.0m 以上,以免引起坑壁坍塌伤人,同时应注意圬工材料的进出口道路,避免被弃土堵塞,基坑上游可能被雨水冲刷处不宜堆弃土。对较长的涵洞可从下游端开始,逐节开挖,逐节下基,逐节封闭的办法,以避免基坑暴露时间过长,又可将后段开挖弃土利用于前段的回填封闭。

3.2.3 基底检验处理

基底开挖完后,应检查如下内容:
(1)基底平面位置、尺寸及高程是否符合设计要求。
(2)基底地质承载力是否与设计相符。
(3)基底排水能否满足要求。
(4)基底允许误差应符合下列规定:

  土质   +50mm
  石质   +50mm,-200mm

(5)基底高程必须按设计严格控制,一切松散浮土必须清除,若有局部超挖,不能用松土填补,只能在铺座灰时,以砂浆调平。
(6)挖至设计高程若基底承载力达不到设计要求,可继续开挖直至承载力达设计要求,亦可进行原地面打夯或夯填一层卵石、碎石。
(7)当挖至设计高程且基底承载力满足设计要求时,应报请监理工程师,及时下基封闭回填,以免地下水或地表水影响基底承载力。

3.2.4 基础及涵身施工

(1)砌筑用的砂浆或混凝土施工时必须严格称量计量施工,其称量误差应符合规范规定。
(2)采用机械拌制,手推车运输至施工作业面,基础较深时,可用砂浆堵塞,扁铁捣固密实,对于较大的空隙可用小石子混凝土回填,小铁棍捣固密实。
(3)基础采用 C20 混凝土,圆管到指定厂家采购,保证原材料质量,管接处采用双层油毡包裹,最后用细石混凝土封闭接头。圆管涵用胶泥材料做防水层。

3.3 主要施工方法综述

3.3.1 管节结构

一般采用预制的钢筋混凝土圆管,管径可按有压力式的流量选择,一般为 0.5~1.5m。管节长度一般为 1m,调整管涵长度的管节长 0.5m,并有正交、斜交两种,可根据实际情况选用。

3.3.2 倒虹吸管埋置深度的确定

埋置深度应适应,过浅则车轮荷载传布影响较大,受力状况不利,管节有可能被压破裂;在严寒地区还受到冻害影响。埋置过深则工程量增加造成浪费。一般埋置深度要求如下:

(1)管顶面距路基边缘深度不小于 50cm。

(2)管顶距边沟底覆土不小于 25cm。

(3)管节顶部必须埋置在当地最深冰冻线以下。

3.3.3 倒虹吸管底坡确定

倒虹吸管内水流系有压力式水流,水流状态与管底纵坡大小无关,一般均做成水平。

3.3.4 管基

宜采用外包混凝土管基形式。混凝土基础下面宜填筑 15~30cm 砂砾垫层,并用重锤夯实。

3.3.5 防漏接缝

过去对圆管涵的防漏接缝处理,一般采用浸过沥青的麻絮填塞,外用满涂热沥青油毛毡包裹两道。这种渗接缝形式,对有压水流道防止渗漏不够安全。比较好的办法是按上述程序处理之后,外包以就地浇筑的钢筋混凝土方形套梁,使形成整体。套梁底设置 15cm 砂砾或碎石基础垫层。

3.3.6 进出口竖井

倒虹吸管上、下游两端的连接构造物宜用 C15 混凝土就地浇筑,比砌体圬工好。

3.3.7 沉淀池

在水流落入竖井和进入虹吸管前各设沉淀池一个,一般沉淀池深度为 30cm。

任务 2 涵洞附属工程施工

学习目标

1.涵洞防水层;
2.沉降缝的设置;
3.涵洞进出水口的设置;
4.台背填土。

任务描述

涵洞的附属工程是涵洞重要的组成部分之一,其工程质量的好坏直接影响到涵洞的使用品质和整体工程的质量。

学习引导

本任务按以下进程学习:

```
涵洞防水层的设置 → 沉降缝的设置 → 涵洞进出水口的设置 → 台背填土
```

1 防水层

涵洞的钢筋混凝土结构设置防水层的作用是防止水分侵入混凝土内,使钢筋锈蚀,缩短结构寿命。北方严寒地区的无筋混凝土结构需要设置防水层,防止水分侵入混凝土内,因冻胀造成破坏。

防水层的材料多种多样。公路涵洞使用的主要防水材料是沥青,有些部位可使用黏土,以节省工料费用。

1.1 防水层的设置部位

1.1.1 各式钢筋混凝土涵洞(不包括圆管涵)

此类涵洞的洞身及端墙,在基础以上凡被土掩埋部分,均须涂以热沥青两道,每道厚1~1.5mm,不另抹砂浆。

1.1.2 混凝土及石砌涵洞

此类涵洞的洞身、端墙和翼墙的被土掩埋部分,只需将圬工表面凿平,无凹入存水部分,可不设防水层。但北方严寒地区的混凝土结构仍需设防水层。

1.1.3 钢筋混凝土圆管涵

此类管涵的防水层若管节接头采用平头对接,接缝中用麻絮浸以热沥青塞满,管节上半部从外往内填塞;下半部从管内向外填塞。管外靠接缝裹以热沥青浸透的防水纸,宽度15~20cm。包裹方法:在现场用热沥青逐层粘合在管外壁上接缝处。外面再在全长管外裹以塑性黏土。

1.1.4 钢筋混凝土盖板明涵

此类涵洞的盖板部分表面可先涂抹热沥青两次,再于其上设2cm厚的防水水泥砂浆或4~6cm厚的防水混凝土。其上可按照设计要求进行铺设路面。涵、台身防水层按照上述方法处理。

1.2 沥青的敷设

沥青可用锅、铁桶等容器以火熬制,或使用电热设备。铁桶装的沥青,应打开桶口小盖,将桶横倒搁置在火炉上,以文火使沥青熔化后,从开口流入熬制用的铁锅或大口铁桶中。熬制时要不断的搅拌排除水蒸气及气泡,防止溢出或气泡爆裂烫伤人员。熬制处应设在工地下风方向,与工作人员、料堆、房屋等保持一定距离,锅内沥青不得超过锅容积的2/3。溶化后的沥青月继续加温至175℃(不得超过190℃)。熬好的沥青置于小铁桶中送至工地使用。使用时的热沥青温度宜低于150℃。涂敷热沥青的圬工表面应先用刷扫净,消除粉屑污泥。涂敷工作宜在干燥温暖(温度不低于+5℃)的天气进行。

1.3 沥青麻絮、油毡、防水纸的浸制方法和质量要求

沥青麻絮(沥青麻布)可采用工厂浸制的成品或在工地用麻絮以热沥青浸制。浸制后的麻絮,表面应呈淡黑色,无孔眼、无破裂和褶皱,撕断面上应呈黑色,不应有显示未浸透的布层。

油毡是用一种特制的纸胎(或其他纤维胎)用软化点低的沥青浸透制成,浸渍石油沥青的称石油毡,浸渍焦油沥青的称焦油沥青油毡。为了防止在储存过程中相互粘着,油毡表面应撒一层云母粉、滑石粉或石棉粉。

防水纸(油纸)是用低软化点的沥青材料淹透原纸做成的,除沥青层较薄,没有撒防黏层外,其他性质与油毡相同。

油毡和防水纸可以从市场上采购,其外观质量应符合如下要求:

(1)油毡和防水纸外表不应有孔眼、断裂、褶皱及边缘撕裂等现象,油毡的表面防黏层应均匀地撒布在油毡表面上。

(2)毡胎或原纸内应吸足油量,表面油质均匀,撕开后的断面应是黑色的,无未浸透的空白纸层或杂质,浸水后不起泡、不翘曲。

(3)气温在25℃以下时,把油毡卷在2cm直径的圆棍上弯曲,不应发生裂缝和防黏层剥落等现象。

(4)将油毡加热至80℃时,不应有防黏层剥落、膨胀及表面层损坏等现象。夏季在高温下不应粘在一起。

铺设油毡和防水纸所用粘贴沥青应和油毡、防水纸有同样的性能。煤沥青油毡和防水纸必须用煤沥青粘贴。同样,石油沥青油毡及防水纸,也一定要用石油沥青来粘贴,否则,过一段时间油毡和防水纸就会分离。

2 沉降缝

2.1 沉降缝设置目的

结构物设置沉降缝的目的是避免结构物因荷载或地基承载力不均匀而发生不均匀沉陷,产生不规则的多处裂缝,而使结构物破坏。设置沉降缝后,可限定结构物发生整齐、位置固定的裂缝,并可事先在沉降缝处予以处理;如有不均匀沉降,则将其限制在沉降缝处,有利于结构物的安全、稳定和防渗(防止管内水流渗入涵洞基底或路基内,造成土质浸泡松软)。

2.2 沉降缝设置的位置和方向

涵洞洞身、洞身与端墙、翼墙、进出水口急流槽交接处必须设置沉降缝,但无圬工基础的圆管涵仅于交接处设置沉降缝,洞身范围不设。具体设置位置视结构物和地基土的情况而定。

2.2.1 洞身沉降缝

一般每隔4~6m设置1处,但无基础涵洞仅在洞身涵节与出入口涵节间设置。缝宽一般3cm,两端与附属工程连接处也各设置1处。

2.2.2 其他应设沉降缝处

凡地基土质发生变化、基础埋置深度不一、基础对地基的荷载发生较大变化处、基础填挖交界处、采用填石垫高基础交界处,均应设置沉降缝。

2.2.3 岩石地基上的涵洞

凡置于岩石地基上的涵洞,不设沉降缝。

2.2.4 斜交涵洞

斜交涵洞洞口正做的,其沉降缝应与涵洞中心线垂直;斜交涵洞洞口斜做的,沉降缝与路基中心线平行;但拱涵与管涵的沉降缝,一律与涵洞轴线垂直。

2.3 沉降缝的施工方法

沉降缝的施工,要求做到使缝两边的构造物能自由沉降,又能严密防止水分渗漏。故沉降缝必须贯穿整个断面(包括基础)。沉降缝具体施工方法如下。

2.3.1 基础部分

可将原基础施工时嵌入的沥青木板或沥青砂板留下,作为防水之用。如基础施工时,不用小板,也可用黏土填入捣实,并在流水面边缘以1:3水泥砂浆填塞,深度约为15cm。

2.3.2 涵身部分

沉降缝外侧以热沥青浸制的麻筋填塞,深度约为5cm,内侧以1:3水泥砂浆填塞,深度约15cm,视沉降缝处圬工的厚薄而定。可以用沥青麻筋与水泥砂浆填满;如太厚,亦可将中间部分先填以黏土。

2.3.3 沉降缝的施工质量要求

沉降缝端面应整齐、方正,基础和涵身上下不得交错,应贯通,嵌塞物应紧密填实。

2.3.4 保护层

各式有圬工基础涵洞的基础襟边以上,均顺沉降缝周围设置黏土保护层,厚约20cm顶宽约20cm。对于无圬工基础涵洞,保护层宜使用沥青混凝土或沥青胶砂,厚度为10~20cm。

3 涵洞进出水口

涵洞进出水口工程是指涵洞端墙、翼墙、八字墙、锥坡、平行廊墙等部分。

3.1 平原区的处理工程

涵洞出入口的沟床应整理顺直,与上、下排水系统(天沟、路基边沟、排水沟、取土坑等)的连接应圆顺、稳固,保证流水顺畅,避免损害路堤、村舍、农田、道路等。

3.2 山丘区的处理工程

在山丘区的涵洞底纵坡超过5%时,除进行上述整理外,还应对沟床进行干砌或浆砌片石防护;当翼墙以外的沟床坡度较大时,也应铺砌防护。防护长度、砌石宽度、厚度、形状等,应按设计图纸施工。如设计图纸漏列,应按合同规定向业主提出,由业主指定单位作出补充设计。

4 涵洞缺口填土

(1)建成的涵管、圬工达到设计要求的强度后,应及时回填。回填土要切实注意质量,严格按照有关施工规定和设计要求处理。若系拱涵,回填土时,应按照本情境任务1有关规定施工。

(2)填土路堤在涵洞每侧不小于两倍孔径的宽度及高出洞顶1m范围内,应采用非膨胀的土从两侧分层仔细夯实。每层厚度10~20cm,渗水量较小或地下水位较低的地区也可用与路堤填料相同的土填筑。管节两侧夯填土的密实度标准按规范执行,管节顶部其宽度等于管节外径的中间部分填土,其密实度要求与该处路基同。如为填石路堤,则在管顶以上1.0m的范围内应分三层填筑:下层为20cm厚的黏土;中层为50cm厚的砂卵石;上层为30cm厚的小片石或碎石。在两端的上述范围及两侧每侧宽度不小于孔径的两倍范围内,码填片石。对于其他各类涵洞的特别填土要求,应分别按照有关的设计要求办理。

(3)用机械填筑涵洞缺口时,须待涵洞圬工达到容许强度后,涵身两侧应用人工或小型机具对称夯填,高出涵顶至少1m,然后再用机械填筑。不得从单侧偏推、偏填,使涵洞承受偏压。

(4)冬季施工时,涵洞缺口路堤、涵身两侧及涵顶1m内,应用未冻结土填筑。

(5)回填缺口时,应将已成路堤土方挖出台阶。

情境9 桥梁基础施工

任务1 桥梁基础施工综述

学习目标

1. 桥梁基础施工的重要性;
2. 桥梁基础的一般形式;
3. 基础施工前的准备工作。

任务描述

基础的施工质量直接决定着桥梁的强度、刚度、稳定性、耐久性和安全度。因此,必须高度重视桥梁基础施工,严格按规范办事,确保工程质量。

学习引导

本任务按以下进程学习:

1 桥梁基础施工的重要性

基础作为桥梁结构物的一个重要组成部分,它起着支承桥跨结构,保持体系稳定,把上部结构、墩台自重及车辆荷载传递给地基的重要作用。基础的施工质量直接决定着桥梁的强度、刚度、稳定性、耐久性和安全度。况且基础属于隐蔽工程,若出现质量问题不易发现和进行修补处理,因此,必须高度重视桥梁基础施工,严格按规范办事,确保工程质量。

2 桥梁基础的一般形式

公路桥梁由于其结构形式多种多样,所处位置的地形、地质、水文情况千差万别,因此其基础的形式也种类繁多。桥梁的常用基础形式有明挖扩大基础、钢筋混凝土条形基础、桩基础、沉井基础、地下连续墙基础、组合式基础等,其中扩大基础、桩基础在桥梁基础中应用较多。

3 基础施工前的准备工作

(1)首先要认真阅读施工图纸,领会设计意图,与现场情况进行核对,必要时进行补充调查,对基底高程、基础尺寸、桩位坐标、工程数量进行复核计算。

(2)根据地层、地质、水文情况、结构形式及现场环境状况,制订施工方案,编制施工组织计划,做出单项开工报告,报监理工程师审批。

(3)认真进行施工放样测量,控制基础桩位中心、平面位置和高程,同时放出相邻几个墩台基础,对其相对位置和坐标进行复核,确保准确无误。

(4)准备好基础施工所需的设备、材料、相应配套设施。例如:临时便道要通畅,砂石、水泥、钢材等材料要运至现场,电力供应要正常,凡与工程有关的事项均应协调妥当,保障工程开工后顺利实施。

(5)建立工程质量保证体系,制定完善的安全技术措施,进行安全技术交底。

任务2　明挖扩大基础施工

学习目标

1. 旱地基坑开挖;
2. 水中基坑开挖;
3. 基底检验与处理;
4. 几种特殊地基的处理方法;
5. 基础施工方法。

任务描述

明挖扩大基础也称为浅基础,是中小桥梁基础中常用的形式之一。重点学习旱地、水中基坑开挖施工以及特殊地质情况下的基础处理方法。

学习引导

本任务按以下进程学习:

挖扩大基础施工顺序和主要工作包括:基础定位放样、基坑的开挖、基坑排水、基坑检验与处理、基础砌筑及基坑回填。

1　旱地基础的基坑开挖

1.1　土质地基开挖

基坑开挖前先要准确放样定出基础轴线、边线位置及高程,并用骑马桩将中心位置固定。在墩台或其他建筑物附近开挖基坑时,应采取适当的防护措施。弃土堆置地点不得妨碍开挖基坑及其他作业,不能影响坑壁稳定,同时应满足水土保持和环境保护的有关要求。

基坑大小应满足基础施工的要求,一般基底应比设计平面尺寸各边增宽50～100cm,当基坑深度在5m以内,施工期较短,坑底在地下水位以上,土的湿度正常,土层构造均匀时,坑壁坡度可参考表9-2-1确定。

坑 壁 坡 度   表 9-2-1

坑壁土类	坑壁坡度		
	基坡顶缘无荷载	基坡顶缘有荷载	基坡顶缘有动载
砂类土	1:1	1:1.25	1:1.5
碎、卵石类土	1:0.75	1:1	1:1.25
亚砂土	1:0.67	1:75	1:1
亚黏土、黏土	1:0.33	1:0.5	1:0.75
极软岩	1:0.25	1:0.33	1:0.67
软质岩	1:0	1:0.1	1:0.25
硬质岩	1:0	1:0	1:0

基坑深度大于5m时,应将坑壁坡度适当放缓或加设平台,如果土的湿度可能引起坑壁坍塌时,坑壁坡度应缓于该湿度下土的天然坡度。

坑顶与动载间至少应留有1m宽的护道,若工程地质和水文地质不良或者动载过大,还要增宽护道或采取加固措施。

如果放坡开挖场地受限或工程量太大,可按具体情况采用挡板支撑、钢木结合支撑、混凝土护壁(喷射混凝土护壁,现浇混凝土护壁)、钢板桩围堰、锚杆支护及地下连续壁等防护措施。

基坑开挖可以采用人工开挖,也可以采用挖掘机、推土机、装载机等机械进行开挖,但无论使用哪种方法施工,基底均应避免超挖,已经超挖或松动部分应予以清除。若施工时间较长,又可能遇到暴雨天气时,应在基坑外设临时截水沟或排水沟,防止雨水流入基坑内,使坑内土质变化。任何土质基坑挖至设计高程后,都不能长时间暴露、扰动或浸泡而削弱其承载能力。一般土质基坑挖至基底高程时,应保留10~20cm厚一层,在基础砌(浇)筑前人工突击挖除,迅速检验,随即进行基础施工。

1.2 岩石地基开挖

岩石地基开挖,坑壁坡度如表9-2-1所述,硬质岩可以垂直向下,一般设计开挖深度为风化层厚度。新鲜基岩、微风化或弱风化岩层即可做基础持力层。开挖一般采用人工开挖,必要时可进行松动爆破,但要严格控制爆破深度和用药量,防止过量爆破引起持力层松动破坏。根据岩层的风化程度、倾向、倾角及发育情况,采用适当方法进行坑壁防护。挖出的渣石必须运至设计指定地点,不能对施工安全或周围群众生产、生活及周围生态环境造成危害。

2 水中基础的基坑开挖

桥涵水中基础施工,首先应采用围堰或临时改河措施排除水流影响,同时在开挖过程中要采取措施排除坑外渗水和地下水,施工难度比旱地作业量增大,施工成本也增加很多。这里主要介绍围堰施工方法。

围堰有土围堰、土袋围堰、钢板桩围堰、钢筋混凝土桩围堰、竹(铅丝)笼围堰、套箱围堰等几种。一般要求围堰高度高出施工期间可能出现的最高水位(包括浪高)50~70cm,围堰外形应考虑河流断面被压缩后流速增大引起水流对围堰、河床的集中冲刷及影响通航、导流等因素;堰内面积应能满足基础施工的需要。围堰要力求防水严密、尽量减少渗漏,以减轻排水工作量。

2.1 土石围堰

适用于水深1.5m以内、流速≤0.5m/s、河床渗水性较小的河流。堰顶宽1～2m,堰外边坡为1:2～1:3,堰内边坡一般为1:1～1:1.5,坡脚与基坑边缘距离根据河床土质及基坑深度而定,但不得小于1m。筑堰宜采用黏性土或砂类土,填出水面后应进行夯实。筑堰前应将堰底河床上的树根、石块、杂物等清除,自上游开始填筑至下游合龙。流速过大有冲刷危险时,在外坡面用草皮、柴排、片石或草袋等加以防护。

2.2 草(麻)袋围堰

适用于水深3.0m以内,流速≤1.5m/s,河床土质渗水较小的情况。堰顶宽一般为1～2m,有黏土心墙时为2～2.5m,堰外边坡1:0.5～1:1,堰内边坡1:0.2～1:0.5。坡脚至基坑边距离及堰底处理方法、填筑方向与土围堰相同。堆码在水中的土袋,其上、下层和内、外层应相互错缝,尽量堆码密实整齐。

2.3 钢板桩围堰

适用于砂类土、黏性土、碎石土及风化岩石等河床的深水基础,钢板桩的机械性能和尺寸上应符合要求。经过整修或焊接后钢板桩应采用同类型钢板进行锁口并通过试验检查,钢板桩的接长应以等强度焊缝接长。当设备许可时,宜在打桩前将2～3块钢板拼为一组,组拼后用夹具夹牢。拔除钢板桩前宜向堰内灌水,使堰内外水位相等。拔桩时从下游附近易于拔除一根或一组钢板桩开始,并尽可能采用振动拔桩法。钢板桩强度大、防水性能好,打入土、砾、卵石层时穿透性能强,适合与水深10～30m的桥位围堰。

2.4 钢筋混凝土板桩围堰

适用于黏性土、砂类土、碎石土河床,除用于基坑挡土防水以外,还可不拔除作为建筑结构物的一部分。通常板宽50～60cm,厚10～30cm。为使其合龙及企口接缝,插打板桩时,应从上游开始按顺序进行直至下游合龙。

2.5 套箱围堰

适用于埋置不深的水中基础,也可以修建桩基承台。无底套箱用木板、钢板或钢丝水泥制成,内部设钢木支撑。下沉套箱之前清除河床表面障碍物,若套箱设置在岩层上时,应整平岩面;如果基岩岩面倾斜,应将套箱底部做成与岩面相同的倾斜度以增加套箱的稳定并减少渗漏。

2.6 木(竹)笼围堰

3 基坑排水

围堰完工后,须将堰内积水排除,在开挖过程中,也可能有渗水出现,必须随挖随排,抽水设备的排水能力应大于渗水量的1.5～2.0倍。排水方法有集水坑、集水沟以及井点法排水等。集水坑、集水沟适用于粉细砂土质以外的各种地层基坑,集水沟沟底应低于基坑底面,集水坑深度应大于吸水龙头的高度。井点法排水适用于粉、细砂或地下水位较高、挖基较深、坑壁不易稳定和普通排水方法难以解决的基坑,应根据土层的渗透系数、要求降低地下水位的深度及工程特点,选择适宜的井点类型和所需设备,其适用范围如表9-2-2所示。

使用井点法排水时应注意下列事项:

(1)降低成层土中地下水位时,应尽可能将滤水管埋设在透水性较好的土层中;

(2)在水位降低的范围内设置水位观测孔,其数量视工程情况而定;
(3)应对整个井点孔位加强维护和检查,保证不间断地进行抽水;
(4)应考虑孔水位降低区域构筑物受其影响而可能产生的沉降,并应做好沉降观测,必要时采取防护措施。

各种井点法的适用范围 表9-2-2

序 号	井点法类型	土层渗透数(m/d)	降低水位深度(m)
1	轻型井点法	0.1~80	≤6~9
2	喷射井点法	0.1~50	8~20
3	射流泵井点发	0.1~50	≤10
4	电渗井点法	0.1~0.002	5~6
5	管井井点法	20~200	3~5
6	渗井井点法	10~80	≥15

4 基坑挖基

水中挖基采取围堰、井点降水等抽排水措施后,开挖方法及要求与旱地基坑开挖相同,这里不再赘述。对于排水挖基有困难或具有水中挖基的设备时,可采用下列水中挖基方法。

(1)水力吸泥机。适用于砂类土及砾卵石类土,不受水深限制,其出土效率可随水压、水量的增加而提高。

(2)空气吸泥机。适用于水深5m以上的砂类土或夹有少量碎卵石的基坑,浅水基坑宜采用;在黏土层使用时,应与射水配合进行,以破坏黏土结构,吸泥时应用时向基坑内注水,使基坑内水位高于河水位约1.0m,以防止流砂或涌泥。

(3)挖掘机水中挖基。适用于各种土质,但开挖时不要破坏基坑边坡的稳定,可采用反铲挖掘和吊机配抓泥斗挖掘。

5 基底检验与处理

基坑开挖至设计高程后,按地质情况要采取相应的处理措施。对于一般性能良好的未风化岩石地基应将岩面上的松碎石块、淤泥、苔藓等清除后洗净岩面,若岩层倾斜,还应将岩面凿平或凿成台阶,若基底位于风化岩层上,则应按基础尺寸凿除已风化的表面岩层,在砌筑基础圬工的同时将基坑底填满,封闭。对于土质岩层要将底面修理平整,于最短时间内砌筑基础,不得暴露或浸水过久。

6 几种特殊地基的处理方法

6.1 软弱地基

软土及承载力很低的地基称为软弱地基,必须采取措施进行处理,主要方法有换填土、砂砾垫层、袋装砂井和排水塑料板、生石灰桩、真空预压及粉体喷射拌和等。其详细施工工艺及技术要求详见《公路桥涵施工技术规范》(JTG/T F50—2011)。

6.2 湿陷性黄土地基

该类地基处理应尽量避免在雨季施工,否则应有专门的防洪、排水设施,基础筑出地面后应及时用不透水土或原土分层回填夯实至稍高于附近地面以利排水。处理方法主要有:

6.2.1 灰土或素土垫层

将基底以下湿陷性土层全部挖除或挖到预计深度,然后用灰土(3:7)或素土(就地挖出的黏性土)分层夯实回填,垫层厚度及尺寸计算方法同砂砾回填垫层相同,压力扩散角为对于灰土30,素土22,垫层厚度一般为1.0~3.0m,施工简易,效果显著,是常用的地基浅层湿陷性处理方法。

6.2.2 重锤夯实及强夯法

重锤夯实能消除浅层的湿陷性,如用15kN~40kN的重锤,落距2.5~4.5m,在最佳含水率情况下,可消除在1.0~1.5m深度内土层的湿陷性。强夯法根据国内使用记录,锤重100~200kN,自由下落高度10~20m锤击两遍,可消除4.0~6.0m范围内土层的湿陷性。两种方法均应事先在现场进行夯击试验,以确定为达到预期处理效果所必需的夯点、锤击数夯沉量等。

一般的夯点布置如图9-2-1所示。

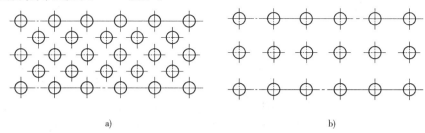

图9-2-1 夯点布置
a)梅花形布置;b)方形布置

6.3 强夯点的布置

夯击点布置应根据基础的形式和加固要求而定。对大面积地基,一般采用等边三角形、等腰三角形或正方形;对条形基础,夯点可成行布置;对独立柱基础,可按柱网设置采取单点或成组布置,在基础下面必须布置夯点。

夯击点间距取决于基础布置、加固土层厚度和土质等条件。加固土层厚、土质差、透水性弱、含水率高的黏性土,夯点间距宜大,如果夯击点太密,相邻夯击点的加固效应将在浅处叠加而形成硬壳层,影响夯击能向深部传递;加固土层薄、透水性强、含水率低的砂质土,间距宜小些,通常夯击点间距取夯锤直径的3倍,一般第一遍夯击点间距为5~9m,以便夯击能向深部传递,以后各遍夯击点可与第一遍相同,也可适当减小。对处理深度较深或单击夯击能较大的工程,第一遍夯击点间距宜适当增大。

6.3.1 单点的夯击数与夯击遍数

单点夯击数指单个夯点一次连续夯击次数。夯击遍数指以一定的连续击数,对整个场地的一批点,完成一个夯击过程叫一遍,单点的夯击遍数加满夯的夯击遍数为整个场地的夯击遍数。单点夯击数应按现场试夯得到的夯击次数和夯沉量关系曲线确定,且应同时满足以下条件:

(1)最后两击的平均夯沉量不大于50mm,当单击夯击能量较大时不大于100mm;

(2)夯坑周围地面不应发生过大的隆起;

(3)不因夯坑过深而发生起锤困难。每夯击点之夯击数一般为3~10击。

夯击遍数应根据地基土的性质确定,一般情况下,可采用2~3遍,最后再以低能量(为前几遍能量的1/4~1/5,锤击数为2~4击)满夯一遍,以加固前几之间的松土和被振松的表土层。

为达到减少夯击遍数的目的,应根据地基土的性质适当加大每遍的夯击能,亦即增加每夯点的夯击次数或适当缩小夯点间距,以便在减少夯击遍数的情况下能获得相同的夯击效果。

6.3.2 两遍间隔时间

两遍夯击之间应有一定的时间间隔,以利于土中超静孔隙水压力的消散,待地基土稳定后再夯下遍,一般两遍之间间隔1~4周。对渗透性较差的黏性土不少于3~4周;若无地下水或地下水在-5m以下,或为含水率较低的碎石类土,或透水性强的砂性土,可采取只间隔1~2天,或在前一遍夯完后,将土推平,接着随即连续夯击,而不需要间歇。

6.3.3 处理范围

强夯处理范围应大于建筑物基础范围,每边超出基础外缘的宽度宜为设计处理深度的1/2~2/3,并且不小于3m。

6.3.4 加固影响深度

强夯法的有效加固深度 $H(m)$ 与强夯工艺有密切关系,法国梅那(Menard)氏曾提出以下公式估算:

$$H \approx \sqrt{M \cdot h}$$

式中:M——夯锤质量(t);

h——落距(锤底至起夯面距离)(m)。

经国内外大量试验研究和工程实测资料表明,采用梅那公式估算有效加固深度将会得到偏大的结果,实际影响有效加固深度的因素很多,除锤重和落距外,与地基土性质、不同土层的厚度和埋藏顺序、地下水位以及强夯工艺参数(如夯击次数、锤底单位压力等)都有着密切关系,因此国内经大量实测统计分析,建议采用以下修正公式估算,比较接近实际情况:

$$H = K\sqrt{\frac{M \cdot h}{10}}$$

式中:M——夯锤重力(kN);

h——落距(锤底至起夯面距离)(m);

K——折减系数,与土质、能级、锤型、锤底面积、工艺选择等多种因素有关,一般黏性土取0.5;砂性土取0.7;黄土取0.35~0.50。

6.3.5 准备工作

(1)熟悉施工图纸,理解设计意图,掌握各项参数,现场实地考察,定位放线。

(2)制订施工方案和确定强夯参数。

(3)选择检验区作强夯试验。

(4)场地整平,修筑机械设备进出场道路,使有足够的净空高度、宽度、路面强度和转弯半径。填土区应清除表层腐殖土、草根等。场地整平挖方时,应在强夯范围预留夯沉量需要的土厚。

6.3.6 施工程序

强夯施工程序为:清理、平整场地→标出第一遍夯点位置、测量场地高程→起重机就位、夯锤对准夯点位置→测量夯前锤顶高程→将夯锤吊到预定高度脱钩自由下落进行夯击,测量锤顶高程→往复夯击,按规定夯击次数及控制标准,完成一个夯点的夯击→重复以上工序,完成第一遍全部夯点的夯击→用推土机将夯坑填平,测量场地高程→在规定的间隔时间后,按上述程序逐次完成全部夯击遍数→用低能量满夯,将场地表层松土夯实,并测量夯后场地高程。

6.3.7 施工工艺方法要点

(1)做好强夯地基的地质勘察,对不均匀土层适当增多钻孔和原位测试工作,掌握土质情况,作为制定强夯方案和对比夯前、夯后加固效果之用。必要时进行现场试验性强夯,确定强夯施工的各项参数。同时应查明强夯范围内的地下构筑物和各种地下管线的位置及高程,并采取必要的防护措施,以免因强夯施工而造成损坏。

(2)强夯前应平整场地,周围作好排水沟,按夯点布置测量放线确定夯位。地下水位较高时,应在表面铺 0.5~2.0m 中(粗)砂或砂砾石、碎石垫层,以防设备下陷和便于消散强夯产生的孔隙水压,或采取降低地下水位后再强夯。

(3)强夯应分段进行,顺序从边缘夯向中央。如图 9-2-2 所示。对厂房柱基亦可一排一排夯,起重机直线行驶,从一边向另一边进行,每夯完一遍,用推土机整平场地,放线定位即可接着进行下一遍夯击。强夯法的加固顺序是:先深后浅,即先加固深层土,再加固中层土,最后加固表层土。最后一遍夯完后,再以低能量满夯一遍,如有条件以采用小夯锤夯击为佳。

16	13	10	7	4	1
17	14	11	8	5	2
18	15	12	9	6	3
18'	15'	12'	9'	6'	3'
17'	14'	11'	8'	5'	2'
16'	13'	10'	7'	4'	1'

图 9-2-2 强夯顺序

(4)回填土应控制含水率在最优含水率范围内,如低于最优含水率,可钻孔灌水或洒水浸渗。

(5)夯击时应按试验和设计确定的强夯参数进行,落锤应保持平稳,夯位应准确,夯击坑内积水应及时排除。坑底土含水率过大时,可铺砂石后再进行夯击。在每一遍夯击之后,要用新土或周围的土将夯击坑填平,再进行下一遍夯击。强夯后,基坑应及时修整,浇筑混凝土垫层封闭。

(6)对于高饱和度的粉土、黏性土和新饱和填土,进行强夯时,很难以控制最后两击的平均夯沉量在规定的范围内,可采取:

①适当将夯击能量降低;

②将夯沉量差适当加大;

③填土采取将原土上的淤泥清除,挖纵横盲沟,以排除土内的水分,同时在原土上铺50cm的砂石混合料,以保证强夯时土内的水分排除,在夯坑内回填块石、碎石或矿渣等粗颗粒材料,进行强夯置换等措施。通过强夯将坑底软土向四周挤出,使在夯点下形成块(碎)石墩,并与四周软土构成复合地基,一般可取得明显的加固效果。

(7)雨季填土区强夯,应在场地四周设排水沟、截洪沟,防止雨水流入场内;填土应使中间稍高;土料含水率应符合要求;认真分层回填,分层推平、碾压,并使表面保持1%~2%的排水坡度;当班填土当班推平压实,雨后抓紧排除积水,推掉表面稀泥和软土,再碾压;夯后夯坑立即推平、压实,使高于四周。

(8)冬期施工应清除地表的冻土层再强夯,夯击次数要适当增加,如有硬壳层,要适当增加夯次或提高夯击功能。

(9)做好施工过程中的监测和记录工作,包括检查夯锤重和落距,对夯点放线进行复核,检查夯坑位置,按要求检查每个夯点的夯击次数和每击的夯沉量等,并对各项参数及施工情况进行详细记录,作为质量控制的根据。

6.3.8 质量控制

(1)施工前应检查夯锤重量、尺寸、落锤控制手段、排水设施及被夯地基的土质。

(2)施工中应检查落距、夯击遍数、夯点位置、夯击范围。

(3)施工结束后,检查被夯地基的强度并进行承载力检验。检查点数,每一独立基础至少有一点,基槽每20延米有一点,整片地基50~100m²取一点。强夯后的土体强度随间歇时间的增加而增加,检验强夯效果的测试工作,宜在强夯之后1~4周进行,而不宜在强夯结束后立即进行测试工作,否则测得的强度偏低。

(4)强夯地基质量检验标准如表9-2-3所示。

强夯地基质量检验标准 表9-2-3

项	序	检查项目	允许偏差或允许值		检查方法
			单位	数值	
主控项目	1	地基强度	设计要求		按规定方法
	2	地基承载力	设计要求		按规定方法
一般项目	1	夯锤落距	mm	±300	钢索设标志
	2	锤重	kg	±100	称重
	3	夯击遍数及顺序	设计要求		计数法
	4	夯点间距	mm	±500	用钢尺量
	5	夯击范围(超出基础范围距离)	设计要求		用钢尺量
	6	前后两遍间歇时间	设计要求		

6.4 石灰土或二灰土(石灰、粉煤灰)挤密桩

用打入桩、冲钻或爆扩等方法在土中成孔,然后用石灰土或将石灰与粉煤灰混合分层夯填桩孔而成(少数也可用素土),用挤密的方法破坏黄土地基的松散、大孔结构,达到消除或减轻地基的湿陷性,此方法是用于消除5~10m深度内地基的湿陷性。

6.5 预浸水处理

自重湿陷性黄土地基利用其自重湿陷性的特性,可在建筑物修筑前,先将地基充分浸水,使其在自重的作用下发生湿陷,然后再修筑。其承载力的确定根据我国《公路桥涵地基与基础设计规范》(JTG D63—2007)确定其容许承载力。

6.6 多年冻土地基

该类地基施工要按保持冻结的原则,尽量避开高温季节,并注意以下几点问题:

(1)基础不应置于季节性冻融土层上,并不得直接与冻土接触。

(2)基础的基地修筑于多年冻土层(永冻土)上时,基地之上应设置隔温层或保温层材料,且铺筑宽度应在基础外缘加宽1m。

(3)按保持冻结的原则设计的明挖基础,其多年平均地温等于或高于-3°时,应于冬季施工,多年平均地温低于-3°时,可在其他季节施工,但应避开高温季节,应按下列规定处理:

①严禁地表水流入基坑。

②及时排除季节冻层内的地下水和冻土本身的融化水。

③必须搭设遮阳棚和防雨棚。
④施工前做好充分准备,组织快速施工,做好基础后立即回填封闭,防止热量侵入。
(4)施工时,明水应在距坑顶10m之外修排水沟。水沟之水,应引于远离坑顶宣泄并及时排除溶化水。

6.7 泉眼及溶洞地基处理

若地基出现泉眼,处理方法一种是堵眼:将有螺口的钢管打入泉眼,盖上螺帽拧紧,阻止泉水流出;或者向泉眼内压注速凝水泥砂浆,再打入木塞堵眼。另一种方法是引流排水,堵眼有困难时,可用管子塞入泉眼,将水流引至集水坑或天然沟谷。对出露的较大溶洞可采用混凝土掺片石灌注或用钢筋混凝土结构加盖处理。小溶洞采用压水泥砂浆或小石子混凝土压灌处理。大型溶洞应专门研究确定施工方案。

基底开挖并处理完毕后,应通过基底检验,其内容主要有:
(1)检查基底平面位置、尺寸大小、基底高程;
(2)检查基底地质情况和承载力是否与设计资料相符;
(3)检查基底处理和排水情况是否与规范相符;
(4)检查施工日志及有关试验资料等。

基底平面位置和高程允许偏差规定如下:
①平面周线位置不小于设计要求;
②基底高程。土质:±50mm;石质:+50mm,-200mm。

基地检验实测项遵照中华人民共和国行业标准《公路工程质量检验评定标准》(JTG F80/1—2004)的规定。

7 基础施工方法

扩大基础的种类有浆砌片石、浆砌块石、片石混凝土、钢筋混凝土等几种,现将施工方法分别予以介绍。

7.1 浆砌块(片)石

一般要求砌块在使用前必须浇水湿润,将表面的泥土、水锈清洗干净,砌第一层砌块时,如基底为岩层或混凝土基础,应先将基底表面清洗、湿润,再坐浆砌筑。砌筑应分层进行,各层先砌筑外圈定位行列,然后砌筑里层,外圈砌石与里层砌块交错连成一体。各砌层的砌块应安放稳固,砌块间应砂浆饱满,黏结牢固,不得直接贴靠或脱空。

片石砌体宜以2~3层砌块组成一工作层,每层的水平缝应大致找平,各层竖缝应相互错开,不得贯通。外圈定位行列和转角石,应选择形状较为方正及尺寸较大的片石,并长短相间地与里层砌块咬接,砌缝宽度一般不应大于4cm。较大的砌块应放在下层,石块的尖锐突出部分应敲除。竖缝较宽时,在砂浆中塞以小石块填实。

块石砌筑时每层石料高度应大致一样,外圈定位行列和镶面石块,应丁顺相间或二顺一丁排列,砌缝宽度不大于3cm,上下层竖缝错开距离不小于8cm。

7.2 加石混凝土和片石混凝土

混凝土中填放片石时应符合以下规定:
(1)埋放石块的数量不宜超过混凝土结构体积的25%;当设计为片石混凝土砌体时,石块可增加为50%~60%;

(2)应选用无裂纹、夹层且未被锻炼过的、高度小于15cm、具有抗冻性能的石块;

(3)石块的抗压强度应不小于25MPa及混凝土强度等级;

(4)石块应清洗干净,应在捣实的混凝土中埋入一半以上;石块应分布均匀,净距不小于10cm,距结构侧面和顶面净距不小于15cm,对于片石混凝土,石块净距可以不小于4~6cm,石块不得挨靠钢筋或预埋体。

7.3 钢筋混凝土基础

旱地浇筑钢筋混凝土基础,应在对基底及基坑验收完成后尽快绑扎、放置钢筋;在底部放置混凝土垫块,保证钢筋的混凝土净保护层厚度,同时安放墩柱或台身钢筋的预埋部分,保证其定位准确;对全部钢筋进行检查验收,保证其根数、直径、间距、位置满足设计文件和技术规范要求时,即可浇筑混凝土。拌制好的混凝土运输至现场后,若高差不大,可直接倒入基坑内,若倾卸高度过大,为防止发生离析,应设置串筒或滑槽,槽内焊上减速钢梳,保证混凝土整体均匀运入基坑,用插入式振捣密实。浇筑应分层进行,但应连续施工,在下层混凝土开始凝结之前,应将上层混凝土灌注捣实完毕。基础全部筑完凝结后,要立即覆盖草袋、麻袋、稻草或砂子,并经洒水养生。养生时间一般普通硅酸盐水泥混凝土为7昼夜以上,矿渣水泥、火山灰质水泥或掺用塑化剂的混凝土应为14昼夜以上。水中混凝土基础在基坑排水的情况下施工方法与旱地基础相同,只是在混凝土凝固后即可停止排水,也不需再进行专门的养生工作。

任务3　桩基础施工

1. 钻孔灌注桩施工;
2. 挖孔灌注桩施工;
3. 桩基检验。

桩基础按承受荷载的工作原理不同分为摩擦桩、柱桩、嵌岩桩。按施工方法不同又可分为钻孔灌注桩、挖孔灌注桩、打入桩等,钻孔桩和挖孔桩在施工中应用较为广泛,在学习中重点掌握两种桩基础的施工方法。

学习引导

本任务按以下进程学习:

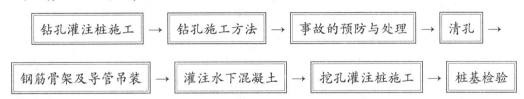

桩基础按承受荷载的工作原理不同分为摩擦桩、柱桩、嵌岩桩。按施工方法不同又可分为钻孔灌注桩、挖孔灌注桩、打入桩等,钻孔桩和挖孔桩应用最为广泛,这里就这两种桩基础的施

工方法作详细介绍。

1 钻孔灌注桩施工

1.1 施工前的准备工作

钻孔灌注桩由于其施工速度快,质量稳定,受气候环境影响小,因而被普遍采用,但其施工前的准备工作十分重要,只有条件充分才能保证施工顺利进行。

1.1.1 认真进行施工放样

用全站仪准确放出各桩位中心,用骑马桩固定位置,用水准仪测量地面高程,确定钻孔深度。

1.1.2 设备准备

根据地质资料,确定科学合理的钻孔方法和钻孔设备,架设好电力线路,配备适合的变压器。若用柴油机提供动力,则应购置与设备动力相匹配的柴油机和充足的燃油。混凝土拌和机、电焊机、钢筋切割机,以及水泥、砂石材料均要在钻孔开始前准备妥当。

1.1.3 埋设护筒

可以采用钢护筒,也可以采用现场预制的钢筋混凝土护筒,在放样好的桩位处,开挖一个圆形基坑将护筒埋入。护筒应坚实、不漏水,护筒内径应比桩径稍大20~30cm。采用反循环钻时应使护筒顶高程高出地下水位2.0m;采用正循环钻时应高出地下水位1.0~1.5m,处于旱地时;护筒在满足上述条件的基础上还应高出地面0.3m。

1.1.4 制备泥浆

钻孔泥浆由水、黏土(或膨润土)和添加剂组成。按钻孔方法和地质情况,一般需采用泥浆悬浮钻渣和护壁,除地层本身全为黏性土能在钻进中形成合格泥浆外,开工前应准备数量充足和性能合格的黏土和膨润土。调制泥浆时,先将土加水浸透,然后用拌和机或人工拌制,按不同地层情况严格控制泥浆浓度,正确选用正、反循环转法钻孔,为了回收泥浆原料和减少环境污染,应设置泥浆循环净化系统。泥浆性能要求见表9-3-1。

泥浆性能指标要求　　　　表9-3-1

钻孔方法	地层情况	泥浆性能指标						
		相对密度	黏度(s)	静切力(MPa)	含砂率(%)	胶体率(%)	失水率(ml/30min)	酸碱度pH
正循环回转冲击	黏性土	1.05~1.20	16~22	1.0~2.5	<8~4	≥96	≤25	8~10
	砂土碎石土卵石漂石	1.2~1.45	19~28	3~5	<8~4	≥96	≤15	8~10
推钻冲抓	黏性土	1.1~1.2	22~24	1~2.5	<8~4	≥95	<30	8~11
	砂土碎石土	1.2~1.4	22~30	3~5	≤4	≥95	<20	8~11
反循环回转	黏性土	1.02~1.06	16~20	1~2.5	≤4	≥95	<20	8~10
	砂土	1.06~1.10	19~28	1~2.5	≤4	≥95	<20	8~10
	碎石土	1.10~1.15	20~35	1~2.5	≤4	≥95	<20	8~10

注:相对密度是泥浆密度与4℃纯水密度之比。

泥浆的主要性能主要有以下几种:

(1) 相对密度

泥浆的相对密度是泥浆与4℃时纯水密度之比,泥浆密度增大时,在钻孔中对孔壁的侧压力也相应增大,孔壁也越趋稳定,悬浮携带钻渣的能力也越大。然而,密度过大的泥浆,其失水量亦加大,孔壁上的泥皮也增厚,这就增加了泥浆原料的消耗,而且会给清孔和灌注混凝土造成困难。另外,泥浆密度的加大,意味着泥浆中固体颗粒含量加大,这就会对钻具产生大的磨损,更重要的是降低了钻进速度,在反、正循环回转钻进中,泥浆比重过大,减低钻进速度更为敏感。

(2) 黏度

黏度是液体或混合液体运动时,各分子或颗粒之间产生的内摩擦力。黏度大的泥浆,产生的孔壁泥皮厚,对防止翻砂、阻隔渗漏有利,对悬浮携带钻渣的能力强,对正循环回转钻进有利。但黏度过大,则易"糊钻",影响泥浆泵的正常工作,增加泥浆净化的困难,进而影响钻进速度。黏度过小,钻渣不易悬浮,泥皮薄,对防止翻砂、渗漏不利。

(3) 静切力

静切力是静止的泥浆受外力开始流动所需的最小的力,又称滑动静应力,它表示泥浆结构的强度,以破坏1平方厘米面积上的泥浆颗粒所需的力(MPa)表示。泥浆静切力要适当,若太大则流动阻力大,流往沉淀池的泥浆中的钻渣不易沉淀,影响净化速度,使泥浆比重过大,钻进速度降低。若太小,则悬浮携带钻渣效果不好,钻进速度也会降低;因固停钻时,钻渣易下沉,造成积渣埋钻事故。

(4) 含砂率

含砂率是砂浆内所含的砂和黏土颗粒的体积百分比。泥浆含砂率大时,会降低黏度,增加沉淀,容易磨损泥浆泵和水管摇头、钻锥等钻具;停钻时,易造成埋钻、卡钻事故。

(5) 酸碱度

酸碱度以pH值表示,pH等于7时为中性泥浆,小于7时为酸性,大于7时为碱性。pH值一般以8~10为适当,这时黏土颗粒可进行分散,水分子进入黏土内部使其膨胀,颗粒表面形成一层吸附性水化膜(又称束缚水),相当于增加了泥浆中的固相成分,使失水量小,能较快形成薄而坚韧的泥皮因此这种泥浆固壁性能好。水化膜还可阻止黏土颗粒黏结在一起而沉淀,因而增加了泥浆的稳定性和胶体率。如pH过小时,失水量会急剧上升。若pH值过大,则泥浆滤液将渗透到孔壁的黏土中,使孔壁表面软化,黏土之间的颗粒凝聚力减弱,造成裂解而使孔壁坍塌。

(6) 胶体率

胶体率是泥浆静止后,其中呈悬浮状态的黏土颗粒与水分离的程度,胶体率高的泥浆,黏土颗粒不易沉淀,悬浮钻渣的能力高,否则反之。故正循环回转钻钻进的泥浆,需要较高的胶体率。

(7) 失水率

失水率(又叫渗透量)是泥浆在钻孔内受内外水头压力差的作用在一定时间内渗入地层的水量。泥浆的失水率越小越好。泥浆的失水率越小则它的胶体率越大。失水率小的泥浆有利于巩固孔壁和保护基岩(特别是遇水软化的泥质页岩),失水率过大的泥浆,形成孔壁泥皮过厚,在松散砂类土地质钻进时,易因泥皮过厚而使钻孔缩径;在泥岩地层易造成岩石遇水软化,地层膨胀而坍孔。

1.1.5 钢筋笼制作

在钻孔之前或者钻孔的同时要制作好钢筋笼,以便成孔、清孔后尽快灌注混凝土,防止坍孔事故发生。钢筋笼应按图纸尺寸要求,按吊装和钢筋单根定长确定下料长度,注意主筋在50cm范围内接头数量不能超过截面主筋根数总数的50%,加强筋直径要准确;箍筋要预先调直,螺旋形布置在主筋外侧;定位筋应均匀对称的焊接在主筋外侧。下钢筋笼前应对其进行质量检查,保证钢筋根数、位置、净距保护层厚度等满足要求。

1.2 钻孔施工方法

无论采用哪种钻孔方法,都要遵循以下一般要求:

(1)钻孔就位前,应对钻孔的各项准备工作进行检查,包括场地与钻机座落处的平整和加固,主要机具的检查与安装。

(2)必须及时填写施工记录表,交接班时应交代钻进情况及下一班应注意事项。

(3)钻机底座和顶端要平稳,在钻进和运行中不应产生位移和沉陷。回转钻机顶部的起吊滑轮缘、转盘中心和桩位中心三者应在同一铅垂线上,偏差不超过2cm。

(4)钻孔作业应分班连续进行,经常对钻孔泥浆性能指标进行检验,不符合要求时要及时改正。

钻孔施工方法具体有以下几种。

1.2.1 冲抓锥钻进

冲抓锥是一种最简单的钻孔机械,由三脚立架、锥头、卷扬机三部分组成,如图9-3-1所示。施工时使三角立架固定滑轮,绕过滑轮的钢丝绳下端吊着由三块钢锥片组成的锥头,锥头张开的最大外围尺寸与桩孔直径相同。锥头对准桩孔中心。放开制动,锥头在自重作用下下落,打入孔内土层中,卷扬机将其向上提升时,通过拉索使锥头合拢,砂土被封闭在锥体内提升至井外。等锥体提升至孔口以上时,工人及时在井口放置一块钢盖板,将手推车或其他运输工具放于其上。打开锥头控制栓,使锥头张开,土体落入运输车中运走。移走钢板,即进行下一轮冲抓作业、如此循环钻进。

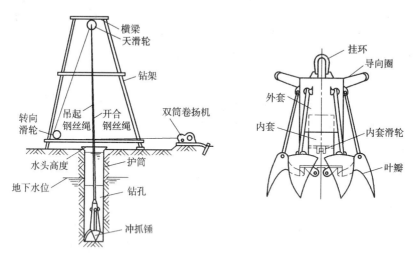

图9-3-1 冲抓钻孔

该方法的优点是:所需机械简单,成本较低,但施工自动化程度低,需人工操作,清运渣土,劳动强度大,施工速度较慢,只适用于砂砾石和砂土地层。

注意:应以小冲程稳而准的开孔,待锥具全部进入护筒后,再松锥进行正常冲抓。提锥应缓慢,冲击高度一般为1.0~2.5m。

1.2.2 冲击钻孔

其设备由冲击钻头、三角立架、卷扬机三部分组成,如图9-3-2所示。该方法适用于砂砾石和岩石地层,其工作原理是:用卷扬机钢丝绳通过三角立架上的滑轮将锥头提起,然后放开卷扬机,使锥头自然下落,锥头的冲击作用将砂砾石或岩石砸成碎末、细渣,靠泥浆将其悬浮起来排出孔外。锥体一般为圆柱形,用钢材制成,锥头呈"十"字形,利于破碎岩石。一般可先用60~80cm的细锥头钻进,然后再用大锥头扩孔至设计孔径。这样一来可以保证孔壁稳定,防止坍孔,二来可以提高功效。卷扬机可以人工操作,也可以选用自动操作设备,因而该方法节省人力,可以24小时连续作业,施工效率较高,在工程中普遍适用。

施工时应注意以小冲程开孔,使初成孔坚实、坚直、圆顺并起向导作用,钻进深度超过钻锥全冲程后才能施行正常冲击,若遇坚硬漂卵石层,可采用中、大冲程,但最大冲程不宜超过4~6m。钻进冲程中及时排除钻渣,并添加黏土造浆,防止坍孔和沉积,使钻锥经常冲击新鲜地层。冲击表面不平整的漂石、硬岩时,应先投入黏土夹小片石,将表面垫平后再钻进,防止出现偏孔、斜孔。

1.2.3 正循环钻进施工

如图9-3-3所示,用钻头旋转切削土体钻进,泥浆泵将泥浆压进钻杆顶部泥浆龙头,通过钻杆中心从钻头喷入钻孔内,泥浆携带钻渣沿钻孔上升,从护筒顶部排浆孔排出至沉淀池,钻渣在此沉淀而泥浆流入泥浆池循环使用。该方法适用于淤泥、黏性土、砂土以及砾卵石粒径小于10cm含量少于20%的碎石土。其优点是钻进与排渣同时连续进行,在适用的土层中钻进速度较快,但需设置泥浆槽、沉淀池等,施工占地较多且机具设备较复杂。

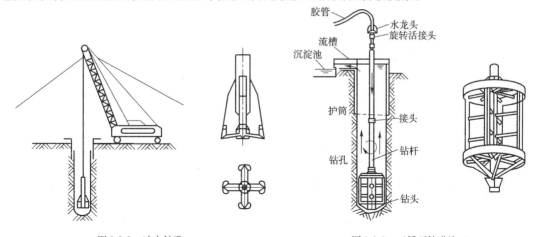

图9-3-2 冲击钻孔　　　　　图9-3-3 正循环钻进施工

1.2.4 反循环钻进施工

如图9-3-4所示,与正循环法不同的是泥浆输入钻孔内,然后从钻头的钻杆下口吸进,通过钻杆中心排出至沉淀池内。该方法适用于黏性土、砂土以及砾卵石粒径小于钻杆内径2/3,含量少于20%的碎石土、软岩。其钻进与排渣效率较高,但接长钻杆时装卸麻烦,钻渣容易堵塞管路。另外,因泥浆是从下向上流动,孔壁坍塌的可能性较正循环法大,为此需用较高质量的泥浆。

各种钻孔方法的适用范围可参考表9-3-2。

钻孔灌注桩的施工工艺流程如图9-3-5所示。

1.3 事故的预防与处理

由于地质构造的复杂性和施工期间各种因素的影响,钻孔事故常有发生。事故发生后应确认事故类型,采取补救措施,以减少损失,保证工程质量。

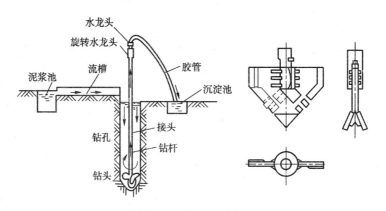

图 9-3-4 反循环钻进施工

各种钻孔方法的适用范围 表 9-3-2

序号	成孔设备（方法）	适用范围			
		地基条件	孔径(cm)	孔深(cm)	泥浆作用
1	机动推钻	黏性土,砂土,砾石粒径小于10cm,含量少于30%的碎石土	60~160	20~40	护壁
2	正循环回转钻法	黏性土,砂土,砾、卵石粒径于2cm,含量少于20%的碎石土,软岩	80~200	30~100	浮悬钻渣并护理
3	反循环回转钻法	黏性土,砂土,卵石粒径小于钻杆内径2/3,含量少于20%的碎石土	80~250	泵吸<40 气举100	护理
4	正循环潜水钻法	淤泥,黏性土,砂土,砾卵石粒径小于10cm,含量少于20%的碎石土	60~150	50	浮悬钻渣并护壁
5	反循环潜水钻机	同编号8	60~150	泵吸<40 气举100	护壁
6	全护筒冲抓和冲击钻机	各类土层	80~200	30~40	不需泥浆
7	冲抓锥	淤泥、黏性土、砂土、砾石、卵石	50~150	20~40	护壁
8	冲击实心锥	各类土层	80~200	50	浮悬钻渣并护壁
9	冲击管锥	黏性土、砂土、砾石、松散卵石	60~150	50	浮悬钻渣并护壁
10	冲击、振动沉管	软土、黏性土、砂土、砾石、松散卵石	25~50	50	不需泥浆

1.3.1 坍孔

各种钻孔方法都可能发生坍孔事故,坍孔的表征是孔内水位突然下降,孔口冒细密的水泡,出渣量显著增加而不见尺寸,钻机负荷显著增加等。

1.3.1.1 坍孔原因

（1）泥浆比重不够及其他泥浆性能指标不符合要求,使孔壁未形成坚实泥皮。

（2）由于掏渣后未及时补充水或泥浆,或河水潮水上涨,或孔内出现承压水,或钻孔通过砂砾等强透水层,孔内水流失等而造成孔内水头高度不够。

(3)护筒埋置太浅,下端孔口漏水、坍塌或孔口附近地面受水浸湿泡软,或钻机装置在护筒上,由于振动使孔口坍塌,扩展成较大坍孔。

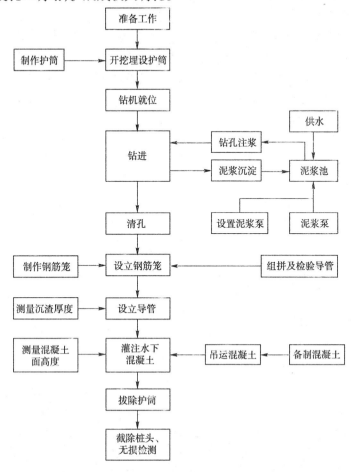

图 9-3-5 钻孔灌注桩的施工工艺流程

(4)在松软砂层中钻进,进尺太快。

(5)提住钻锥钻进,回转速度过快,空转时间太长。

(6)冲击(抓)锥或掏渣筒倾倒,撞击孔壁,或爆破处理孔内孤石、探头石、炸药量过大,造成过大的振动。

(7)水头太大,使孔壁渗浆或护筒底形成反穿孔。

(8)清孔后泥浆比重、黏度等指标降低,用空气吸泥机清孔,泥浆吸走后未及时补水,使孔内水位低于地下水位,清孔操作不当,供水管咀直接冲刷孔壁,清孔时间过久或清孔后停顿过久。

(9)吊入钢筋骨架时碰撞孔壁。

1.3.1.2 坍孔的预防和处理

(1)在松散粉砂土或流砂中钻进时,应控制进尺速度选用较大比重、黏度、胶体率的泥浆。或投入黏土掺片、卵石,低锤冲击,使黏土膏、片、卵石挤入孔壁起护壁作用。

(2)汛期或潮汐地区水位变化过大时,应采取升高护筒,增加水头,或用虹吸管、连通管等措施保证水头相对稳定。

(3)发生孔口坍塌时,可立即拆除护筒并回填钻孔、重新埋设护筒再钻。

(4)如发生孔内坍塌,判明坍塌位置,回填砂和黏土(或砂砾和黄土)混合物到坍孔处以上1~2m,如坍孔严重时应全部回填,待回填物沉积密实后再行钻进。

(5)严格控制冲程高度和炸药用量。

(6)清孔时应指定专人补水,保证钻孔内必要的水头高度。供水管最好不直接插入钻孔中,应通过水槽或水池使水减速后流入钻孔中,可免冲刷孔壁。应扶正吸泥机,防止触动孔壁。不宜使用过大的风压,不宜超过1.5~1.6倍钻孔中水柱压力。如坍孔严重须按前述方法处理。

(7)吊入钢筋骨架时应对准钻孔中心竖直插入。

1.3.2 钻孔偏斜

各种钻孔方法均可能发生钻孔偏斜事故。

1.3.2.1 偏斜原因

(1)钻孔中遇到较大的孤石或探头石。

(2)在有倾斜度的软硬地层交界处,岩面倾斜钻进;或者粒径的大小悬殊的砂卵石层中钻进,钻头受力不均。

(3)扩孔较大处,钻头摆动偏向一方。

(4)钻机底座未安置水平或产生不均匀沉陷。

(5)钻杆弯曲,接头不正。

1.3.2.2 预防和处理:

(1)安装钻机是要使转盘、底座水平,起重滑轮缘、固定钻杆的卡孔和护筒中心三者应在一条竖直线上,并经常检查校正。

(2)由于主动钻杆较长,转动时上部摆动过大。必须在钻架上增设导向架,控制钻杆上的提引水笼头,使其沿导向架向中钻进。

(3)钻杆、接头应逐个检查,及时调正。主动钻杆弯曲,要用千斤顶及时调直。

(4)在有倾斜的软、硬地层钻进时,应吊着钻杆控制进尺,低速钻进。或回填片、卵石冲平后再钻进。查明钻孔偏斜的位置和偏斜情况后,一般可在偏斜处吊住钻头上下反复扫孔,使钻孔正直。偏斜严重时应回填砂砾土到偏斜处,待沉积密实后再继续钻进。冲击钻进时,应回填砂砾石和黄土待沉积密实后再钻进。偏斜严重的可在开始偏斜处设置少量炸药(少于1kg)爆破,然后用砂土和砂砾石回填到该位置以上1m左右,重新冲钻。

1.3.3 掉钻落物

各种钻孔方法均可能发生掉钻落物事故。

1.3.3.1 掉钻落物原因

卡钻时强提强扭、操作不当使钢丝绳或钻杆疲劳断裂、钻杆接头不良或滑丝、马达接线错误、使不应反转的钻机(如红星300型钻机)反转钻杆松脱、冲击钻头合金套灌注质量差钢丝绳拔出、转向环、转向套等焊接处断开、钢丝绳与钻头联结钢丝绳卡数量不足或松弛等、操作不慎落入扳手撬棍等物。

1.3.3.2 预防和处理

预防措施:

(1)开钻前应清除孔内落物,零星铁件可用电磁铁吸,取较大落物和钻具,也可用冲抓锥打捞。然后在护筒口加盖。

(2)经常检查钻具、钻杆、钢丝绳和联结装置。

(3)为便于打捞落锥,可在冲锥上预先焊打捞环,打捞扛或在锥身上围捆几圈钢丝绳等。

处理方法:掉钻时应及时摸清情况,若钻锥被沉淀物或坍孔土石埋住应首先清孔,使打捞工具能接触钻锥。打捞工具有以下几种:

①打捞叉:当大绳折断或钢丝绳卡环松脱,钻锥上留有不小于2m长钢丝绳时,可用打捞叉放入孔内上下提动,将钢丝绳卡住提出钻锥。

②打捞钩:形式很多,打捞钩的强度、尺寸应适当,并有一定重量。适用于设有打捞装置的钻锥。

③打捞活套:只要掉入孔内的钻锥留有一定长度的钻杆,可采用打捞活套,该套由偏三角架环和钢丝绳活套两部分用细铅丝(或细麻绳)松松的扎在一起组成。打捞时提着直杆和钢丝绳将打捞活套轻轻放入孔内。当感到打捞活套套进钻杆或钻锥时,收紧钢丝绳,则细铅丝(或麻绳)被拉断,活套就将钻杆或钻锥套住,继续提升大绳,即可捞出掉杆或掉锥。

④偏钩和钻锥平钩:偏钩适用于浅孔打捞。接头处直径大于钻杆,用 $\phi 20\sim 25mm$ 钢筋制成。打捞时用钢丝绳穿绑于偏钩孔眼,并用长竹竿和偏钩捆绑在一起,放入孔内旋转钩柄,钩住钻杆后收提钢丝绳即打捞上来。钻锥平钩适用于打捞钻杆。将两个平钩对称地焊在比钻孔直径小 $40\sim 50cm$ 钻锥上(可用废钻锥)。打捞时由钻杆将平钩送入孔中,顺时针方向旋转,掉落的钻杆就能卡入平钩内被提上来。

⑤打捞钳:适用于打捞多节钻杆,夹钳用 $\phi 50mm$ 圆钢锻成,柄长40cm,钳身锻制成弧形,长20cm,钳的两臂端部各用 $\phi 6mm$ 的圆钢筋焊成长6cm的触须。钳臂根部焊两块30mm厚的钢板,每个钳柄各焊两个圆环以便穿绑起吊钢丝绳。

打捞时先把钢丝绳二根分别拴穿在钳柄的圆环上,由专人牵住。然后提住钢筋将夹钳放入孔内的钻杆掉落处紧跟着将钢丝绳下放。这时夹钳呈张口状态,将夹钳来回碰撞钻杆,如感觉到钻杆进入夹钳,即可将起吊钢丝绳连接到卷扬机提升,这样钳臂就会将钻杆卡紧,两块弧形钢板也卡住钻杆,将钻杆打捞起来。

对严重的坍孔埋锥,可采用比泵锥直径大的冲击锥或冲抓锥将坍在原锥上面的土、石清除掉,接触原锥后,再换用比原锥直径稍大的棚式圆柱形的空心锥,冲钻至原锥底部,使原锥与周围孔壁分离后,提出空心锥,再将前述的打捞钩入孔钩捞,先将原锥身扶正,再用卷扬机会同链滑车同时提拉。

1.3.4 糊钻

糊钻(吸锥)常出现于正反循环回转钻进和冲击锥钻进。在软塑黏土层回转钻进,因进尺快,钻渣量大,出浆口堵塞而造成糊钻。预防处理办法:首先应对钻杆内径大小进行计算决定。还应控制进尺,选用刮板齿小、出浆口大的钻锥。若已严重糊钻,应将钻锥提出孔口,清除钻锥残渣。冲击锥钻进行预防措施是减少冲程,降低泥浆稠度,在黏土层上回填部分砂、砾石。

1.3.5 扩孔和缩孔

扩孔是孔壁坍塌而造成的结果,各种钻孔方法均可能发生,若只孔内局部发生坍塌而扩孔,钻孔仍能达到设计深度则不必处理,只是混凝土灌注量大大增加。若因扩孔后继续坍塌影响钻进,应按坍孔事故处理。

缩孔原因有二种:一种是钻锥焊补不及时,严重磨耗的钻锥往往钻出较设计桩径稍小的孔。另一种是由于地层中有软塑土(俗称橡皮土),遇水膨胀后使孔径缩小。各种钻孔方法均可能发生缩孔。可采用上下反复扫孔的方法以扩大孔径。

1.3.6 梅花孔

常发生在以冲击锥钻进时。当冲击成十字槽或梅花形状,即称为梅花孔,其原因是由于转向装置失灵,泥浆太稠,阻力大,冲击锥不能自由转动,或冲程太小,冲锥刚提起又落下,得不到足够的转动时间,改换不了冲击位置,形成梅花孔。

预防的办法:应经常检查转向装置的灵活性,选用适当黏度和比重的泥浆,适时掏渣,隔一段时间要更换高一些的冲程,使冲锥有足够的转动时间。

出现梅花孔后,可用片、卵石混合黏土回填钻孔重新冲击。

1.3.7 卡钻

卡钻也常发生在以冲击锥钻进时,其原因是由于形成了梅花孔,钻头磨损未及时补焊,钻孔直径逐渐变小,而新钻头或补焊后的钻头直径过大,冲锥倾倒,遇到探头石或孔内掉入物件卡住钻头。

卡钻后不宜强提,以免发生坍孔埋钻严重事故。可用小冲击锥冲击或用冲、吸的方法将卡住钻头周围的钻渣松动后再提出。但宜细心的冲、吸防止坍孔。如因梅花孔卡钻,则可松一下钢丝绳,使钻锥转动一个角度有可能提出。在打捞过程中要继续搅拌泥浆,以防止沉淀埋钻。

用以上方法提升卡锥无效时,可试用水下爆破提锥法。将防水炸药(少于1kg)放入孔内,沿锥的滑槽放到锥底,而后引爆,振松卡锥,再用卷扬机和链滑车同时提拉,一般是能提出的。

1.3.8 钻杆折断

常发生在人力、机动推钻和正、反循环回转钻进时。

1.3.8.1 折断原因

(1)用地质或水文地质钻探小孔径钻孔的钻杆来作桥梁大孔径钻孔桩用,其强度、刚度太小,容易折断。

(2)钻进中选用的转速不当,使钻杆扭转或弯曲折断。

(3)钻杆使用过久,连接处有损伤或接头磨损过甚。

(4)地层坚硬,进尺太快,超负荷引起。

1.3.8.2 预防和处理

(1)选择钻杆直径和管壁厚度尺寸时,应根据计算决定。

(2)不使用弯曲严重的钻杆,要求连接处丝扣完好,以螺套连接的钻杆接头,要有防止反转松脱的固锁设施。

(3)应控制进尺,遇坚硬、复杂地层要仔细操作。

(4)经常检查钻具各部分的磨损情况,损坏的要及时更换。

(5)如已发生钻杆折断事故,可按前述打捞方法将掉落钻杆打捞上来。并检查原因,换用新或大钻杆继续钻进。

1.3.9 钻孔漏浆

在透水性强或有地下水流动的地层中,稀泥浆会向孔外漏失,护筒埋设太浅,回填土不密实或护筒接缝不严重,会在护筒刃脚或接缝处漏浆,也可能由于水头过高使孔壁渗浆。

为防止漏浆,可加稠泥浆或倒入黏土慢速转动,或回填土掺片、卵石,反复冲击增强护壁,在有护筒防护范围内,接缝处漏浆,可由潜水工用棉絮堵塞,封闭接缝。

1.4 清孔

在钻至设计高程后,检查孔径、桩孔垂直度、桩底地层情况是否与设计相符,达到技术规范要求后,即应进行清孔。其目的是将孔内钻渣清除干净,保证孔底沉淀土层厚度满足要求。清孔方法有掏渣清孔法、换浆清孔法、抽浆清孔法、喷射清孔法等几种。

掏渣清孔法是用掏渣筒、大锅锥或冲抓锥清掏孔底粗钻渣,仅适用于机动推钻、冲抓、冲击钻孔的各类土层摩擦桩的初步清孔。

换浆清孔法适用于正循环钻孔的摩擦桩。于钻孔完成之后,提升钻锥距孔底10~20cm,继续循环,以相对密度较低(1.1~1.2)的泥浆压入,把钻孔内的悬浮钻渣和相对密度较大的泥浆换出。

抽浆清孔法清孔底效果较好,适用于各种方法钻孔的柱桩和摩擦桩,一般用反循环钻机、空气吸泥机、水力吸泥机或真空吸泥泵等进行。

喷射清孔法只宜配合其他清孔方法使用,是在灌注混凝土前对孔底进行高压射水或射风数分钟,使剩余少量沉淀物漂浮后,立即灌注水下混凝土。

1.5 钢筋骨架及导管吊装

1.5.1 钢筋骨架

由主筋、加强筋、螺旋箍筋、定位筋四部分组成,其构造应满足设计要求,经检查合格后,用吊车吊起垂直放入孔内,相邻节端应焊接牢靠,定位准确。下到设计位置后应在顶部采取相应措施反压并固定其位置,防止在混凝土灌注过程中产生上浮。

1.5.2 导管

导管是灌注水下混凝土的重要工具,一般选用刚性导管。刚性导管用钢管制成,内径一般为25~35cm,每节长2~3m,用端头法兰盘螺栓或连接杆连接,接头间夹有橡胶垫防止渗水。导管上口一般设置储料槽和漏斗,在灌注末期,当钻孔桩桩顶低于井孔中水面时,漏斗底口高出水面不小于4~6m,当桩顶高于井孔中水面时,漏斗底口高出桩顶不小于4~6m。

导管使用前应进行必要的水密、承压和接头抗拉等试验。吊袋前应进行试拼,接口连接应严密、牢固。吊装时,导管应位于井孔中央,并在混凝土灌注前进行升降试验。

1.6 水下混凝土的灌注

灌注混凝土之前,应先探测孔底泥浆沉淀厚度。如果大于规定,要再次清孔,但应注意孔壁的稳定,防止坍孔。运至桩位的混凝土应检查均匀性和坍落度,如不符合要求,应进行第二次拌和,二次拌和仍达不到要求时不能使用。还要注意:

(1)导管下至孔底的距离一般为25~40cm;

(2)导管埋入混凝土中的深度以不小于1m为宜。首批灌注混凝土的数量应能满足导管初次埋置深度(≥ 1.0m)和填充导管底部间隙的需要。按下式进行计算:

$$V \geq \pi d^2 h_1/4 + \pi D^2 H_c/4 \tag{9-3-1}$$

式中:V——首批混凝土所需数量(m^3);

h_1——井孔混凝土高度达到H_c时,导管内混凝土柱需要的高度见图9-3-6;

$$h_1 \geq \gamma_w H_w/\gamma_c$$

H_c——灌注首批混凝土所需井孔内混凝土面至孔底的高度(m),

$$H_c = h_2 + h_3$$

H_w——井孔内混凝土面以上水或泥浆深度;

D——井孔直径(m);

d——导管内径(m);

γ_w——井孔内水或泥浆的密度(kN/m^3);

γ_C——混凝土拌和物的密度(kN/m^3);

h_2——导管初次埋置深度,$h_2 \geq 1.0m$;

h_3——导管底端至钻孔底间隙,约为0.4m。

灌注方法如图9-3-7所示,当钢筋笼就位,导管下至设计深度,首批混凝土已拌和完毕运送至桩位处时,即可开始灌注混凝土(俗称灌桩)。首批灌注时应在导管漏斗底口处设置可靠的防水设施(一般放置一个直径与管内孔完全吻合的木球)。混凝土倒入漏斗,压住木球向下运动,导管中水从管底压出,从井内逐渐排向井外,混凝土靠自重和向下冲力压至孔底。随着混凝土不断灌入,孔内混凝土面逐渐升高,井内积水不断上升,直至混凝土灌满全孔,水全部被排出。注意首批灌注的混凝土的初凝时间不得早于灌注桩全部混凝土灌注完成时间,必要时要加入缓凝剂,每灌一段时间,就要及时抽拔导管,导管埋入混凝土中的深度不能大于6m,但也不能小于2m,要根据混凝土的灌入量计算灌注高度,从而确定提升导管时间。导管提升太快,若超过已灌混凝土表面,就会形成断桩;若抽拔不及时,埋入过深,则有可能因为混凝土初凝,使导管不能拔除,造成工程事故。因此。必须严格控制导管提升时间。

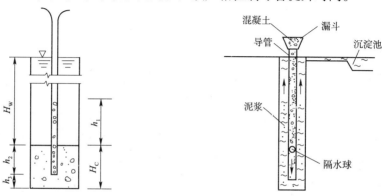

图9-3-6 首批混凝土数量计算　　　　图9-3-7 灌注水下混凝土

灌注开始后,必须连续进行,无论白天黑夜、刮风下雨都不得中断作业,提升拆除导管的时间要尽可能缩短。在灌注过程中,应将井孔内溢出的泥浆引流至适当位置,防止污染环境及河流。灌注的桩顶高程应比设计高程高出0.5~1.0m,待开挖基坑浇承台时凿除(俗称破桩头),目的是将孔内泥浆全部排除,保证桩体成桩质量。

混凝土灌完后要拔除护筒,处于地面及桩顶以下的井口整体式刚性护筒,应在灌注完混凝土后立即拔除;处于地面以上,能拆卸的护筒,须待混凝土抗压强度达到5MPa后才能拆除。

2 挖孔灌注桩施工

挖孔灌注桩多用人工开挖和小型爆破、配合小型机具成孔,灌注混凝土形成桩基。适用于无水或极少水的较密实的各类土层,桩径不小于1.2m,孔深不宜大于1.5m。其特点是设备投入少、成本低,成孔后可直观检查孔内土质状况,基桩质量有可靠保证。缺点是施工速度较慢。

位于无水地层的桩基,埋设好护筒后,可用人工直接开挖,遇岩石采用浅层小药量电雷管爆破,人工清渣掘进,用辘轳将渣石吊运出井,手推车运送弃渣。位于有水地基时要边开挖边用水泵排水。在过深的井孔中作业时,要用鼓风机通过传风管向孔底吹入新鲜空气,保障施工安全。在孔壁可能坍塌、有渗水的情况下,应及时增加护壁。护壁方法有安装木框架、竹篱、柳条、荆笆、预制混凝土井圈或钢井圈支护、现浇或喷射混凝土护壁等,应根据实际情况慎重选用。

夜间停工时,要在井口设置标志或覆盖物,防止工作人员不慎坠入。

灌注混凝土的方法与钻孔桩相同。无水、空气中灌注的桩如为摩擦桩,则应在灌注过程中逐步由下至上拆除支护。井中有水时,要采用水中灌桩法先向孔中灌水,至少灌至与地下水位相同,用导管灌注混凝土。随着灌注混凝土升高,孔内水位上升时逐层拆除支护。柱桩、嵌岩桩的混凝土护壁可以不拆除。

3 基桩的检验

桩基础属隐蔽工程,对其质量检验标准必须严格掌握。

钻(挖)孔在终孔和清孔后应使用仪具对成孔的孔位、孔深、孔形、孔径、竖直度、泥浆相对密度、孔底沉淀厚度、有否缩孔、坍塌等进行检验,应满足表9-3-3中各项技术指标。

钻孔灌注桩成孔质量允许偏差   表9-3-3

项　目	允　许　偏　差
孔的中心位置(mm)	群桩:100;单排桩:50
孔径(mm)	不小于设计桩径
倾斜度	钻孔:小于1%;挖孔:小于0.5%
孔深	摩擦桩:不小于设计规定 支承桩:比设计深度超深不小于50mm
沉淀厚度(mm)	摩擦桩:符合设计要求,当设计无要求时,对于直径≤1.5的桩,≤300mm;对桩径>1.5m或桩长>40m或土质较差的桩,≤500mm 支承桩:不大于设计规定
清孔后泥浆指标	相对密度:1.03~1.10;黏度:17~20Pa·s;含砂率:<2%;胶体率:>98%

注:清孔后的泥浆指标,是从桩孔的顶、中、底部分别取样检验的平均值。本项指标的测定,限指大直径桩或有特定要求的钻孔桩。

钻孔桩水下混凝土的质量应符合以下要求:

(1)强度不低于设计强度。除用预留试块做抗压强度外,还应凿平桩头,并取桩头试块做抗压试验。

(2)桩身混凝土不能有断层或夹层。应仔细检查分析混凝土记录,并用无破损方法检验桩身,对质量可疑的桩,要钻芯取样进行试验。

(3)桩头凿除预留部分不能有残余松散层和薄弱混凝土层。嵌入承台或盖梁内的桩头及锚固钢筋长度要符合规范要求。

任务4　组合式基础施工简介

学习目标

1.双壁钢围堰加钻孔灌注桩基础;
2.浮式沉井加管柱(钻孔桩)基础。

任务描述

处于特大水流上的桥梁基础工程,墩位处往往水深流急,地质条件极其复杂,河床土质覆

盖层较厚,施工时水流冲刷较深,施工工期较长。为了确保基础工程安全可靠,同时又能维持航道交通,宜采用由两种以上形式组成的组合式基础。

学习引导

本任务按以下进程学习:

双壁钢围堰加钻孔灌注桩基础 → 浮式沉井加管柱(钻孔桩)基础

处于特大水流上的桥梁基础工程,墩位处往往水深流急,地质条件极其复杂,河床土质覆盖层较厚,施工时水流冲刷较深,施工工期较长,常用的单一基础形式已难以适应。为了确保基础工程安全可靠,同时又能维持航道交通,宜采用由两种以上形式组成的组合式基础。其功能要满足既是施工围堰、挡水结构物,又是施工作业平台,并能承担所有施工机具与用料等。同时还应成为整体基础结构物的一部分,在桥梁的营运阶段发挥作用。

组合基础的形式很多,常用的有双壁围堰钻孔桩基础、钢沉井加桩柱(钻孔桩)基础、浮运承台与管柱、井柱、钻孔桩基础以及地下连续墙加箱形基础等。可根据设计要求、桥址处的地质水文条件、施工机具设备情况、施工安全及通航要求等因素,通过综合技术经济分析,论证比较,因地制宜,合理选用。

1 双壁钢围堰加钻孔灌注桩基础

大型双壁钢围堰加钻孔桩基础是近 20 年来开发的大型深水基础工程理想结构物,它不仅能起到深水基础工程的围水与施工平台作用,而且可以参与部分结构受力,既增加了深水基础工程结构的整体性能,又提高了下部结构的防撞能力,方便施工,降低了工程造价。在水深流急的江河中,具有其他结构难以比拟的优越性。国内苏通大桥、杭州湾大桥、九江、武汉、黄石、铜陵等长江大桥等都采用了双壁钢围堰钻孔桩基础,表 9-4-1 为 1991~2000 年建成的几座长江大桥应用双壁钢围堰钻孔桩基础的情况。尤其是武汉、黄石与铜陵长江大桥的深水桥墩都全部采用了双壁钢围堰钻孔桩基础,如此大规模的应用,充分表明该类型基础的强大生命力。

几座长江大桥的双壁钢围堰钻孔桩基础情况   表 9-4-1

桥 名	桥 型	双壁钢围堰直径(ϕ)高度(h)	钻孔灌注桩根数、直径(ϕ)与桩长(L)	备 注
江西九江长江大桥	主跨为 216m 的刚梁柔拱钢桥	$\phi = 19.8$m $h = 42.3$m	9-ϕ2.5m $L \approx 19$m	
湖北武汉第二长江大桥	主跨为 400m 的预应力混凝土斜拉桥	$\phi = 28.4$m $h = 46.5$m	21-ϕ2.5m $L \approx 25$m	江中 8 个深水墩均采用
湖北武汉黄石长江大桥	主跨为 245m 的预应力混凝土连续刚构桥	$\phi = 28.0$m $h = 38.5 \sim 41.2$m	16-ϕ3.0m $L \approx 41$m	江中 6 个深水墩均采用
安徽铜陵长江大桥	主跨为 432m 的预应力混凝土斜拉桥	$\phi = 31.0$m $h = 54.6$m	19-ϕ2.8m $L \approx 68 \sim 73$m	江中 5 个深水墩均采用

图 9-4-1 为泸州长江大桥 3 号桥墩基础构造示意。其施工特点是隔水设施采用双壁钢围堰,围堰通过吸泥下沉,穿过卵石层至岩面。经过清理岩面、填塞刃角后,浇筑水下混凝土,然

后围堰内抽水,埋设护筒(直径为3m),冲孔成桩,再浇筑桩顶承台混凝土,整个基础工程完成:钢围堰总重300t,分四节组拼,工厂预制,下沉就位。该施工方案的优点是混凝土先封底,利用围堰能承受较大的水压力,抽干积水,埋设护筒,节省了护筒定位架及起重设备,避免了异形刃脚护筒;同时钢围堰能安全渡洪,脚手架可设置在钢围堰顶上。缺点是钢围堰只能作为施工手段,在基础完成后不再发挥重要作用。

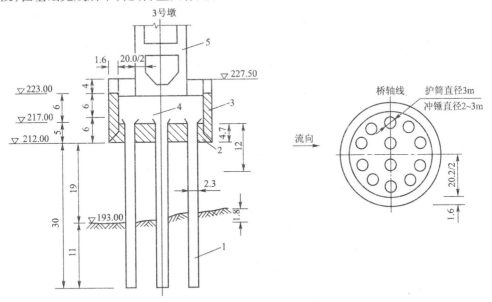

图9-4-1 泸州大桥桥墩基础构造示意(尺寸单位:m)
1-钻孔桩;2-封底混凝土;3-壁仓混凝土;4-承台混凝土;5-墩身混凝土

图9-4-2为常德沅水大桥3号墩基础构造示意图。其特点是采用$\phi16m$圆形双壁钢围堰加7根$\phi2.5m$冲孔嵌岩桩基础,施工进度快且安全稳妥。基础施工水深8~18m。钢围堰高18.2~18.7m,分四节拼装,底节围堰就位后,先在中壁内灌水下沉,再用缆索吊机(500kN)逐节接高,节与节间整体焊接,在准备回收的分割线外壁板处设置一道法兰,以便拆除回收。围堰接高后精确定位,井壁底层9m内浇筑水下混凝土,然后吹砂沉至岩面。岩内安装7根直径2.7m的钢护筒,浇筑4.5m厚的封底混凝土,在护筒内钻孔,嵌入岩面11~14m,灌注混凝土成钻孔桩。最后,将围堰内水抽干,浇筑承台(厚度为4.0m)。

图9-4-3为黄石长江大桥2~5号墩基础构造示意。黄石大桥位于弯曲河段,桥址处水深流急,地质复杂,覆盖层厚薄相差悬殊。其施工特点是:

(1)摒弃了在墩位导向船内分块拼装接高钢围堰的传统工艺,采用了工厂分块预制,水运至工地,水上拼装平台组拼分节(分为5~7节),用2500kN起重船分节整体吊装接高新工艺,使得劳动条件大为改善,质量更加可靠,施工安全更有保证。

(2)采用了标准反力型橡胶护舷作为柔性导向装置,有效避免了偶然因素引起的围堰剧烈起伏摇摆所造成的危害。在主要锚缆上安装微调装置和测力设备,使锚缆受力明确,便于施工过程中随时观测调整。

(3)由于基岩顶面非常不平,周边岩面最大高差4.78m,故采用了高低异形刃脚,最大高差4.40m。

(4)由于主墩处砂和砂卵石覆盖层厚达17~25m,双壁钢围堰下沉系数只有0.7左右,故首创并成功地采用了水下不离析泥浆润滑套助沉技术,使围堰侧面摩阻力由30~40kN/m^2降

低到 $20kN/m^2$。

（5）为解决施工和通航的突出矛盾，主墩混凝土施工采用了陆上工厂拌制混凝土，拌和车上汽渡，运输至墩位，再入混凝土泵泵送，经布料杆分配混凝土的工艺流程。该工艺的优点是：水上施工船舶少，对通航无影响；机械化程度高、劳动力投入少；混凝土施工受气候条件影响较小，质量容易控制；设备常备量较少。

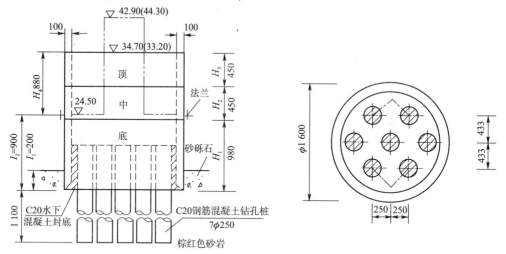

图 9-4-2　常德沅水大桥 3 号墩基础构造示意图（尺寸单位：cm）

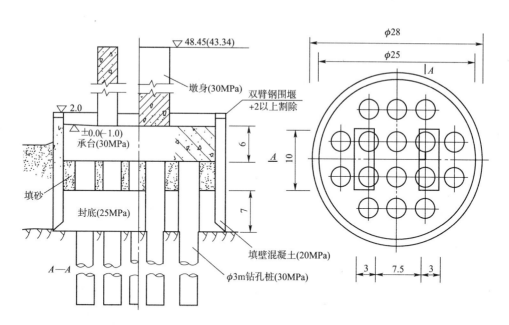

图 9-4-3　为黄石长江大桥 2~5 号墩基础构造示意（单位尺寸：m）

（6）2~5 号主墩施工时，用 $\phi3.3m$ 钢护筒事先在封底混凝土中留出桩孔，围堰内的护筒及其定位架用经计算和调整好长度的多根钢索悬挂固定如图 9-4-4 所示。该方法的优点是：钢护筒的安装不受围堰偏位、倾斜和扭转的影响；潜水作业量少，施工速度快；护筒精度高。1 号和 6 号主墩采用了无护筒钻孔施工法，即在封底后，直接在封底混凝土顶面开孔钻进，获得了良好的综合技术经济效果。黄石长江大桥首创的多项新技术、新工艺、新材料，进一步完善和发展了双壁钢围堰钻孔桩基础施工技术。

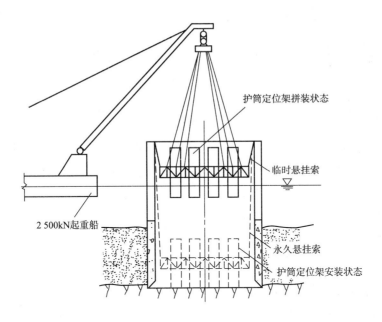

图 9-4-4 黄石长江大桥主墩护筒及定位架安装示意

2 浮式沉井加管柱(钻孔桩)基础

南京长江大桥 2 号、3 号墩,水深 30m,覆盖层厚约 40m,基岩强度为 7~9MPa,河床最大冲刷深度可达 23m,采用钢沉井加管柱基础。钢沉井采用矩形,平面尺寸为 16.19m×25.01m,井内分成 15 个方格,内插 13 根直径 3m 的预应力混凝土管柱,如图 9-4-5 所示。管柱下沉到岩面后钻孔,孔径 2.4m,孔深 7~9m,钻孔内放置钢筋骨架,然后灌注水下混凝土,一直填充至管柱顶面。管柱下端嵌入基岩,上端嵌固在承台混凝土中,沉井的封底封顶混凝土将管柱群连接成整体。本方案的特点是:钢沉井能减少管柱所要穿过的覆盖层厚度,兼作下沉管柱的导向架,灌注上下封底封顶混凝土及承台混凝土时作防水围堰;同时又是永久结构的组成部分,可增加桥墩基础的刚度。

广东洛溪大桥(主桥为 65m+125m+180m+110m 四跨连续刚构,全长 9 616m),主河床受潮汐影响,平均水深 7m 以上,覆盖层为中细砂、黏土和泥质砂岩风化土,平均深度 20m。主墩基础采用钢沉井加钻孔桩基础见图 9-4-6。双壁刚壳浮运沉井呈 Y 形,底部直径 23m,顶部直径 28m,沉井全高 20m。钢沉井分三节,岸上组拼后,用 2 000kN 浮吊吊放入水,浮运就位,注水吹砂下沉,要求穿越河床 11m。沉井内布置 24 根 φ150 钻孔桩,平均桩长分别为 47m 和 22m,平均嵌入岩层深度为 3m 和 5m。本方案的特点是双壁钢壳沉井(壁厚 1.5m)既是基础施工围堰、挡水结构物,又是施工平台,建成后成为主墩的防撞岛。

随着世界经济的发展,交通建设事业日新月异,桥梁工程正向大跨、轻型、高强、整体方向推进,深水桥梁基础也相应涌现出不少新形式,诸如锁口钢管桩基础见图 9-4-7。深水设置基础井。锁口钢管桩基础多用大直径钢管桩(φ1.0~1.3m,壁厚 10~15mm,两侧焊上钢锁口)打入土中,形成圆形或椭圆形的井筒基础。其优点是既具有桩基础那样能适应基岩高低不平的灵活性,又具有像沉井那样的整体刚度,且设备简单、施工快速、水上作业面小、有利通航等。国内在修建宁波大桥主塔墩基础时,首次采用锁口钢管桩作防水围堰。

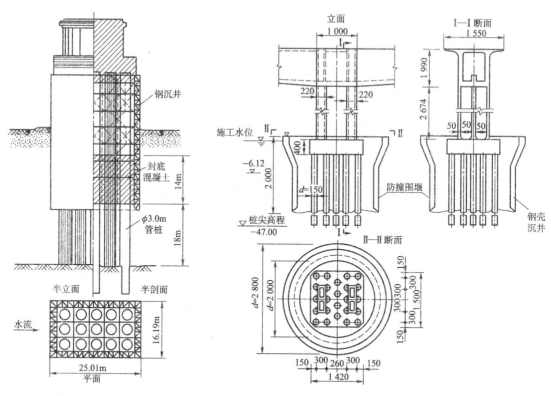

图 9-4-5 南京长江大桥 3 号墩基础形式

图 9-4-6 广东洛溪大桥主墩示意（尺寸单位：cm）

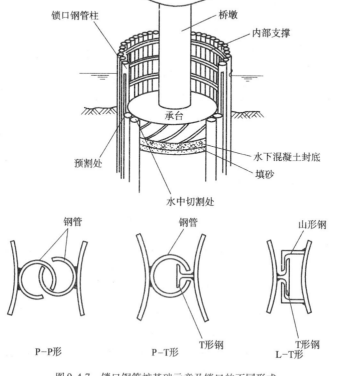

图 9-4-7 锁口钢管桩基础示意及锁口的不同形式

情境 10　桥面系及附属工程施工

任务 1　伸缩缝装置及其安装

学习目标

1. 伸缩缝的基本概念及其分类；
2. 伸缩缝装置的施工程序；
3. 伸缩装置的锚固。

任务描述

为了使车辆平稳通过桥面并满足桥面变形的需要，在桥梁结构的两端设置间隙，以满足结构在温度作用下变形的需要。本节重点学习伸缩缝的基本概念及其分类、伸缩缝装置的施工程序、伸缩装置的锚固。

学习引导

本任务按以下进程学习：

伸缩缝的基本概念及其分类 → 伸缩缝装置的施工程序 → 伸缩装置的锚固

1　伸缩缝的基本概念及其分类

为适应材料胀缩变形对结构的影响，而在桥梁结构的两端设置的间隙称为伸缩缝；为了使车辆平稳通过桥面并满足桥面变形的需要，在桥面伸缩接缝处设置的各种装置统称为伸缩缝装置。

在我国各地使用的伸缩缝种类繁多，按其传力方式及构造特点可以分为对接式、钢质支承式、橡胶组合剪切式、模数支承式、无缝式，其形式、型号、结构如表 10-1-1 所示。

2　伸缩缝装置的施工程序

在《公路工程质量检验评定标准》（JTG F80/1—2004）中，桥面的平整度是一个很重要的指标，而影响桥面平整度的重要部分之一则是桥梁的伸缩装置。如果由于施工程序不合理或施工不慎，在 3m 长度范围内，其高程与桥面铺装的高程有正负误差，将造成行车的不舒适，严重的则会造成跳车，这种现象在高等级公路上更为严重。在车辆跳跃的反复冲击下，将很快的导致桥梁伸缩装置的破坏。因此，遵照伸缩装置的施工程序并谨慎施工是桥梁伸缩装置成功的重要保证。

桥梁伸缩缝装置分类表　　　　　表 10-1-1

类　别	形　式	种　类　例	说　明
1. 对接式	填塞对接式	沥青、木板填塞型	以沥青、木板、麻絮、橡胶等材料填塞缝隙的构造（在任何状态下，都处于压缩状态）
		U 形镀锌铁皮型	
		矩形橡胶条型	
		组合式橡胶条型	
		管形橡胶条型	
	嵌固对接式	W 型	采用不同形状的钢构件将不同形状橡胶条（带）嵌固，以橡胶条（带）的拉压变形吸收梁变位的构造
		SW 型	
		M 型	
		SDII 型	
		PG 型	
		FV 型	
		GNB 型	
		GQF—C 型	
2. 钢质支承式	钢质式	钢梳齿板型	采用面层钢板或梳齿钢板的构造
		钢板叠合型	
3. 橡胶组合剪切式	板式橡胶型	BF、JB、JH、SD、SC、SB、SG、SEG 型	将橡胶材料与钢件组合，以橡胶的剪切变形吸收梁的伸缩变位，桥面板缝隙支承车轮荷载的构造
		SEJ 型	
		UG 型	
		BSL 型	
		CD 型	
4. 模数支承式	模数式	TS 型	采用异型钢材或钢组焊接与橡胶密封带组合的支承式构造
		J-75 型	
		SSF 型	
		SG 型	
		XF 斜向型	
		GQF-MZL 型	
5. 无缝式	暗缝式	GP 型（桥面连续）	路面施工前安装的伸缩构造
		TST 弹塑体	以路面等变形吸收梁变位的构造
		EPBC 弹塑体	

前面已将桥梁伸缩装置分成了五大类，而前四类的组成部分可简化为如图 10-1-1 所示，第五类的组成可简化为如图 10-1-2 所示。

图 10-1-1 形式的伸缩装置与图 10-1-2 形式的伸缩装置施工程序是不同的。可分别用框图表示如下：

（1）图 10-1-1 形式桥梁伸缩装置的施工框图见图 10-1-3 所示。

（2）图 10-1-2 形式伸缩装置一般用于伸缩量较小的小桥，其上结构多为板式结构，在板上面还设有约 10cm 厚的整体化桥面混凝土。根据这一特点，其伸缩装置的施工程序框图 10-1-4。

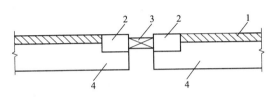
图 10-1-1 第1~4类伸缩缝结构示意图
1-桥面铺装;2-伸缩装置的锚固系统;3-伸缩装置的伸缩体;4-梁(板)体

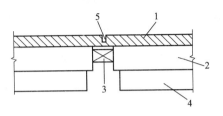
图 10-1-2 第5类伸缩缝结构示意图
1-桥面铺装;2-桥面整体化混凝土;3-伸缩体;4-梁(板)体;5-锯缝

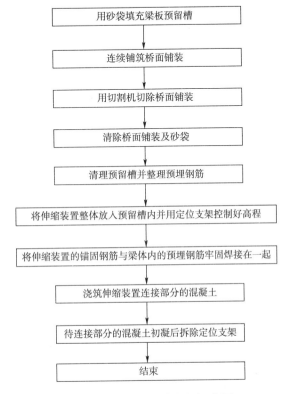

图 10-1-3 第1~4类伸缩缝施工框图

3 伸缩装置的锚固

根据调查,桥梁伸缩缝装置破坏的原因多数与锚固系统有关,锚固系统薄弱,本身就容易破坏,锚固系统范围内的高程控制不严,容易造成跳车,车辆的反复冲击,会导致伸缩装置过早破坏,因此,伸缩缝的锚固系统相当重要。下面就常用伸缩缝的锚固系统的基本要求做以简要介绍。

3.1 无缝式(暗缝式)伸缩装置

此类伸缩装置的特点是桥面铺装为整体型,它适用于伸缩量小于5mm的桥梁,只能用于桥面是沥青混凝土的情况,构造如图10-1-5所示。

施工要求:

(1)防水接缝材料应具有较好的抗老化性能,能与壁面强力黏结,适应伸缩变形,恢复性能好,并具有一定强度以抵抗砂石材料的刺破力。

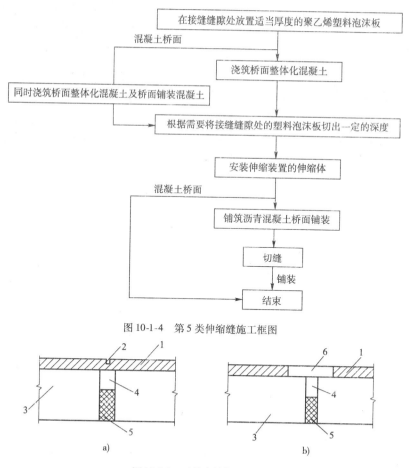

图 10-1-4　第 5 类伸缩缝施工框图

图 10-1-5　无缝式结构示意图

1-沥青混凝土桥面铺装；2-锯缝，正常宽度 5mm 左右，深度 30～50mm，在锯缝内浇灌 5～7mm 的接缝材料；3-桥面板；
4-防水接缝材料；5-塞入物；6-浇筑的沥青混合料

（2）塞入物用于防止未固化的接缝材料往下流动，需要有足够的可压缩性能，如泡沫橡胶或聚乙烯泡沫塑料板等，在施工桥面板的现浇层时就把它当作接缝处的模板。

3.2　填塞对接型伸缩装置

该类伸缩缝的伸缩体所用材料主要有矩形橡胶条、组合式橡胶条、管形橡胶条、M 形橡胶条，也要采用泡沫塑料板或合成树脂材料等。所用材料要求具有适度的压缩性、恢复性和抗老化性，在气温发生变化时不发生硬化和脆化。

3.2.1　填塞对接型桥梁伸缩装置，适用伸缩量小于 10～20mm 的桥梁结构。在安装过程中应注意如下的几个问题。

（1）所采用的伸缩体产品质量要符合有关规定。

（2）安装伸缩装置一定要遵循图 10-1-3 的施工程序，这样才能保证其安装质量。

（3）在图 10-1-1 中件 2 为现浇 C50 混凝土，在混凝土内适当地布置一些钢筋或钢筋网，此钢筋要与梁（板）体钢筋焊接在一起。C50 混凝土的厚度不能小于 12cm，顺桥方向的宽度不小于 30cm。

（4）安装时一定要保证伸缩体在设计的最低温度时，仍处于压缩状态。

（5）安装时一定要保证伸缩体与混凝土的可靠黏结——采用胶黏剂。

(6)伸缩体一定要低于桥面高程,安装时应保证伸缩体在最大压缩状态下,也不会高出桥面高程。

3.2.2 胶黏剂

PG-308聚氨酯胶黏剂,具有可控制固化时间、黏结牢固的特点,与混凝土相黏结的强度大于2MPa。使用方法如下。

(1)配胶:本胶黏剂为双组分,Ⅰ型A、B两组分比为100∶10(质量比),AB组分混合,拌和均匀即可使用。

(2)操作:将接缝处混凝土表面泥土、杂质清除干净,并用钢丝刷一遍,用吹灰机将浮土吹尽,保证结合面干燥。

(3)涂胶和贴合:涂胶层厚度以不小于1mm为宜。

(4)将伸缩体压缩放入接缝缝隙内。

(5)固化:在常温下,24h内固化(也可根据需要调整固化时间)。

3.3 嵌固对接型伸缩装置

此类形式,如RG型、FV型、GNB型、SW型、SD型、GQF-C型等,它的特点是将不同形状的橡胶条用不同形状的钢构件嵌固起来,然后通过锚固系统将它们与接缝处的梁体锚固成整体,如图10-1-6所示。此类伸缩装置适用于伸缩量小于60mm的桥梁结构,即接缝宽度为20~80mm。

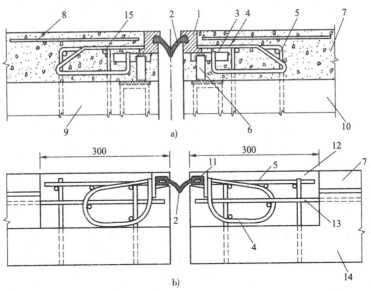

图10-1-6 嵌固对接型伸缩装置系统示意图(尺寸单位:mm)

1-异型钢;2-密封橡胶带;3-锚板;4-锚筋;5-预埋筋;6-连接钢板;7-桥面铺装;8-钢筋网;9-梁(墩台);10-梁;11-下形钢件;12-填料;13-梁主筋;14-行车道板;15-横向水平筋

嵌固对接型伸缩装置的安装:

(1)首先要处理好伸缩装置接缝处的梁端,因为梁预制时的长度有一定误差,再加上吊装就位时的误差,使伸缩接缝处的梁端参差不齐,故首先要处理好梁端,以有利于伸缩装置的安装。

(2)切除桥梁伸缩装置处的桥面铺装,并彻底清理梁端预留槽及预留埋钢筋,槽深不得小于12cm。

(3)用4~5根角钢做定位,将钢构件点焊或用螺栓固定在定位角钢上,一起放人清理好的预留槽内,立好端模(用聚乙烯泡沫塑料片材作端模,可以不拆除),并检查有无漏浆可能。

(4)将连接钢筋与梁体预埋牢固焊接,并布置两层钢筋网的钢筋直径为$\phi 8mm$,网孔为$10cm \times 10cm$,然后浇筑C50混凝土或C50环氧树脂混凝土,浇捣密实并严格养生;当混凝土初凝后,应立即拆除定位角钢,以防止气温变化梁体伸缩引起锚固系统的松动。

(5)安装密封胶条。

3.4 钢质支承式伸缩装置

3.4.1 钢形伸缩装置

钢形桥梁伸缩装置的构造是由梳型板、连接件及锚固系统组成,有的钢梳齿型桥梁伸缩装置在梳齿之间填塞有合成橡胶,起防水作用。

3.4.2 施工安装程序

钢形桥梁伸缩装置的施工安装程序框图,如图10-1-7所示。

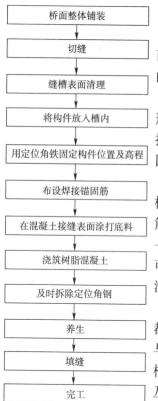

图10-1-7 钢制支承伸缩装置施工安装工序框图

3.4.3 施工应注意的问题

(1)定位角钢的拆除一定要及时,以保证伸缩装置因温度变化而自由伸缩,也可采用其他方法,把相对的梳齿板固定在两个不同的定位角钢上,让它们连同相应的角钢自由伸缩。

(2)安装施工应仔细进行,防止产生梳齿不平、扭曲及其他的变形,安装时一定将构件固定在定位角钢上,以保证安装精度,要严格控制好梳齿间的槽向间隙,由于伸缩方向性的误差及横向伸缩等原因,在最高温度时,梳齿横向间隙不得小于5mm。

(3)当构件安装及位置固定好之后,就可着手进行锚固系统的树脂混凝土浇筑,为了锚固系统可靠牢固,必须配备较多的连接钢筋及钢筋网,这给树脂混凝土的浇筑带来不便。因此,浇筑混凝土一定要认真细心,尤其角隅周围的混凝土,一定要捣固密实,千万不可有空洞。在钢梳齿根部可适当钻些$\phi 20mm$的小孔,以利于浇筑混凝土时空气的排除。

(4)对于小规模的伸缩装置,由于清扫和维修非常困难,故一般都不作接缝内的排水设施,但此时必须考虑支座的防水及台座排水与及时清扫等,所以它也只能用于跨河流或不怕漏水场地的桥跨结构。这种伸缩装置,在营运中需常养护,及时清除掉梳齿之间灰尘及石子之类的杂物,以保证它的正常使用。

(5)对于焊接而成的梳齿形构件,焊缝一定要考虑汽车反复冲击下的疲劳强度。

3.4.4 安装时的间隙ΔL控制

ΔL = 总伸缩量 - 施工时伸缩量 + 最小间隙(单位为mm,以下同)

也可用如下简化式计算。

(1)钢梁时:

$$\Delta L = 0.66L - [(t+10) \times 0.012L] \times 1.1 + 15 \quad (10\text{-}1\text{-}1a)$$

(2)预应力混凝土梁时:

$$\Delta L = (0.44 + 0.6\beta)L - [(t+5) \times 0.01L] \times 1.1 + 15 \qquad (10\text{-}1\text{-}1b)$$

(3)钢筋混凝土梁时：

$$\Delta L = (0.44 + 0.2\beta)L - [(t-5) \times 0.01L] \times 1.1 + 15 \qquad (10\text{-}1\text{-}1c)$$

式中：L——伸缩区段长（m）；

t——安装的温度（℃）；

β——徐变、干燥收缩的递减系数，如表10-1-2。

β 系 数   表10-1-2

混凝土的龄期（月）	0.25	0.5	1	3	6	12	24
徐变、干燥收缩的递减系数 β	0.8	0.7	0.6	0.4	0.3	0.2	0.1

3.5 组合剪切型板式橡胶伸缩装置

剪切型板式橡胶伸缩装置，在我国20世纪60年代后期就开始了应用，全国的生产厂家比较多，名称各不相同。我们按其伸缩体的受力变形机理把它分成剪切型板式橡胶伸缩装置与对接组合型板式橡胶伸缩装置两类。

板式橡胶伸缩装置，具有构造简单、安装方便、经济适用等优点。主要为适合于伸缩量30~60mm的二级以下的公路桥梁。

3.5.1 剪切型板式橡胶伸缩装置

3.5.1.1 构造与安装程序

剪切型板式橡胶伸缩装置，由橡胶伸缩体与锚固系统组成，如图10-1-8所示，安装的工艺流程如图10-1-9所示。

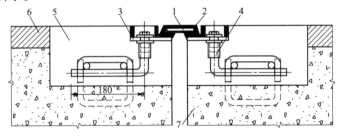

图10-1-8 剪切型板式橡胶伸缩装置锚固系统（尺寸单位mm）

1-支撑钢板；2-橡胶；3-地板角钢；4-L型锚固螺栓；5-现浇C50树脂混凝土；6-铺装；7-梁体

3.5.1.2 施工注意事项

（1）桥面施工完成后方可进行伸缩装置的安装工作，以保证桥面与伸缩装置之间的平整度。

（2）伸缩装置安装一定要按照安装程序进行，尤其要注意及时拆除定位支架顺桥向的联系角钢。

（3）梁端加强角钢下的混凝土一定要饱满密实，不可有空洞，角钢要设排氧孔。

（4）一定要将伸缩装置的锚固螺栓筋及其他钢筋与预埋筋和桥面钢筋焊为一体，锚固螺栓筋的直径不得小于18mm。

3.5.2 对接组合型板式橡胶伸缩装置

3.5.2.1 构造与安装程序

对接组合型板式橡胶伸缩装置，由上下开槽的防水表层橡胶体、梳型承托钢板、槽体角钢及锚固系统四大部分组成，如图10-1-10所示，安装的工艺流程如图10-1-11所示。

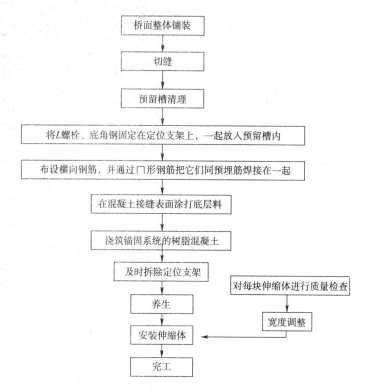

图 10-1-9 剪切型板式橡胶伸缩装置安装程序

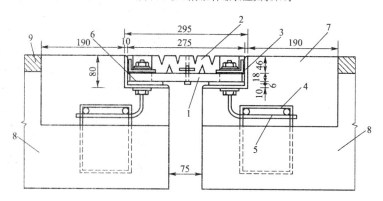

图 10-1-10 对接组合型板式橡胶伸缩装置构造图(尺寸单位:mm)

1-支撑钢板;2-橡胶体;3-角钢;4-预埋钢筋;5-锚固螺栓;6-缓冲橡胶垫铺装;7-现浇 C50 混凝土;8-行车道板;9-桥面铺装

3.5.2.2 施工注意事项

(1)桥面施工完成后方可进行伸缩装置的安装工作,以保证桥面与伸缩装置之间的平整度。

(2)伸缩装置安装一定要按照安装程序进行。

(3)将地板角钢及锚固螺栓固定在定位角钢上时,一定要仔细控制好各部位的尺寸与高程。

(4)地板角钢下的混凝土一定要饱满密实,不可有空洞,锚固系统的现浇树脂混凝土厚度不得小于15cm。

(5)一定要将伸缩装置的锚固螺栓筋及其他钢筋与预埋筋和桥面钢筋焊为一体,锚固螺栓筋的直径不得小于18mm。

(6)浇筑 C50 混凝土(或 C50 环氧树脂混凝土)要浇捣密实,严格养生,当混凝土初凝之后,立即拆除定位角钢,以防气温变化造成梁体伸缩而使锚固松动。

(7)在吊装大梁时,一定要严格掌握梁端的间隙。

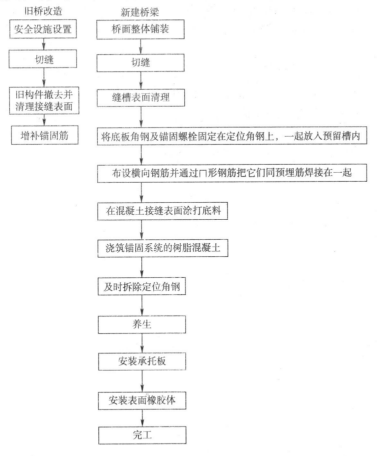

图 10-1-11 对接组合板式橡胶伸缩缝装置安装程序

3.6 无缝式 TST 弹塑体伸缩缝(填充式桥梁接缝弹塑体)

无缝伸缩缝黏结料是一种沥青填充式桥梁伸缩缝,是 20 世纪 70 年代由英国发展起来的一种桥梁伸缩缝。它的基本做法是将接缝上面一窄条范围的桥面铺装层替换为一种高弹性的特殊沥青混合料。这条高弹性特种沥青与石料的混合物可以吸收由于温度和交通负荷作用产生的桥面板位移,而保证表层不会开裂损坏。无缝伸缩黏结料能够同时兼顾高温和低温、渗透和黏性这些对立的性能要求,不仅适用于温度单一地区,而且适用于温差较大的地区。其构造如图 10-1-12 所示。

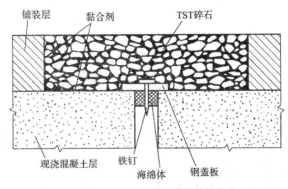

图 10-1-12 TST 碎石弹塑体伸缩缝构造

3.6.1 TST弹塑体伸缩缝原理

将专用特制的弹塑体主料RS橡胶加热熔融后,灌入经加热的碎石中,形成"TST桥梁接缝弹塑体"。由碎石支持车辆荷载,TST-Z专用黏合剂保证界面强度。

3.6.2 特点

(1)TST弹塑体直接平铺在桥梁接缝处,与前后的桥面或路面铺装形成连续体,桥面平整无缝,行车比有缝的桥更平稳、舒适、无噪声、振动小,且具有便于维护、清扫、除雪等优点。

(2)构造简单,不需装设专门的伸缩构件和在梁端预埋锚固钢筋,施工方便快速,铺装冷却后,即可开放交通。

(3)这种弹性接缝能吸收各方面的变形和振动,且阻尼性高,对桥梁减震有利,可满足弯桥、坡桥、斜桥、宽桥的纵、横、竖三个方向的伸缩与变形。

(4)因接缝和桥面铺装连成一体,故密封防水性好,且耐酸碱腐蚀。

(5)旧桥更换伸缩缝,可半边施工,对交通繁忙路段不中断交通。

(6)造价低、耐用、养护更换少,经济效益和社会效益显著。

3.6.3 适用范围

适用于$-25\sim+60$℃地区,伸缩量在50mm以下的公路桥梁、城市立交桥、高架桥等桥梁伸缩接缝。

3.6.4 结构形式及尺寸

按桥梁纵坡坡度,分为两种结构形式:Ⅰ型适用于纵坡小于2%的桥梁接缝。Ⅱ型适用于纵坡大于(或等于)2%的桥梁接缝,两者的区别在于是否设置膨胀螺栓和钢筋。

3.6.5 RS橡胶与石料

3.6.5.1 橡胶

RS橡胶是最新研制出的一种既有弹性又有塑性的复合材料,其主要成分为高分子聚合物和沥青等。使用时加热到$90\sim210$℃成为流体,灌入石料中。RS橡胶具有优异的黏结、高温、低温、弹塑变形、耐老化等性能。

3.6.5.2 石料

石料应采用有棱角,嵌挤性好的坚硬石灰岩碎石,要求压碎值不大于30%,扁平及细长石料含量少于15%~20%。石子必须加热温度到$100\sim150$℃。

3.6.6 施工提示

(1)施工后$1\sim3$h即可开放交通。必要时,用水强制冷却。表面撒一层细砂,1h左右即可通过,通车后不会影响另半幅桥面的施工。

(2)风力大于3级,温度低于10℃的天气情况下,不宜施工。

(3)RS橡胶加热,温度控制在$90\sim210$℃,短时间230℃,保温时间不得超过2h。

(4)石料加热,温度控制在$100\sim150$℃。

3.6.7 伸缩装置的养护

正常的维修、养护是保证伸缩装置正常工作和延长寿命的必不可少的重要环节,因此,养护工作应做到如下几点:

(1)结合公路桥梁的日常养护工作,经常清扫密封橡胶带中积存的泥沙、石屑等杂物,防止影响伸缩装置受力时的自由伸缩,以及大石子等物将密封橡胶带刺破,造成漏水和漏沙土等,一经发现有破损应及时更换胶带。

(2)经常检查边梁与桥面铺装连接处是否有损坏、裂缝、渗漏现象,一经发现应及时修补,以免影响伸缩装置与梁、板间锚固强度。

（3）经常检查伸缩装置顶面是否平整，如出现异常不平现象时，应进一步检查滑动承压支座或滑动压紧支座是否有损坏，如果损坏时应及时进行更换。对于MZL型伸缩装置，设计中已充分考虑了零部件更换的方便性，并通过实验，证明是完全可行的。

（4）在日常养护时，发现伸缩装置各缝间出现过大的不均匀位移时，可及时检查位移控制系统构件是否损坏，如发现有零部件损坏时也应及时进行更换。该装置采用标准构件，更换方便。

（5）模数式伸缩装置，属于钢结构，尽管出厂前经过了较好的防护处理，但由于使用的环境恶劣，经过一定使用时期后，产生一般锈蚀属于正常现象，这时养护部门就应定期重新进行防锈处理，以保证伸缩装置正常使用，并延长其使用寿命。

3.6.8 施工步骤（图10-1-13）

图10-1-13 施工步骤组图

任务2 梁间铰接缝施工

1. 简支板桥铰接缝施工；
2. 简支梁桥梁间接缝施工；

3. 先简支后连续梁桥的梁端接缝施工;
4. 桥面连续施工。

任务描述

装配式简支梁桥的梁间接缝,是保证桥梁上部形成整体结构、满足设计受力模式、实现荷载横向分布的重要构造;施工要按设计及规范要求进行,保证工程质量。

学习引导

本任务按以下进程学习:

简支板桥铰接缝施工 → 简支梁桥梁间接缝施工 →

先简支后连续梁桥的梁端接缝施工 → 桥面连续施工

1 简支板桥铰接缝施工

简支板桥纵向铰接缝如图 10-2-1 所示,企口铰接形状由空心板预制时形成,相邻两块板底部紧密接触,形成铰缝混凝土底模,铰缝钢筋 N10 和 N11 在梁板预制时紧贴着模板向上竖起,浇筑混凝土前将其扳平,焊接或绑扎牢固。用水将缝内冲洗干净并使其充分湿润。

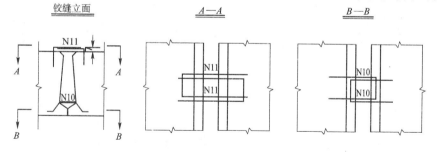

图 10-2-1 简支板桥纵向铰接缝构造图

拌制混凝土时应严格控制集料粒径和拌和物的和易性,浇筑中用人工插捣器捣实。此项混凝土施工一般与桥面混凝土铺装层同时进行。

2 简支梁桥梁间接缝施工

常用简支梁桥有 T 形梁和箱形梁,T 形梁的梁间接缝按梁体设计不同有干接缝和湿接缝两种,箱形梁梁间接缝通常采用混凝土现浇湿接缝。

2.1 干接缝

用钢板或螺栓连接将相邻两片梁翼板和横隔板焊接起来形成横向联系的方法。该方法的优点是施工方便、连接速度快、焊接后能立即承受荷载。但耗费钢材较多,需要有现场焊接设备,且有时需在桥下进行仰焊,有一定困难,整体性效果稍差一些。T 形梁的连接构造示意图如图 10-2-2 所示。

在 T 梁翼缘板及横隔梁相应位置预埋钢板,梁架设安置好后,把相对应位置的钢板焊接相连,使其形成整体。

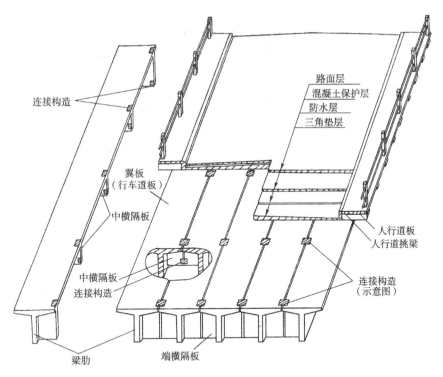

图 10-2-2 T 形梁的连接构造示意图

施工方法如图 10-2-3 和图 10-2-4 所示,在横隔梁靠近下部边缘的两侧和顶部的翼板内均埋有焊接钢板 A 和 B,焊接钢板则预先与横隔梁的受力钢筋焊接在一起做成安装骨架。当 T 梁安装就位后即在横隔梁的预埋钢板上在加焊盖接钢板使其连成整体。端横隔梁的焊接钢板接头构造与中横隔梁相同,但由于其外侧(近墩台一侧)不好施焊,故焊接接头只设于内侧。相邻横隔梁之间的缝隙最好用水泥砂浆填满,所有外露钢板也应用水泥浆封盖。

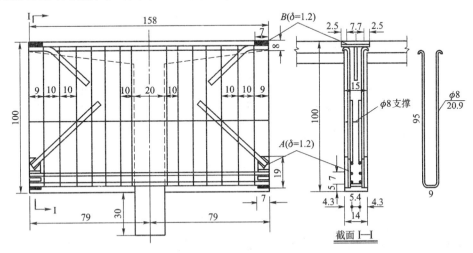

图 10-2-3 中主梁的横隔板构造(尺寸单位:cm)

为了简化接头的现场施工,也可采用螺栓接头,此种接头方法基本上与焊接钢板接头相同。不同之处是盖接钢板不用电焊,而是用螺栓与预埋钢板连接,为此钢板上要预留螺栓孔。这种接头由于不用特殊机具而有拼装迅速的优点,但在运营过程中螺栓易于松动,需要定期进行检查维修。

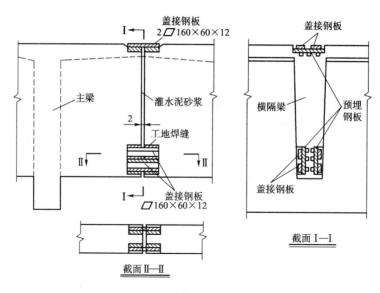

图 10-2-4 端横隔梁的接头构造

2.2 湿接缝

系主梁预制时,将翼板端部预留出一部分,钢筋外伸。梁架设就位后,将相邻两翼板的钢筋焊接相连,然后支撑板现浇接缝混凝土,使各片梁横向连接形成整体。该方法的优点是,节省钢板用量、整体性好;缺点是施工较复杂,接缝混凝土养生达到初期后方能承受荷载。

接缝构造如图 10-2-5 所示。无论是 T 梁还是箱梁其构造相同,都是把翼梁板和横隔板用现浇相连。图 10-2-5 中阴影部分即为现浇混凝土。除了梁翼缘钢筋外伸相互对接外,还要加设扣环钢筋。横隔梁在预制时在接缝处伸出钢筋和扣环 A,安装时在相邻构件的扣环两侧再装上腰圆形接头扣环 B,在形成的圆环内插入分布筋后就现浇混凝土封闭接缝,接缝宽度为 0.20~0.50m。

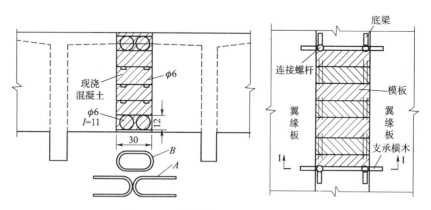

图 10-2-5 湿接缝构造图(尺寸单位:cm)

翼板接缝混凝土施工的方法为先分段吊装模板,由底梁支撑着模板,其重力靠连接螺杆传递给支承横木,而横木支承在两边的翼缘板上。施工时先用螺杆把底梁与支承横木相连,再在底梁上钉设模板,钉好后拧紧连接螺杆上的螺母,使模板固定牢靠,然后现浇混凝土。拆模时松开连接螺杆上的螺母,用绳子将底梁和模板徐徐放至桥下,以便回收利用。若为高空作业,桥下水流湍急,也可使用一次性模板,松开螺杆后掉至河中,不再使用。

横隔板的湿接缝施工难度较大,应在翼板接缝之前施工,端横隔板的施工较简单,工人可以站在墩台帽上立模浇筑接缝混凝土。中横隔板接缝施工则较为困难，若条件允许可在桥下设临时支架或用高空作业车将工人送至预定高度立模浇筑。若桥下有水，则应设法从桥面向下悬吊施工，不仅横板要有悬吊设施，人员也要系安全带从桥面悬吊下去施工，要特别注意施工安全。图10-2-6为湿接缝施工示意图。

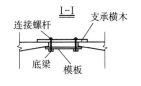

图10-2-6 湿接缝施工示意图

3 先简支后连续梁桥的梁端接缝施工

先简支后连续的连续梁桥，在墩顶处的连续有单支座和双支座两种方法，施工工艺和体系转换方法有所不同。

3.1 单排支座先简支后连续桥梁

这种连续梁桥建成后在墩顶连续处只有一排支座，内力分布效果好，负弯矩峰值较高，能大幅削减跨中正弯矩，使内力分布均衡，但施工方法较为麻烦，且连续处要设置顶部预应力钢筋，施工过程如图10-2-7所示。

预制顶梁时在梁端顶板上预留预应力孔道，并预设齿板，预留工作人洞，凡做连续一端均不做封锚端，将顶板、底板、腹板普通钢筋伸出梁端，架梁时先设置两排临时支座，使梁呈简支状态。临时支座用硫磺和电热丝制作，既要保证强度，又能在通电加热后熔化。

梁架好后，在墩顶设计位置安放永久性支座及垫石，布置模板，将设计要求的普通钢筋焊接相连，并布设箍筋。在顶部布设与原梁体预留孔道相对应的预应力筋孔道，现浇连接混凝土养生至强度达到90%后拆除模板，自顶板人孔进入穿丝张拉预应力钢筋，并予以锚固。然后给临时支座通电使其受热软化，从而使永久支座发挥作用，实现体系转化。拆除临时支座，现浇混凝土封闭人孔即完成连续化施工。

3.2 双排支座先简支后连续梁桥

该类连续梁受力接近于简支梁，但由于施工简单，体系转化方便，被广泛采用。施工方法如图10-2-8所示。

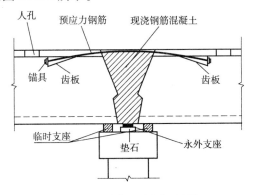

图10-2-7 单支座后连续示意图

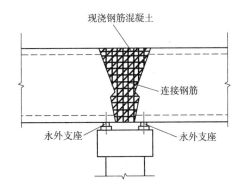

图10-2-8 双支座后连续示意图

预制大梁时，连续一端的梁端不进行封端处理，将顶板、腹板、底板普通钢筋外伸，梁架设前一次性将两排永久性支座安放牢固，梁架设就位后在梁端底部和两边梁外侧安放模板，中间以端模梁为模，将两梁端外留钢筋焊接相连，注意使搭接长度和位置满足规范要求，然后现浇与梁体相同强度等级的混凝土，养生达到要求后即实现体系转化，完成连续化施工。

这种方法不用更换支座，也不在梁顶施加预应力，故简单实用。注意由于连接处墩顶有负弯矩,而又没有施加预应力,必然会产生正常裂缝,为防止桥面水从缝中渗入,锈蚀钢筋,需在梁顶前后各4m范围内设置防水层。

4 桥面连续施工

为了减少桥面伸缩缝数量,保证行车安全平顺,目前简支梁桥均采用桥面连续。桥面连续的道数及联跨长度根据当地气温和桥梁跨径由设计部门计算确定,桥面连续的构造如图10-2-9所示。

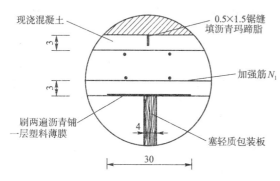

图10-2-9　桥面连续大样示意图(尺寸单位:cm)

桥面连续与桥面铺装层混凝土同时施工,按交通部有关规定,桥面钢筋网采用ϕ12mm钢筋,间距15cm×15cm靠顶层布设,至混凝土顶面净保护层1.5cm。桥面连续处为保证梁体伸缩应力能通过连续部位传递,在桥面铺装层顶层部位增加一层纵向联结钢筋,一般选用ϕ8mm钢筋,间距5cm,在底层还要增设分布钢筋和连接筋,同样为ϕ8mm钢筋,间距5cm。浇筑混凝土之前用轻质包装板将梁端缝隙填塞密实,既保证上部现浇混凝土不致落下,又能使梁自由伸缩。混凝土强度形成后在连续顶部梁间接缝正中心位置锯以1.5cm深的假缝,用沥青马蹄脂填实,保证桥面在温度下降时不产生任意裂缝。

任务3　桥面铺装层施工及其他附属工程施工

1. 钢筋混凝土桥面铺装层施工;
2. 沥青混凝土面层施工;
3. 其他附属工程施工。

桥面铺装层是实现桥梁的整体化,使各片主梁共同受力,同时为行车提供平整舒适的行车道面的根本保证。桥面铺装层的类型很多。因此,在学习中,应对各种类型的桥面铺装结构层及桥面附属工程的施工全面掌握。

本任务按以下进程学习:

| 钢筋混凝土桥面铺装层施工 | → | 沥青混凝土面层施工 | → | 其他附属工程施工 |

桥面铺装层的作用是实现桥梁的整体化,使各片主梁共同受力,同时为行车提供平整舒适的行车道面。高等级公路及二、三级公路的桥面铺装层一般为两层,上层为4～8cm沥青混凝

土,下层 8~10cm 钢筋混凝土。钢筋混凝土增加桥梁的整体性,沥青混凝土提高行车的舒适性,同时能减轻车辆对桥梁的冲击和振动。四级公路或个别三级公路为减少工程造价,直接采用水泥混凝土桥面,也有三级公路在水泥混凝土桥面上铺设一层沥青碎石或沥青表处,所以其结构形式应根据公路等级、交通量大小和荷载等级设计确定,现就水泥钢筋混凝土和沥青混凝土铺装层分别作以介绍。

1 钢筋混凝土桥面铺装层施工

1.1 梁顶高程的测定和调整

预应力混凝土空心板或大梁在预制后存梁期间由于预应力的作用,往往会产生反拱,如果反拱过大就会影响到桥面铺装层的施工,因此设计中对存梁时间、存梁方法都做了一定要求。如果架梁前已发现反拱过大,则应采取降低墩顶高程、减少垫石厚度等方法,保证铺装层厚度。架梁后对梁顶高程进行测量,测定各跨中线、边线的跨中和墩顶处的高程,分析评价其是否满足规范要求,若偏差过大,则应采取调整桥面高程、改变引线纵坡等方法,以保证铺装层厚度,使桥梁上部结构形成整体。

1.2 梁顶处理

为了使现浇混凝土铺装层与梁、板结合成整体,预制梁板时对其顶面进行拉毛处理,有些设计中要求梁顶每隔 50cm 设一条 1~1.5cm 深齿槽。浇筑前要用清水冲洗梁顶,不能留有灰尘、油渍、污渍等,并使板顶充分湿润。

1.3 绑扎布设桥面钢筋网

按设计文件要求,下料制作钢筋网,用混凝土垫块将钢筋网垫起。满足钢筋设计位置及混凝土净保护层的要求,若为低等级公路桥梁,用铺装层厚度调整桥面横坡,横向分布钢筋要做相应弯折,与桥面横坡相一致。在两跨连接处,若为桥面连续,应同时布设桥面连续的构造钢筋,若为伸缩缝,要注意做好伸缩缝的预埋钢筋。

1.4 混凝土浇筑

对板顶处理情况、钢筋网布设进行检查,满足设计和规范要求后,即可浇筑混凝土,若设计为防水混凝土,其配合比及施工工艺应满足规范要求。浇筑时由桥一端向另一端推进,连续施工,防止产生施工缝,用平板式振捣器振捣,确保振捣密实。施工结束后注意养护,高温季节应采用草帘覆盖,并定时洒水养生,在桥两端设置隔离设施,防止施工或地方车辆通行,影响混凝土强度。待混凝土强度形成后,方能开放交通或铺筑上层沥青混凝土。

2 沥青混凝土面层施工

桥面沥青混凝土与同等级公路沥青混凝土路面的材料、工艺、施工方法相同,一般与路面同时施工。采用拌和厂集中拌和,现场机械摊铺,沥青材料及混合料的各项指标应符合设计和施工规范要求。沥青混合料每日应做抽提试验(包括马歇尔稳定度试验),严格控制各种矿料和沥青用量及各种材料和沥青混合料的加热温度,用胶轮压路机进行碾压成形,碾压温度要符合要求。摊铺后进行质量检测,强度和压实度要达到合格,厚度允许偏差 +10mm、-5mm,平整度对于高等级公路桥梁 IRI(平整度指标 m/km)不超过 2.5,均方差不超过 1.5mm,其他公路桥梁 IRI 值不超过 4.2m/km,均方差不超过 2.5mm,最大偏差值不超过 5mm,横坡不超过 ±0.3%。

注意铺装后桥面的泄水孔的进水口应略低于桥面面层,保证排水顺畅。

3 其他附属工程施工

桥面其他附属工程包括人行道、桥面防护(栏杆、防撞护栏)、泄水管、灯柱支座、桥面防水、桥头搭板等。高等级公路以及位于二、三级公路上的桥梁通常采用防撞护栏,而城市立交桥、城镇公路桥及低等级公路桥往往要考虑人群通行,设人行道。灯柱一般只在城镇内桥梁上设置。

3.1 防撞护栏施工

边板(梁)预制时应在翼板上按设计位置预埋防撞护栏锚固钢筋,支设护栏模板时应先进行测量放样,确保位置准确。特别是位于曲线上的桥梁,应首先计算出护栏各控制点坐标,用全站仪逐点放样控制,使其满足曲线线形要求。绑扎钢筋时注意预埋防护钢管支撑钢板的固定螺栓,保证其牢固可靠。在有伸缩缝处,防撞护栏应断开,依据选用的伸缩缝形式,安装相应的伸缩装置。混凝土浇筑及养生与其他构件相同。

3.2 人行道、栏杆施工

人行道、栏杆通常采用预制块件安装施工方法,有些桥的人行道采用整块预制,分中块和端块两种,若为斜交桥其端块还要做特殊设计。预制时要严格按照设计尺寸制模成形,保证强度。大部分桥梁人行道采用分构件预制法,一般分为A挑梁、B挑梁、路缘石、支撑梁、人行道板五部分,如图10-3-1所示。A、B挑梁,人行道板为预制构件,路缘石和支撑梁采用现浇施工。注意A挑梁上要留有槽口,保证立柱的安装固定。栏杆的造型多种多样,一般由立柱、扶手、栅栏等几部分组成,均为预制拼装。施工时应注意以下几点:

(1)悬臂式安全带和悬臂式人行道构件必须与主梁横向联结或拱上建筑完成后才可安装;

(2)安全带梁及人行道梁必须安放在未凝固的M20稠水泥砂浆上,并以此来形成人行道顶面设计的横向排水坡;

(3)人行道板必须在人行道梁锚固后才可铺设,对设计无锚固的人行道梁,人行道板的铺设应按照由里向外的次序;

(4)栏杆块件必须在人行道板铺设完毕后才可安装,安装栏杆柱时,必须全桥对直、校平(弯桥、坡桥要求平顺)、竖直后用水泥砂浆填缝固定;

(5)在安装有锚固的人行道梁时,应对焊接认真检查,注意施工安全;

(6)为减少路缘石与桥面铺装层中渗水,缘石宜采用现浇混凝土,使其与桥面铺装的底层混凝土结为整体。

3.3 灯柱安装

灯柱通常只在城镇设有人行道的桥梁上设置,灯柱的设置位置有两种:

(1)设在人行道上。布设较为简单,在人行道下埋管线,按设计位置预设灯柱基座,在基座上安装灯柱、灯饰,连接好线路即可。这种布设方法大方、美观、灯光效果好,适合于人行道较宽(大于1m)的情况。但灯柱会减小人行道的宽度,影响行人通过,且要求灯柱布置稍高一些,不能影响行车净空。

(2)设在在栏杆立柱上。布设稍麻烦一些,电线在人行道下预埋后,还要在立柱内布设线管通至顶部,因立柱既要承受栏杆上传来的荷载,又要承受灯柱的质量,因此带灯柱的立柱要特殊设计和制作。在立柱顶部还要预设灯柱基座,保证其连接牢固。这种情况一般只适用于安置单火灯柱,灯柱顶部可向桥面内侧弯曲延伸一部分,以保证照明效果。该布置法的优点是灯柱不占人行道空间,桥面开阔,但施工、维修较为困难。

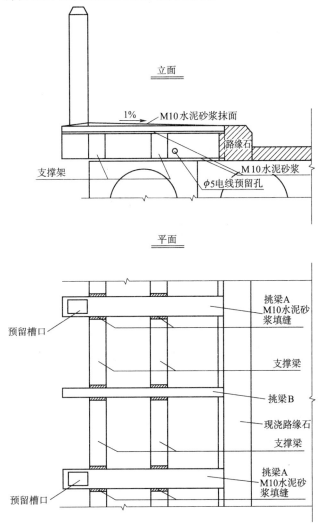

图 10-3-1　分别预制构件装配人行道构造图

要求桥上灯柱应按设计位置安装,必须牢固,线条顺直,整齐美观,灯柱电路必须安全可靠。

大型桥梁须配置照明控制配电箱,固定在桥头附近安全场所。

检查验收标准:灯柱顺桥向位置偏差不能超过100mm;横桥方向偏差不能超过20mm;竖直度:顺桥向、横桥向均不能超过10mm。

参 考 文 献

[1] 中华人民共和国行业标准.JTG/T F50—2011 公路桥涵施工技术规范[S].北京:人民交通出版社,2011.
[2] 交通部第一公路工程总公司.公路施工手册(上、下册)[M].北京:人民交通出版社,2000.
[3] 公路桥涵设计手册编写组.涵洞[M].北京:人民交通出版社,1987.
[4] 王常才.桥涵施工技术[M].2版.北京:人民交通出版社,2012.
[5] 范立础.桥梁工程(上、下)[M].2版.北京:人民交通出版社,1987.
[6] 姚玲森.桥梁工程[M].北京:人民交通出版社,1985.
[7] 中华人民共和国行业标准.JTG F80/1—2004 公路工程质量检验评定标准[S].北京:人民交通出版社,2004.
[8] 中华人民共和国行业标准.JTG D60—2004 公路桥涵设计通用规范[S].北京:人民交通出版社,2004.
[9] 黄绳武.桥梁施工及组织管理(上册)[M].北京:人民交通出版社,2008.
[10] 叶国铮,姚玲森,李佚民.道路与桥梁工程概论[M].北京:人民交通出版社,1999.

公路工程现行标准、规范、规程、指南一览表

(2015 年 7 月版)

序号	类别	编号	书名(书号)	定价(元)
1	基础	JTG A02—2013	公路工程行业标准制修订管理导则(10544)	15.00
2		JTG A04—2013	公路工程标准编写导则(10538)	20.00
3		JTJ 002—87	公路工程名词术语(0346)	22.00
4		JTJ 003—86	公路自然区划标准(0348)	16.00
5		JTG B01—2014	公路工程技术标准(活页夹版,11814)	98.00
6		JTG B01—2014	公路工程技术标准(平装版,11829)	68.00
7		JTG B02—2013	公路工程抗震规范(11120)	45.00
8		JTG/T B02-01—2008	公路桥梁抗震设计细则(1228)	35.00
9		JTG B03—2006	公路建设项目环境影响评价规范(0927)	26.00
10		JTG B04—2010	公路环境保护设计规范(08473)	28.00
11		JTG/T B05—2004	公路项目安全性评价指南(0784)	18.00
12		JTG B05-01—2013	公路护栏安全性能评价标准(10992)	30.00
13		JTG B06—2007	公路工程基本建设项目概算预算编制办法(06903)	26.00
14		JTG/T B06-01—2007	★公路工程概算定额(06901)	110.00
15		JTG/T B06-02—2007	★公路工程预算定额(06902)	138.00
16		JTG/T B06-03—2007	★公路工程机械台班费用定额(06900)	24.00
17		交通部定额站 2009 版	公路工程施工定额(07864)	78.00
18		JTG/T B07-01—2006	公路工程混凝土结构防腐蚀技术规范(0973)	16.00
19		交通部2007年第30号	国家高速公路网相关标志更换工作实施技术指南(1124)	58.00
20		交通部2007年第35号	收费公路联网收费技术要求(1126)	62.00
21		JTG B10-01—2014	公路电子不停车收费联网运营和服务规范(11566)	30.00
22		交通运输部2011年	公路工程项目建设用地指标(09402)	36.00
23	勘测	JTG C10—2007	★公路勘测规范(06570)	28.00
24		JTG/T C10—2007	★公路勘测细则(06572)	42.00
25		JTG C20—2011	公路工程地质勘察规范(09507)	65.00
26		JTG/T C21-01—2005	公路工程地质遥感勘察规范(0839)	17.00
27		JTG/T C21-02—2014	公路工程卫星图像测绘技术规程(11540)	25.00
28		JTG/T C22—2009	公路工程物探规程(1311)	28.00
29		JTG C30—2015	公路工程水文勘测设计规范(12063)	70.00
30	设计 公路	JTG D20—2006	★公路路线设计规范(0996)	38.00
31		JTG/T D21—2014	公路立体交叉设计细则(11761)	60.00
32		JTG D30—2015	公路路基设计规范(12147)	98.00
33		JTG/T D31—2008	沙漠地区公路设计与施工指南(1206)	32.00
34		JTG/T D31-02—2013	公路软土地基路堤设计与施工技术细则(10449)	40.00
35		JTG/T D31-03—2011	★采空区公路设计与施工技术细则(09181)	40.00
36		JTG/T D31-04—2012	多年冻土地区公路设计与施工技术细则(10260)	40.00
37		JTG/T D32—2012	公路土工合成材料应用技术规范(09908)	42.00
38		JTG D40—2011	★公路水泥混凝土路面设计规范(09463)	40.00
39		JTG D50—2006	★公路沥青路面设计规范(06248)	36.00
40		JTG/T D33—2012	公路排水设计规范(10337)	40.00
41	设计 桥隧	JTG D60—2004	公路桥涵设计通用规范(05068)	24.00
42		JTG/T D60-01—2004	公路桥梁抗风设计规范(0814)	28.00
43		JTG D61—2005	公路圬工桥涵设计规范(0887)	19.00
44		JTG D62—2004	公路钢筋混凝土及预应力混凝土桥涵设计规范(05052)	48.00
45		JTG D63—2007	公路桥涵地基与基础设计规范(06892)	48.00
46		JTJ 025—86	公路桥涵钢结构及木结构设计规范(0176)	20.00
47		JTG/T D65-01—2007	公路斜拉桥设计细则(1125)	28.00
48		JTG/T D65-04—2007	公路涵洞设计细则(06628)	26.00
49		JTG D70—2004	公路隧道设计规范(05180)	50.00
50		JTG/T D70—2010	公路隧道设计细则(08478)	66.00
51		JTG D70/2—2014	公路隧道设计规范 第二册 交通工程与附属设施(11543)	50.00
52		JTG/T D70/2-01—2014	公路隧道照明设计细则(11541)	35.00
53		JTG/T D70/2-02—2014	公路隧道通风设计细则(11546)	70.00
54	交通工程	JTG D80—2006	高速公路交通工程及沿线设施设计通用规范(0998)	25.00
55		JTG D81—2006	★公路交通安全设施设计规范(0977)	25.00
56		JTG/T D81—2006	★公路交通安全设施设计细则(0997)	35.00
57		JTG D82—2009	公路交通标志和标线设置规范(07947)	116.00
58	综合	交公路发[2007]358号	公路工程基本建设项目设计文件编制办法(06746)	26.00
59		交公路发[2007]358号	公路工程基本建设项目设计文件图表示例(06770)	600.00

续上表

序号	类别	编号	书名(书号)	定价(元)
60	检测	JTG E20—2011	公路工程沥青及沥青混合料试验规程(09468)	106.00
61		JTG E30—2005	公路工程水泥及水泥混凝土试验规程(0830)	32.00
62		JTG E40—2007	★公路土工试验规程(06794)	79.00
63		JTG E41—2005	公路工程岩石试验规程(0828)	18.00
64		JTG E42—2005	公路工程集料试验规程(0829)	30.00
65		JTG E50—2006	★公路工程土工合成材料试验规程(0982)	28.00
66		JTG E51—2009	公路工程无机结合料稳定材料试验规程(08046)	48.00
67		JTG E60—2008	公路路基路面现场测试规程(07296)	38.00
68		JTG/T E61—2014	公路路面技术状况自动化检测规程(11830)	25.00
69	施工 公路	JTG F10—2006	公路路基施工技术规范(06221)	40.00
70		JTG/T F20—2015	公路路面基层施工技术细则(12367)	45.00
71		JTG/T F30—2014	公路水泥混凝土路面施工技术细则(11244)	60.00
72		JTG/T F31—2014	公路水泥混凝土路面再生利用技术细则(11360)	30.00
73		JTG F40—2004	公路沥青路面施工技术规范(05328)	38.00
74		JTG F41—2008	公路沥青路面再生技术规范(07105)	25.00
75	桥隧	JTG/T F50—2011	★公路桥涵施工技术规范(09224)	110.00
76		JTG/T F81-01—2004	公路工程基桩动测技术规程(0783)	20.00
77		JTG F60—2009	公路隧道施工技术规范(07992)	42.00
78		JTG/T F60—2009	公路隧道施工技术细则(07991)	58.00
79	交通	JTG F71—2006	★公路交通安全设施施工技术规范(0976)	20.00
80		JTG/T F72—2011	公路隧道交通工程与附属设施施工技术规范(09509)	35.00
81	质检 安全	JTG F80/1—2004	公路工程质量检验评定标准 第一册 土建工程(05327)	46.00
82		JTG F80/2—2004	公路工程质量检验评定标准 第二册 机电工程(05325)	26.00
83		JTG G10—2006	公路工程施工监理规范(06267)	20.00
84		JTG F90—2015	公路工程施工安全技术规程(12138)	68.00
85	养护 管理	JTG H10—2009	公路养护技术规范(08071)	49.00
86		JTJ 073.1—2001	公路水泥混凝土路面养护技术规范(0520)	12.00
87		JTJ 073.2—2001	公路沥青路面养护技术规范(0551)	13.00
88		JTG H11—2004	公路桥涵养护规范(05025)	30.00
89		JTG H12—2015	公路隧道养护技术规范(12062)	60.00
90		JTG H20—2007	公路技术状况评定标准(1140)	15.00
91		JTG/T H21—2011	★公路桥梁技术状况评定标准(09324)	46.00
92		JTG H30—2015	公路养护安全作业规程(12234)	90.00
93		JTG H40—2002	公路养护工程预算编制导则(0641)	9.00
94	加固设计 与施工	JTG/T J21—2011	公路桥梁承载能力检测评定规程(09480)	20.00
95		JTG/T J22—2008	公路桥梁加固设计规范(07380)	52.00
96		JTG/T J23—2008	公路桥梁加固施工技术规范(07378)	30.00
97	改扩建	JTG/T L11—2014	高速公路改扩建设计细则(11998)	45.00
98		JTG/T L80—2014	高速公路改扩建交通工程及沿线设施设计细则(11999)	30.00
99	造价	JTG M20—2011	公路工程基本建设项目投资估算编制办法(09557)	30.00
100		JTG/T M21—2011	公路工程估算指标(09531)	110.00
1	技术 指南	交公便字[2006]02号	公路工程水泥混凝土外加剂与掺合料应用技术指南(0925)	50.00
2		交公便字[2006]02号	公路工程抗冻设计与施工技术指南(0926)	26.00
3		厅公路字[2006]418号	公路安全保障工程实施技术指南(1034)	40.00
4		交公便字[2009]145号	公路交通标志和标线设置手册(07990)	165.00

注:JTG——公路工程行业标准体系;JTG/T——公路工程行业推荐性标准体系;JTJ——仍在执行的公路工程原行业标准体系。
批发业务电话:010-59757973;零售业务电话:010-85285659(北京);网上书店电话:010-59757908;业务咨询电话:010-85285922。带"★"的表示有勘误,详见中国交通运输标准服务平台 www.yuetong.cn/bzfw。